ESSAI

SUR

LES SIGNES INCONDITIONNELS

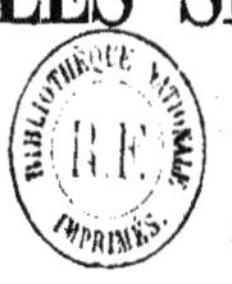

DANS

L'ART.

PAR D. P. G. H. D. S.

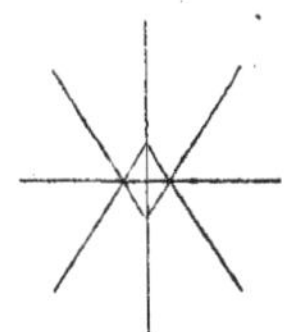

LEYDE.
C. C. VAN DER HOEK.

1827.

IMPRIMERIE DE A. D. SCHINKEL A LA HAYE.

TABLEAU

TENANT LIEU DE PRÉFACE.

HOMME. *L'Homme actuel, le* MOI HUMAIN.

Organes affectés par le NON-MOI. *Sensibilité.*

Perceptions. Ébranlement des nerfs. Sensations. Idées.

SENTIMENT. *Conscience de Soi-même.*

Développements facultatifs. Imagination.

PENSÉE. *Balance et flambeau du Sentiment.*

Examen. Réflexion. Entendement. Critique. Jugement.

RAISON. { *Fixation de la Pensée.* / *Zénith du Sentiment.* }

ESTHÉTIQUE.

Philosophie des Arts.

LOGIQUE. ÉTHIQUE.

ESSAI

SUR

LES SIGNES INCONDITIONNELS

DANS

L'ART.

EN TROIS LIVRES.

Tout notre raisonnement se réduit à céder au sentiment. *Pascal.*

LIVRE PREMIER.

LE PRINCIPE.

Définitions.

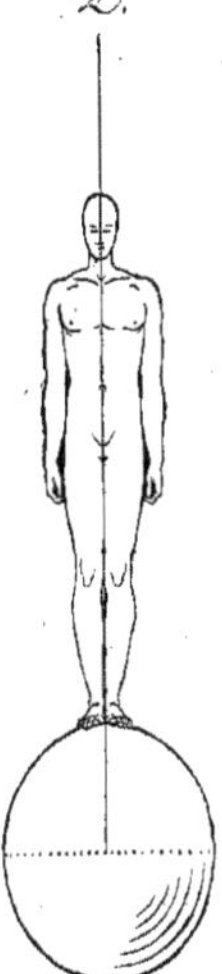

L'Homme est droit et tourné vers le ciel.

Il est droit, parce que l'axe de son corps en longueur, prolongement d'un rayon de notre globe, est perpendiculaire au plan d'horizon. Il est tourné vers le ciel, parce que la direction de cet axe lui indique le Zénith précisément au dessus du sommet de la tête: deux caractères contenus implicitement l'un dans l'autre, et rigoureusement distinctifs.

C'est donc, comme du centre de la terre que l'Homme semble s'élever jusqu'à la voûte des cieux, et remplir tout l'entre-deux de ces extrêmes. Sa force et sa dignité physiques, résultantes de sa marche droite, deviennent comme les garants de sa force et de sa dignité morales, et voilà tout l'Homme compris dans *l'expression de son propre Axe, seule et unique direction verticale primitive et absolue.*

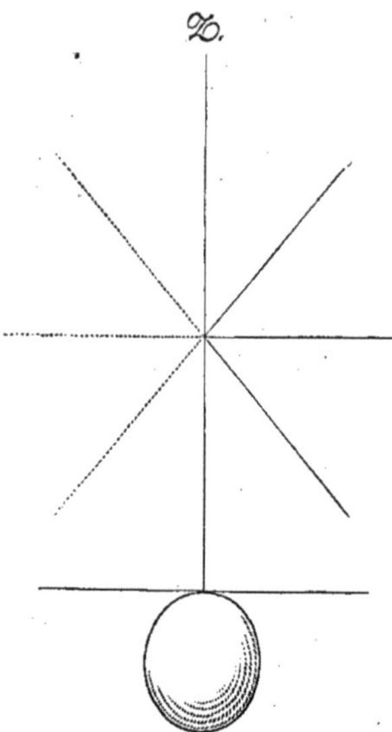

Par rapport à cet Axe ou Verticale, et par rapport à toute Droite qui lui seroit supposée parallèle, il est trois autres directions de lignes ou de plans possibles : *une Horizontale et deux espèces d'Obliques.*

La direction horizontale est une et invariable.

Les deux directions obliques sont, au contraire, susceptibles d'une infinité de modifications dans leur plus ou moins d'obliquité, et de plus diffèrent essentiellement entre elles comme signes sensibles.

Je dis, comme *signes sensibles*, et j'ajoute encore comme *signes doubles*, c'est-à-dire, répétés à droite et à gauche de la Normale; car c'est dans ces deux acceptions réunies que devront se prendre généralement ici, et ces deux obliques, et même cette horizontale, bien que cette dernière, dans le sens de sa répétition, ne présente en effet, que son propre prolongement à travers la Normale ou Axe.

Une remarque encore. Toute ligne ou direction, soit courbe, soit mixte, présentant dans sa totalité, l'élément bien reconnoissable de l'horizontale ou de l'une ou l'autre des deux obliques, sera considérée comme plus ou moins leur équivalente.

Dépouillées ici, comme on le voit, de toute valeur mathématique, dans le sens de mesures de l'étendue, ces trois espèces de lignes ou de directions en attendent une toute nouvelle et toute différente. Rechercher quelle est cette valeur, et la déterminer irrévocablement dans le sens æsthétique, et d'après l'arrêt inconditionnel du sentiment, telle sera la matière de tout ce premier Livre.

Fait. Analyse. Problème.

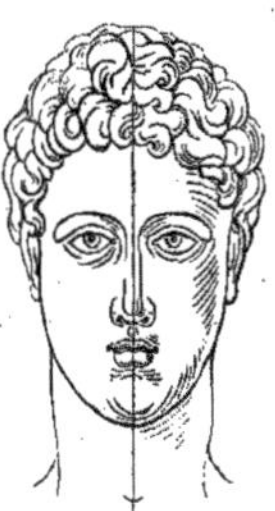

Voyons la Tête de l'homme. Un même Axe ou Verticale qui semble diviser sensiblement le corps humain, vu de face et debout, comme en deux parties égales, divise aussi en deux cette tête, et à distances respectives sont situés, de coté et d'autre, extérieurement sur la face, les yeux, les narines et les deux coins de la bouche, quoique la bouche entière ne soit qu'un organe simple.

En disant la face humaine, j'entends ici, une fois pour toutes, une face faisant partie d'une tête bien conformée et bien organisée, dans le sens que l'on attache aujourd'hui à ce mot, d'après les idées que nous en fournissent les individus de la race Caucasienne, et l'inspection des plus belles têtes antiques.

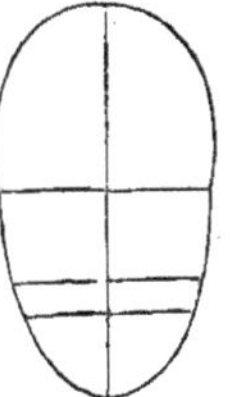

Pour une pareille tête il est d'abord un état, où la nature semble avoir fixé la direction des organes doubles, c'est-à-dire, la ligne des yeux, celle des narines, et encore celle de la bouche entière, à devoir couper à angles droits l'Axe de l'homme, et en particulier celui de la face. C'est l'état de la face humaine en repos. A une telle disposition des trois organes convient exclusivement le nom et l'acception de *direction horizontale des organes*, parce que, dans son rapport à l'Axe ou Normale, elle est parallèle au plan d'horizon, sur lequel l'Homme est censé se tenir toujours perpendiculairement.

Il est ensuite pour la face humaine deux grandes variétés, présentant, pour ainsi dire, l'inverse l'une de l'autre.

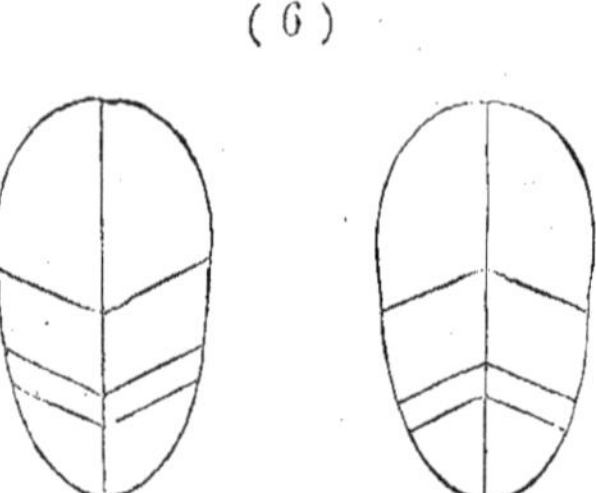

Dans l'un et dans l'autre cas, la direction des organes, au lieu d'y être une et simple, c'est-à-dire horizontale, s'y compose, pour chaque organe double (ou supposé tel), de deux obliques qui ont respectivement leur point de départ ou de tendance sur l'axe, en un *point dessous* ou *dessus* de celui de l'intersection horizontale. A la première des ces deux variétés, j'attache l'acception de *directions obliques expansives;* à la seconde, celle de *directions obliques convergentes:* et la suite en fera connoître les raisons.

Tels, généralement parlant, sont les trois aspects simple et composés, extrêmes et milieu de la face humaine.

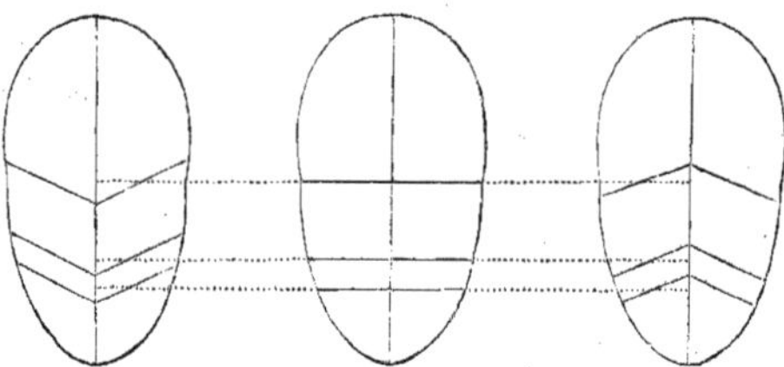

Quelle est maintenant l'impression qui résulte d'une indication d'organes la plus élémentaire qu'il soit possible, dans le sens des signes précités?

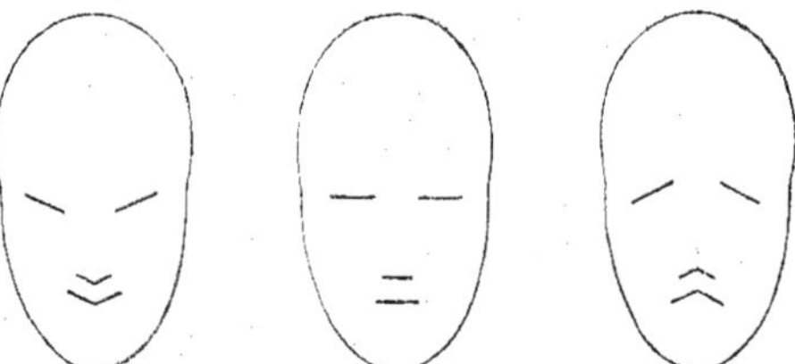

Un enfant, toute personne même, non encore prévenue (et j'en ai fait l'essai à plusieurs reprises), nous diront, et dans l'ordre si naturel de désigner et de nommer en premier lieu la chose qui les affecte le plus: *Cette face rit; cette autre pleure,* mettant le doigt successivement sur les deux ovales extrêmes; et si, ensuite, on leur demande ce que signifie la face du milieu, à laquelle ils n'auront peut-être pas fait grande attention, ils ajouteront très probablement: *Je ne le sais pas; elle ne signifie rien.*

Et l'interprétation sera complétement valable, puisqu'elle sera instinctive, et par conséquent affranchie de toute autre condition *à priori.* Et que va-t-elle établir ici? ce que déjà l'on devine: la *valeur* attachée, non point aux organes de la face comme tels, mais à leurs *directions* comme *signes æsthétiques,* c'est-à-dire comme éléments visibles et constants de tout le jeu non convulsif de la physionomie, depuis son *minimum* en expression enfantine, jusqu'à son *maximum* en expression calme, expansive ou réfléchie; car, soit qu'on ne lise encore dans les trois ovales, que le simple état d'inertie entre le rire et le pleurer, ou que l'imaginative, action fécondante du sentiment, s'emparant de cette première impression trop isolée et trop restreinte, la fasse servir d'aliment à des conceptions plus nobles, plus pathétiques ou plus intellectuelles, toujours est-il certain que les éléments fondamentaux n'auront point eu besoin de changer pour cela; qu'ils restent ce qu'ils sont essentiellement; et que ces têtes si régulièrement belles de l'antiquité, et ces jeunes faunes riants, et cette Niobé si profondément angoissée, n'en ont point eu d'autres dans une première empreinte du génie sur l'argile, et que tels seront encore les uniques éléments à signaler dans les trois images suivantes, où l'Art nous présente d'une façon si remarquable, et jusque dans les accessoires, le *calme de la Sagesse,* contrastant avec le *sourire de la Volupté* et la *concentration* presque solennelle *de l'Egoïsme.*

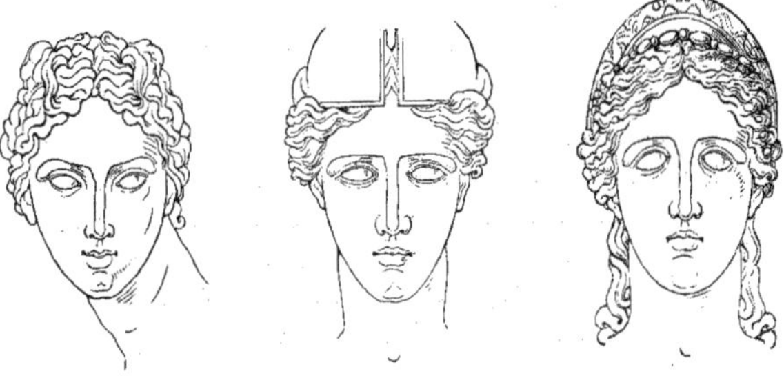

Rien même de plus frappant ni qui me semble mieux établir l'éloquence et la valeur des trois grandes variétés de la face humaine et de leurs signes élémentaires, que ce paradigme des trois déesses rivales. Symboles de la vertu, des plaisirs et des grandeurs, Pallas, Vénus et Junon s'entourent, pour ainsi dire à nos yeux, de toutes les qualités morales et physiques analogues. Près du calme de la première se rangent les idées d'*ordre,* d'*équilibre,* de *dignité,* de *stabilité,* de *durée.* Attributs et compagnes de la reine de Cythère sont les *passions vives,* le *mouvement,* l'*agitation,* l'*inconstance,* le *changement.* A l'orgueil et à l'égoïsme du pouvoir se rattachent de plus près que l'on ne pense la *réflexion,* la *profondeur de la pensée,* l'*élévation d'ame,* la *solennité,* le *sublime;* et toutes ces idées et ces déductions déjà si nuancées, et que le sentiment nuancera encore à son gré, n'ont, et ne peuvent jamais avoir de manifestation plus sympathiquement intelligible que le jeu de la physionomie, ni de *signes plus inconditionnels* que les directions motrices des organes. Or quelles sont ces directions? Si ce n'est constamment l'*Horizontale et les deux Obliques dans leur rapport à l'axe de*

l'homme, et à celui de sa *face* en particulier. Et qu'en résulte-t-il en faveur de mon début? Que c'est à celles-ci, à cette *horizontale* et à ces *deux obliques* que revient, en définitive, cette *valeur* nouvelle et si féconde que je leur cherchois, que peut-être vaguement on leur reconnoît toujours, et laquelle, basée entièrement sur un *fait physiologique* du plus haut intérêt, existant en nous-mêmes, et par conséquent irrécusable, m'a paru se poser comme d'elle-même en *principe subjectif*, *initial et concluant* d'une suite de conséquences et de données que je me propose de développer dans le cours de cet Essai. Il manqueroit cependant quelque chose à un pareil principe du côté de la clarté, si dans la *valeur linéaire des signes* qui le constitue, nous ne sous-entendions et ne comprenions encore en même temps leur *valeur colorée.* Le sentiment conçoit, se figure et réclame bien réellement cette identité, dont l'essence toutefois ne me paroît compréhensible pour le raisonnement que par la solution du problème suivant: *Les couleurs exercent-elles sur nous une influence morale?* Ce qui mérite d'être vu.

Solution!

Toute la question se réduiroit à ses moindres termes, s'il nous étoit possible de considérer les couleurs *abstractivement*, de même que nous venons de considérer et d'interpréter, jusqu'ici, de simples tracés linéaires, indépendamment de toute idée d'accident ou de qualité concrète. Il nous a suffi que ces tracés ou contours fussent visibles, c'est-à-dire se dessinassent pour l'œil sur un fond quelconque: l'imagination, l'entendement ont fait le reste. Mais en sera-t-il ainsi des couleurs? et celles-ci les pourrons-nous séparer, détacher à leur tour des aires qu'elles remplissent, limitent et empêchent de se confondre les unes avec les autres? Un cercle rouge, un triangle bleu cesseront-ils un seul instant d'être un cercle, un triangle pour ne nous offrir, par abstraction de toute limite, que des *signes colorés* d'un langage æsthétique, intellectuel ou moral? Qui dit *couleur*, ne dit-il point *aire*, *surface*, *figure?* et cette définition, si elle est juste, n'établit-elle pas l'impossibilité de jamais pouvoir séparer dans les objets deux propriétés qui leur sont essentiellement adhérentes, l'impossibilité, en un mot, de décomposer un être simple que l'on juge *complexe*, à cause d'une impression supposée double sur l'organe de la vue? Sans m'arrêter à tout ce que cet argument, dirigé contre moi-même, présente de spécieux ou de plausible, je remarquerai tout simplement ici, et dans le seul but de mon travail, que, vu le nombre infini d'objets que nous avons continuellement devant les yeux, et dont, malgré qu'il paroisse, nous n'embrassons point à coup sûr simultanément les formes et les couleurs), il se pourroit très bien que ces dernières (les *couleurs*), départies, comme pêle-mêle, à tant de substances diverses, nous parussent, à la longue, n'appartenir identiquement ni exclusivement à aucune, et que de cette manière, détachées qu'elles le seroient souvent de leur sujet, et *transmuées*, pour ainsi parler, en *conceptions* ou *perceptions abstraites*, elles nous servissent quelquefois de *signes* tantôt *absolus* (n'importeroit alors des limites), et tantôt de *signes supplémentaires* ou *identiques*, là, où tout autre signe ne pourroit le leur disputer en éloquence, ni les couleurs elles-mêmes se remplacer indifféremment les unes les autres: ce dont nous avertiroit toujours le sentiment, soit en exigeant dans tel ou tel objet une *association plus analogue* entre les formes et les couleurs, soit en applaudissant à celle qui existe déjà; et pareil arrêt, c'est *l'emploi absolu des couleurs* qui nous le dicte. Des banderoles et des écharpes *blanches* flottent et se donnent de temps immémorial, et encore de nos jours, en gage de paix et de bienveillance chez les Hindoux et parmi la plupart des insulaires de la grande mer du Sud. D'autres peuples anciens et modernes rappellent un pareil usage; et lorsque Platon nous dit que les *temples consacrés aux dieux, et les vêtements de l'homme pacifique et lumineux doivent offrir cette couleur,* dont les mystères du Sabéisme, avoient fait également le symbole de l'innocence et de la sainteté, toutes ces idées et ces allusions si remarquablement analogues, ne remontent-elles pas à une seule et même source sentimentale? aux impressions que nous causent la clarté du jour, la lumière argentine et paisible de la lune, la pureté de la neige? de même que les ténèbres de la nuit et les sombres entrailles de la terre ont dû faire attacher à toute *couleur obscure ou noire* une acception de silence, de solitude, de tristesse, de mort, d'anéantissement. Et si le *blanc* et le *noir*, l'un la lumière elle-même, l'autre sa privation, provoquent naturellement ces différentes interprétations, comment ne pas leur associer encore une troisième propriété non moins frappante? Hiéroglyphe instinctif de vie et de mouvement, de calorique et d'éclat, la *couleur rouge* sera l'excès du rayon lumineux, comme le noir en est l'absorption et le néant: et si ensuite l'on réfléchit que ni la clarté, ni les ténèbres, ni la flamme, ni le sang ne se conçoivent sous une forme quelconque distincte et déterminée, et que c'est par leurs seules couleurs que tous ces phénomènes se distinguent entre eux, et nous impressionnent chacun si différemment, seroit-il alors si étonnant que le sentiment en assimilât, selon le genre de leur impression sur nous, les *signes colorés* aux *signes linéaires révélateurs* (de cette impression) *sur la face humaine?* qu'il les regardât les uns et les autres comme *signes identiques* d'un même langage inconditionnel; et qu'ainsi l'éloquence des uns, lui rappelât toujours l'éloquence des autres? que l'on en juge!

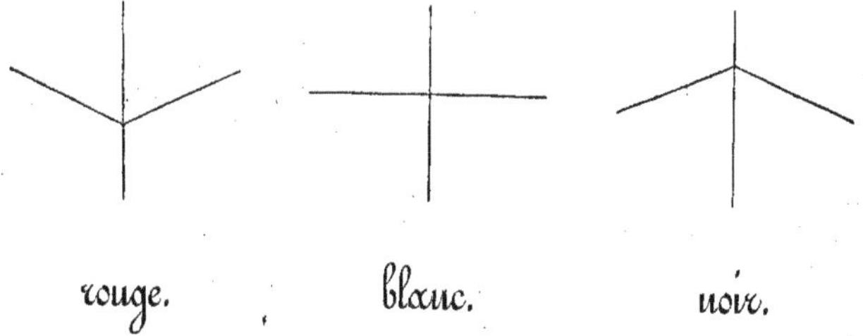

rouge. blanc. noir.

La *couleur blanche,* signe coloré unique et invariable, occuperoit, à l'instar de la direction horizontale, la place milieu entre *deux extrêmes*, qui, se nuançant comme vers elle, nous donneroient les couleurs intermédiaires, équivalentes à leur tour, du plus ou moins d'obliquité des expansives et des convergentes dans leur rapport à la verticale. La *couleur jaune* se trouveroit par essence entre le blanc et le rouge, et son plus ou moins de rapprochement ou d'éloignement de l'une ou de l'autre de ces deux couleurs, produiroit le *jaune pâle* ou l'*orange*, tandis que le *bleu azur*, intermédiaire entre le blanc et le noir, se placeroit tout naturellement entre deux de ses propres nuances, *le bleu perle*, et le *bleu indigo*.

rouge. blanc. noir.

orange. paille. perle. indigo.

jaune. azur.

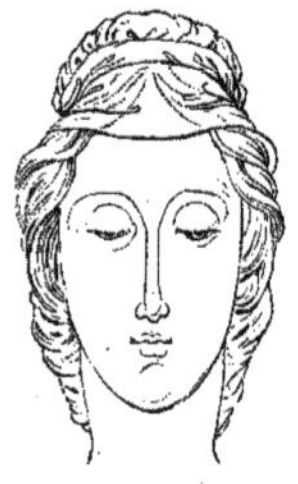

En voilà assez pour le moment sur les couleurs : j'y reviendrai bientôt; mais en attendant j'ose en appeler à une autorité que l'on ne sauroit recuser, pour savoir jusqu'où le problême est résolu. C'est à la femme sensible à prononcer, à nous le dire. Ou bien observons-la, s'il est possible, cette femme, au moment du choix de son ajustement, de son ameublement dans telle ou telle circonstance, à telle ou telle époque de sa vie. Sa toilette, son cabinet nous révéleront le *secret des couleurs*, en trahissant souvent, malgré elle, le secret de son cœur, de ses affections, de ses vues. Dans le monde et dans la retraite, une Sainte-Thérèse, une de la Vallière nous en eussent plus appris sur la *valeur morale des couleurs*, par une simple violette cueillie de leur main, par une larme épanchée sur un lis arraché de sa tige, que ne nous l'apprendront jamais tous nos raisonnements. Il n'est de décision valable en cette matière que la voix instinctive de la femme complètement sensible : elle seule est l'oracle à consulter.

Les Signes.

Le langage visible que nous adresse la Nature dans ses deux grandes divisions sensiblement reproductives, animale et végétale, a pour interprète le sentiment au moyen des trois grandes variétés du jeu de la physionomie, et de leurs *signes élémentaires et analogues, linéaires et colorés.*

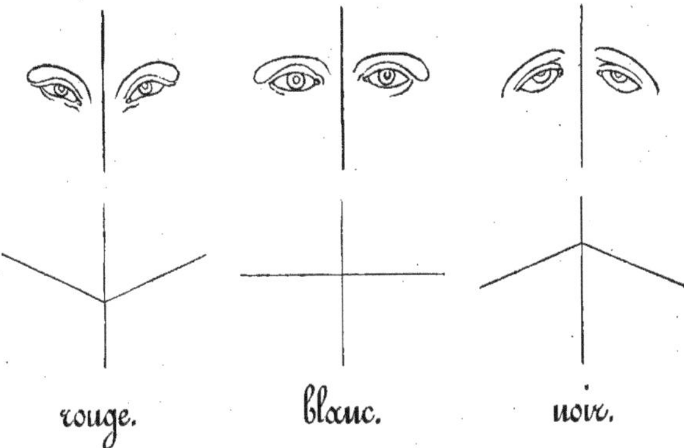

rouge. blanc. noir.

Munis de cette expression ou formule, soit figurée, soit toujours intellectuellement présente, occupons-nous d'abord un instant

De l'aspect de quelques Animaux.

Si l'ame ou l'intelligence de l'animal a son *siége entre les deux yeux ou sourcils*, et que la direction variée de la ligne des yeux et des sourcils est celle qui, sur la face de l'homme, contribue le plus puissamment à manifester au dehors, et avec tant d'éloquence, jusqu'aux mouvements quelquefois les plus intimes de notre être, sans contredit que la face de la brute, à laquelle la nature semble avoir refusé cette variété et cette mobilité d'expression, ne sauroit jamais que nous adresser un langage douteux, confus, souvent même entièrement inintelligible, dans la supposition toujours d'une parfaite ignorance du naturel et des habitudes de l'animal, sans quoi son impression sur nous, comme simple perception, cesse d'être pure. Je ne parle d'ailleurs ici que des mouvements réguliers ou paisibles de l'ame; car pour ce qui regarde les passions violentes et outrées, telles que la colère, la rage, le désespoir et tout ce qui doit exciter et produire l'état convulsif des organes, l'on sait déjà que je n'y fais aucune application de ma théorie des *signes élémentaires*, n'entendant jamais autre chose par le *maximum* de leur valeur, que l'expression équivalente de l'action la plus complète du nerf facial sur les muscles de la face humaine, en tant que ressort harmonique de nos facultés intérieures sensitives et rationnelles. Or ce *maximum* que, pour cette raison, l'on pourroit appeler *moral* (supposé qu'il existât pour la brute), ne se liroit cependant point intelligiblement sur sa face, incapable d'en exprimer les trois grandes variétés. Constamment *oblique expansive*, la direction de l'œil des principaux quadrupèdes connus, ne signale en eux, si je puis m'énoncer ainsi, que l'expression constamment *immobile* du mouvement, et encore qu'une pareille expression s'accorde généralement avec leur naturel plus remuant, l'aspect seul de la face nous tromperoit presque toujours par les conclusions en déduites dans le sens de mon principe, c'est-à-dire, d'après les décisions inconditionnelles du sentiment. Tel le Chat par un air de gentillesse et de malice purement enfantine, nous feroit prendre, avec le souriceau de la fable, le change sur son véritable caractère; et tel le Chien dogue nous pourroit intéresser par une apparence de recueillement et de mélancolie, qu'il ne doit toutefois qu'à la forme plus alongée de son museau, et à la direction de ses lèvres et de ses grandes oreilles pendantes.

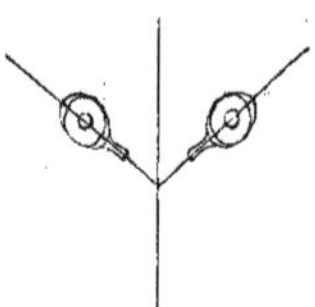

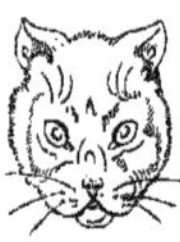

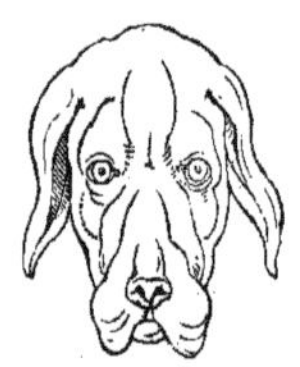

Que l'on ne m'objecte point ici cet aspect de la *face seule* de l'animal, comme *exception* favorable à mon hypothèse. Ce seroit perdre de vue qu'il ne s'agit dans cet article, ni de l'animal, ni de la plante comme tels, mais tout simplement de quelques *impressions pures* que je leur emprunte, et que j'appelle *langage visible de la nature*, prononçant, au moyen du sentiment, sur la validité de mon principe. Ce langage a ses limites, même très restreintes, et de là *l'expression paralytique* de tant d'objets; car, si l'on y regarde bien, il n'est réellement de *valeur linéaire impressive* (hors de l'homme et d'un petit nombre d'animaux) que là, où, dans un objet quelconque, *inscrit ou circonscrit*, nous signalons sentimentalement, et sans nous en douter, l'une ou l'autre des *directions élémentaires du jeu de la physionomie*. Or ce jeu n'étant complètement apparent que sur la face humaine *en regard*, il en résulte que sans *aspect symétrique*, répétant, de part et d'autre d'une verticale, les mêmes signes, il n'est point de valeur linéaire, etc. Cette remarque est essentielle, et applicable à *tout* ce qui doit suivre.

La brute, en tant que *phénomène limité*, ne s'adresse donc inconditionnellement au sentiment, que par les *seuls signes de sa face*, dont les *analogues* sur la face de l'homme, étant supposés ne jamais nous mentir, nous paroîtront rapprocher de lui, et réhausser à nos yeux, ceux d'entre les animaux qui les manifestent tellement d'accord avec leurs qualités physiques et morales (toujours ignorées encore), qu'il devient absolument impossible de s'y méprendre un seul instant. Je ne connois cependant que deux grands quadrupèdes qui méritent cette distinction, mais aussi la méritent-ils à un si haut dégré par rapport à nous, que ce seroit leur insulter *insentimentalement*, que de vouloir acquérir, en leur présence, des renseignements ultérieurs sur leur caractère. Et qui ne reconnoît ici le Cheval et le Lion?

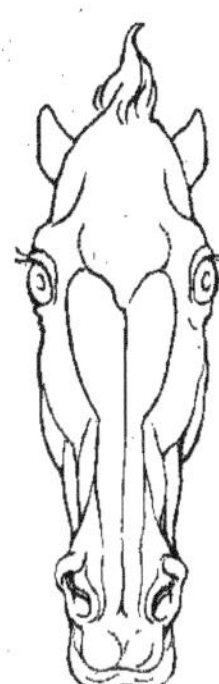

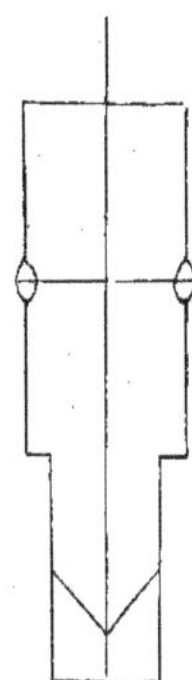

Le premier, par l'ensemble *parallélogramme* de sa longue et belle tête, vue de face, par son œil saillant, mais *non inscrit*, et par la *direction expansive* de ses larges et brulants naseaux, réunissant ainsi, aux signes les plus simples et les plus uniformes, encore les signes les plus remuants, n'a qu'à se montrer pour nous faire reconnoître en lui, tout ce qu'il est effectivement et sans rival, le plus noble, le plus élégant et le plus fougueux des quadrupèdes.

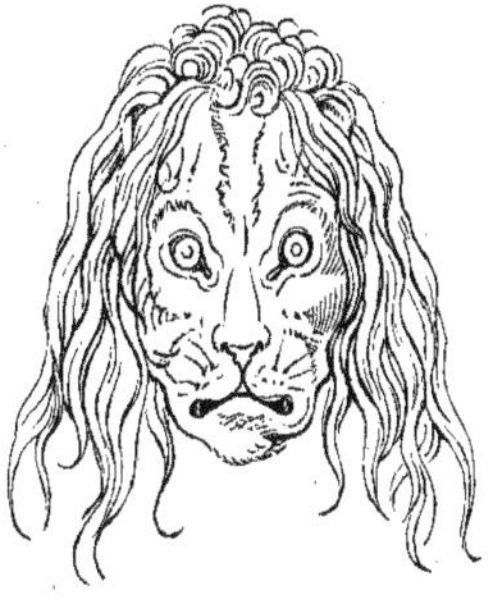

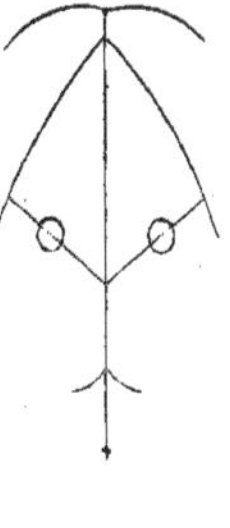

Le Lion encore, tout feu, tout essor, nous l'annonce par son œil étincelant et *obliquement inscrit*, mais animal magnanime et généreux autant que fier et terrible, sa *superbe crinière* vient tempérer et ennoblir par la *gravité du signe* qu'elle rappelle si bien, tout ce que l'aire de la face présenteroit de trop expansivement conforme avec celle du tigre ou du chat, et lui confirmer encore æsthétiquement le titre à jamais incontestable de *roi des animaux.*

Et le moyen de ne pas reconnoître et signaler ici avec un Winckelmann, et cette crinière, et même le front entier du lion, dans quelques images du Père des dieux, comme en relevant singulièrement le caractère imposant et majestueux! Cette opinion du grand Antiquaire a été combattue, je le sais; mais si l'on répugne à lui avouer un pareil amalgame ou fusion de formes et d'éléments hétérogènes dans le sens de système consacré par l'art ancien, se refusera-t-on également à reconnoître, au moins, dans ces têtes si remarquables de Jupiter (et surtout dans celle que je produis, et où cette *crinière* me semble la plus apparente), une *modification*, non moins heureusement conçue qu'exécutée, de l'*antique idole Léontocéphale,* après l'introduction du culte de Mithras en Italie? M'accorder ce moyen terme, que je soumets avec quelque confiance à la critique impartiale, ce seroit constater tout à la fois, et la présence de la *cause impressive en question*, et la *valeur inconditionnelle du signe qui lui sert d'élément*, et peut être ne me taxeroit-on point alors d'outrer les conséquences, si, à l'appui de cette même valeur, et en demandant grace pour les expressions, je venois à citer encore ici les *perruques* du temps de Louis XIV, lesquelles malgré leur énorme et ridicule volume, contrasteront toujours avantageusement avec les coeffures encore mille fois plus ridicules de la fin du dix-huitième siècle, et cela par la seule raison des *signes diamétralement opposés*, qu'elles présentent les unes et les autres.

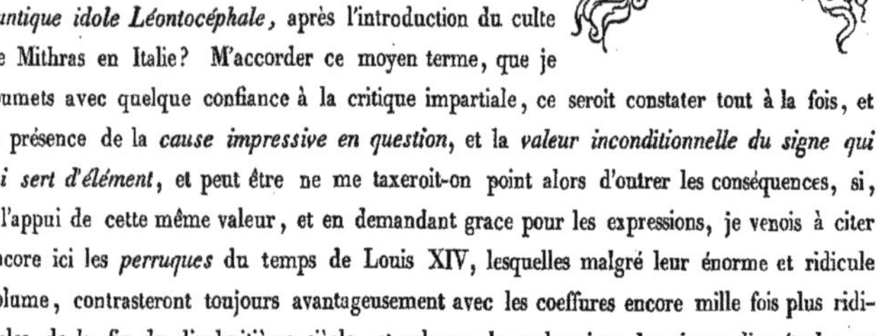

Disons maintenant un mot de l'impression qui résulte sur nous

De l'aspect de quelques Plantes.

Et parmi les grandes plantes qui sont les arbres,

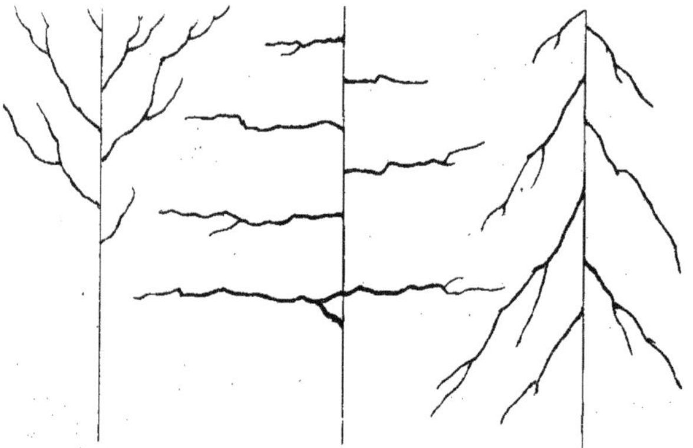

j'en remarque principalement de trois espèces, dont les branches, par rapport à leur tige ou tronc pris pour axe sensible, présentent les directions *horizontale* et les *deux obliques*, et par-là peuvent réveiller plus ou moins en nous les idées que je ne cesse d'attacher à ces signes.

Le Chêne austère, à *branches horizontales*, semble les étendre au loin comme des bras protecteurs. Inébranlable dans sa force, il brave les tempêtes, et il est l'image du calme des grandes ames. Les anciens avoient consacré cet arbre à plusieurs de leurs principales divinités, et son fruit leur rappeloit la première nourriture des hommes.

Prompt à croître, le Pin s'élève avec ses *branches expansives* bien haut dans l'atmosphère, et s'y déploie en calice absorbant le calorique. J'aime à y lire le désir de l'existence et l'avidité d'en jouir.

L'Epicée enfin, ou grand Sapin du nord, par la *direction droite de sa tige*, *sa prodigieuse élévation et la direction de ses branches pendantes*, présente (et l'observation ne peut en être neuve) *quelque chose d'imposant, de lugubre et de solennel.* Existant principalement dans les lieux où toute végétation cesse, le Sapin des montagnes y semble *la borne* entre l'existence et le néant, entre le fini et l'infini.

J'avoue cependant que, tout en reconnoissant ici la *valeur linéaire* de la charpente et de l'ensemble de ces trois grandes plantes, et d'autres qui leur pourroient ressembler, les signes élémentaires y perdent beaucoup de leur éloquence, parce que n'étant jamais inscrits, ni

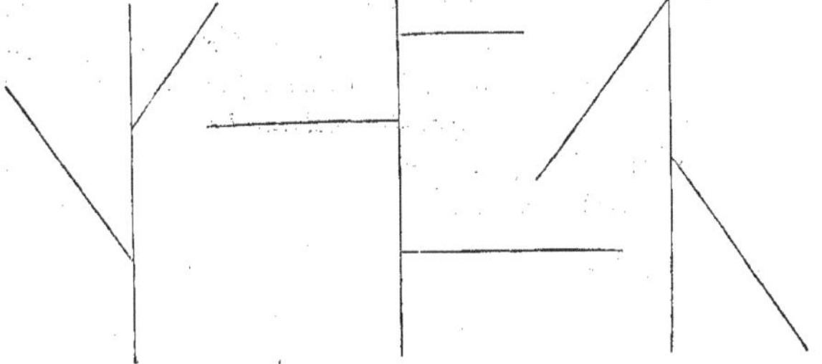

répétés exactement de part et d'autre d'une verticale, ils rappellent moins heureusement leur *valeur archétype sur la face humaine:* qu'ils sont, ou trop nus, ou trop masqués selon les saisons; et enfin, qu'ils *partent* toujours de l'axe et n'y *tendent* jamais; ce qui, favorable à l'expression du Pin, nuit surtout à celle du Sapin. Une preuve toutefois de la valeur généralement attachée à ces différentes directions de branches par rapport à leur tige, est l'épithète ou surnom sentimental, donné dans plusieurs langues, à cette espèce de saule, au pied duquel le poéte hébreu place les tribus dispersées, pleurant leur patrie et leur temple dans une terre de captivité: *Assis aux bords du fleuve de Babylone, nous avons versé des larmes en nous souvenant de Sion, et nos harpes étoient suspendues aux branches inclinées vers le rivage.* Rien de plus touchant que ce début d'élégie: il forme tableau. Dommage cependant qu'au lieu d'un feuillage sombre qu'on aimeroit à reconnoitre ici, le *Saule pleureur* n'en présente que d'un *vert jaunâtre*, pâle il est vrai, mais non pas entièrement *identique* avec le signe linéaire. On peut alléguer que la *couleur verte*, sous quelque nuance qu'elle s'offre à l'œil, doit faire exception: elle forme couleur à part. Aussi n'en avois-je point encore parlé jusqu'à présent, par la raison que mon principe entièrement basé sur l'éloquence de la face humaine, et cette couleur verte lui étant absolument étrangère, celle-ci ne pouvoit, sans inconséquence, figurer parmi les autres couleurs indiquées ci-dessus comme *expressions colorées du jeu de la physionomie.* L'homme par sa peau, par ses cheveux, par son œil, peut offrir plus ou moins sensiblement sur sa personne, et selon les races et les climats, les couleurs blanche, rousse et noire, et même plusieurs des teintes intermédiaires, et toutes sont compatibles avec nos idées d'une nature et d'une existence animale: la *couleur verte*, seule exceptée, ne signale sur le corps humain que la destruction, la corruption; que sa rentrée dans la poussière végétale.

Et c'est ici le lieu d'observer fort à propos, que, parmi les animaux connus les plus remarquables par leurs masses et par leurs qualités, tant quadrupèdes que volatiles, aucun ne présente cette couleur verte comme distinction caractéristique, et le sentiment, à la vue de l'Aigle et du Cygne, les deux oiseaux le plus heureusement conformés, félicite la nature de leur avoir départi ses dons avec tant de largesse et d'harmonie. A l'Aigle, le plus terrible, mais aussi le plus généreux des tyrans de l'air, convenoit, pour exprimer ses qualités extrêmes, un mélange de *signes colorés* également *extrêmes;* et le rouge, le jaune et le noir se partagent comme à l'envi, et confondus ensemble, les différents membres de cet imposant oiseau. Au Cygne, qui nage pompeusement sur l'onde tranquille et transparente, appartenoit le plumage d'une *blancheur éclatante*, dessinant l'élégance de ses contours contre les bords ombragés qu'il fréquente. C'est l'emblême des graces et de la noblesse réunies; et peut-être il n'est pas d'allégorie plus heureuse que le rêve de Socrate, qui, la veille qu'on lui amena le jeune Platon pour disciple, crut tenir *un jeune Cygne sur les genoux, qui ensuite s'envola dans les airs avec un doux ramage.* Non moins libérale envers le Lion qu'envers ces deux oiseaux si favorisés, la nature l'a revêtu de la seule enveloppe, dont la couleur parfaitement identique avec l'éloquence linéaire de la face, et en outre ne s'altérant jamais, ne laisse rien à désirer au sentiment. Soit qu'habitant solitaire et constant d'une même zône brulante, il n'ait point subi ces altérations physiques et morales, auxquelles nous voyons sujettes les espèces domptées par l'homme, et répandues avec lui sur la surface du globe, ou soit toute autre cause, le Lion, comme animal sauvage, est encore invariable en sa couleur, et même il est impossible de nous le figurer sous une autre. La couleur blanche, bien que favorable, peut-être, au tracé de cette belle tête, en affoibliroit néanmoins singulièrement l'expression expansive, et la couleur noire y confondroit les détails inscrits; et de plus que deviendroit alors cette superbe crinière? Noire? la touffe du chien barbet! Blanche? les crins du vieillard, l'image du déclin de la vie, de la caducité! Mais *rousse*, mais *ardente*, telle qu'elle l'est, et agitée et secouant comme des flammes rayonnantes autour d'un œil, disque étincelant, cette crinière met le sceau à tous les titres prodigués au Lion, en lui méritant encore celui de *symbole du soleil*, que les anciens lui avoient donné, et que chacun, j'en suis sur, lui confirmera volontiers.

Remarquons ici en passant que s'il est dans l'intérieur de l'Afrique, comme on le dit, un Lion à *crinière noire*, le sentiment le place à côté du Cygne à *plumage noir* de la nouvelle Hollande, et de l'Aigle *à peu près tout rouge* de l'île de Ceylan. Les mêmes *signes linéaires* ne peuvent admettre, comme *identiques*, différents *signes colorés*, que pour autant que l'expression dominante y gagne en éloquence. La crinière du Lion vient de le prouver. Le cheval va nous en fournir un exemple frappant.

Chef-d'œuvre de noblesse, d'élégance, de vigueur et d'agilité, sous laquelle des *trois couleurs principales* que nous lui connoissons, ce quadrupède, le second en rang, doit-il s'offrir de préférence à nos regards? Ici c'est toujours encore au seul sentiment à prononcer. Plus rapproché de l'homme, dont il partage de plus en plus les travaux, le faste, l'héroïsme et même quelquefois les infortunes, le Cheval semble ne revêtir plus d'une enveloppe, que pour mieux se conformer aux différentes situations de son état de domesticité. Frémissant, mais se complaisant au bruit des armes et des combats, c'est l'*Alezan-doré* que l'on verra se précipiter au devant de l'ennemi. Rien n'arrêtera sa fougue, et la flamme et le sang se confondront avec lui dans la mêlée. Plus fait pour les scènes nobles et paisibles, le Cheval *blanc* nous en offrira une admirable, lorsque d'un pas lent et mesuré, et au milieu des acclamations et des bénédictions des peuples, il portera vers le Capitole les Trajan et les Marc-Aurèle. Sa riche crinière flottante rasera presque la terre, et, fier de sa charge, c'est avec douceur qu'il obéira à la main qui le guide. Reste le Coursier *couleur d'ébène*, et le sentiment le destine à la pompe funèbre, ou le donnant pour compagnon au courage malheureux, il lui fera partager, *l'œil morne et la tête baissée*, la douleur du guerrier, s'exilant d'une patrie avilie.

Un passage remarquable d'un ancien livre de *Mystères Mitriaques*, réunit, dans une même vision, les trois grandes variétés colorées du Cheval sous des acceptions très semblables à celles que je viens d'indiquer. Apparoissent l'un après l'autre : d'abord un *Cheval blanc*, portant *le Fidelle et le Véritable qui juge et combat justement*. (C'est la dixième et dernière incarnation de Vishnou, à la fin des siècles). Vient ensuite le *Cheval roux*, monté par le démon de la guerre armé d'une grande épée, et enfin les fléaux et la Mort, achevant de ravager la Terre, assis sur des *Chevaux pâles et noirs* ; et pareille analogie entre le sujet et ses accidents n'est point arbitraire. Le sentiment conserve ses droits jusque dans les rêves et les écarts de l'imagination, ou plutôt celle-ci n'est jamais que la faculté créatrice de l'autre, son action réagissante, quelquefois son délire.

Paisible, le sentiment est *pensée*, est *raison*, et sous ces *titres*, il rend ici un dernier hommage aux deux superbes quadrupèdes, dont nous venons de considérer les *signes linéaires et colorés*, il

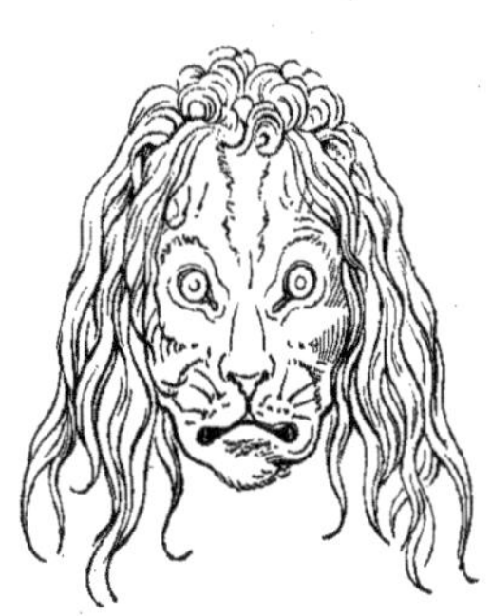

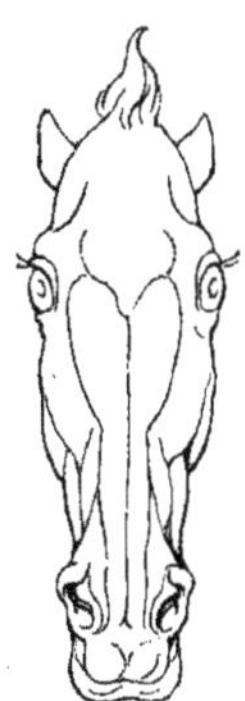

les proclame, et avec eux l'Aigle et le Cygne, les quatre uniques animaux, dignes d'inspirer le grand poète; d'embellir, de relever ses chants. Ailleurs on verra de quelle manière je pense que la Statuaire et la Peinture s'en doivent exclusivement partager l'imitation, à l'exclusion absolue toutefois du Cygne, qui ne peut jamais appartenir qu'à la seule Poésie.

Un dernier mot sur le règne animal et végétal.

Moins forme animale que *ligne animée*, le Serpent, dépourvu de toute expression inconditionnelle, mais admettant toutes les directions possibles, admet aussi toutes les couleurs. *Arrête-toi*, chante un jeune Sauvage, *arrête-toi, Couleuvre, afin que ma sœur puisse tirer sur le patron de ta peinture, a façon d'un riche cordon que je puisse donner à ma bien-aimée!* et de fait, le brillant et le bariolé des couleurs, jointes à la variété du jeu de ses anneaux, séduisent l'œil, et font presque oublier dans le Serpent sa monstruosité physique et morale comme créature, pour n'en faire qu'un caprice de l'imagination, qu'un arabesque dans l'Art.

Reptile, il présente déjà parmi les couleurs de son enveloppe, et même très souvent comme dominante, cette *couleur verte*, l'apanage d'une nature que nous appelons, bien ou mal, inanimée ou végétale, et c'est là (dans cette grande et seconde division) que nous la voyons briller d'une éloquence aussi variée que toujours favorablement interprétée. Seule, parmi toutes les propriétés ou *provocations* du rayon lumineux, elle n'offense jamais le sentiment, et l'ame, dans quelque assiette ou situation qu'elle se trouve, reçoit son impression, s'y complaît et y sympathise. Seroit-ce, qu'ayant pour éléments les deux moyennes entre la lumière et ses extrêmes, le *vert* nous semble instinctivement une modification de toutes les couleurs? ou que *propriété colorée* primitive et résultante de l'action fécondante du calorique sur la matière, elle nous ramène à la conscience d'une affinité et d'une harmonie universelles entre tous les phénomènes sublunaires? Qui nous dira si la *couleur verte* existe au delà de notre atmosphère; s'il y en existe même aucune?

rouge. blanc. noir.

jaune. azur.

vert.

Point d'animal que je sache qui répugne à l'impression du *vert*. Pour l'homme, je viens de le dire, c'est l'unique couleur toujours la bien-venue. Elle lui offre cependant, et sans qu'il s'en doute, des nuances, tantôt plus ou moins en unisson avec les sensations intérieures du moment, tantôt plus ou moins *identiques*, comme *signes colorés* d'une perception limitée; et le Sapin du nord, profilant sa *noire pyramide* contre un ciel nébuleux ou contre les neiges alpines, est bien autrement éloquent que s'il n'offroit alors qu'un feuillage tout jaunâtre, tel que nous le voyons aux jeunes arbrisseaux, nous réjouissant vaguement dans les premiers jours du printemps. Je ne m'étendrai pas davantage sur ce sujet, mais je m'estimerois fort heureux si l'on daignoit m'appliquer quelquefois, ici et ailleurs, ce joli mot de l'auteur des Essais, qu'*En ne donnant souvent qu'une atteinte dans le vif d'un propos, j'invite les autres à l'arracher de là, et à le mettre en place marchande.*

Complément.

Un dernier article doit compléter l'établissement de mon Principe.

Nous voyons naître, germer, se développer, arriver à leur état de parfaite croissance, dépérir, mourir, se dissoudre et se reproduire et les plantes et les animaux, et ces vicissitudes qui ne sont qu'autant de lois immuables auxquelles nous mêmes sommes sujets, nous assimilent ces plantes et ces animaux, et les confondent avec nous dans une même existence terrestre. De là ces idées mixtes de vie et de mort, de biens et de maux, de force et de foiblesse qui se mêlent, sans nous en douter aux différentes impressions que nous cause cette nature si sensiblement changeante, mortelle et reproductive. De là pour l'objet la prompte application du *signe* à nous mêmes; la *compréhension inconditionnelle* de cette application; le sentiment plus ou moins vif, sympathique, identique même qui en résulte. Tout cela tient à cette *sensibilité commune, première faculté de la matière animée,* et se développant au travers d'organisations sans nombre et toujours croissantes, pour s'élever enfin dans l'espèce humaine jusqu'à la *conscience d'elle-même*, et d'une *intelligence primitive* dont elle émane, et qu'elle aspire à se réunir encore. Placé par elle à la tête de toutes les *animations sublunaires*, y compris même les grandes plantes (en tant qu'*espèces encore sensitives*) l'homme se les soumet et se les applique toutes sentimentalement à titre de *mesure et d'interprète unique*. Nous venons de lui reconnoître ce droit qui est celui de nous tous, et d'y fonder toutes nos observations. Mais que dire après cela de nos rapports avec une Nature qui s'annonce comme n'ayant rien de commun avec notre nature? et comment expliquer l'impression produite sur nous par le grand spectacle de l'Univers, ou par celui de quelques unes de ses parties ou scènes imposantes? Que dire de ce Firmament parsemé d'astres inombrables? de cet Océan sans bornes? de ces Alpes qui se perdent dans la nue, et dont chaque pic semble un chiffre de l'éternité? Ici la perception ne sauroit plus rien avoir de sympathiquement relatif à notre manière d'être. Rien de formel, de fini, de limité dans le sens de substance individuelle et périssable. De tout autres idées! des *idées abstraites* de grandeur, d'étendue, d'élévation, et surtout leur *maximum*, cette *idée vague de l'infini*, voilà ce qui, à l'aspect de ces *tableaux éternels*, envahit toute notre existence, s'en empare exclusivement, la rend incapable de toute conscience, de tout retour subit sur elle-même; la transporte comme hors d'elle-même, et comme le dit si énergiquement le naïf et profond auteur déjà cité, *ces grandes scènes de la nature ne pratiquent point notre jugement, mais le ravissent et le ravagent.*

Ces dernières paroles regardent cependant plus particulièrement l'*état convulsif* de la nature, puisqu'alors les effets s'en adressent encore à d'autres organes; qu'ils affectent, ébranlent encore d'autres nerfs que tout simplement ceux de la *vision;* mais considéré dans son *état de repos*, et ne nous impressionnant que *visiblement*, le grand spectacle de l'Univers rentre bien réellement dans les applications de ma théorie.

Une *analyse sentimentale* des quatre premières figures géométriques, éléments de toutes les autres, aidera je crois, à mieux faire sentir quels sont ces rapports en apparence si éloignés: c'est du moins de cette manière que je me suis rendu compte à moi-même de mes propres impressions, et peut-être sera ce encore la meilleure pour en faire part aux autres.

Essayons:

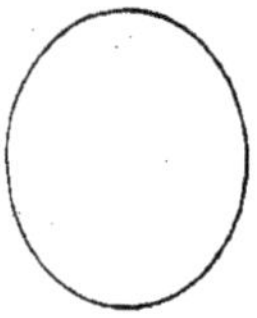

De toutes les figures curvilignes, c'est le *Cercle* qui me semble avoir le moins de valeur æsthétique. Il ne réveille, il ne rappelle aucune affection, aucun mouvement de l'ame; *aucun signe sur la face humaine*; car peut-on penser à la prunelle de l'œil, et qu'exprime-t-elle sans les paupières, sans les sourcils? Rien de plus froid que l'épithète de *yeux du monde* donnée quelquefois au Soleil et à la Lune. Le *cercle* n'emprunte toute sa *valeur* que de sa *conception intellectuelle*; et celle-ci est toute dans le *vague de sa limitation*, ou plutôt dans *l'impossibilité de cette limitation*. Le MOI *centre*, et ma PENSÉE *rayon*, tels sont les éléments du cercle, *symbole de l'infini*; et c'est dans ce sens qu'un ancien a pu définir la Divinité, *un cercle dont le centre est partout et la circonférence nulle part*.

Qu'il y a donc loin d'un *cercle limité dans l'espace* à un pareil *cercle idéal!* Le premier ne peut jamais que nous paroître *vertical*, et par conséquent placé *vis-à-vis de nous*, *et nous hors de lui*, et dès-lors plus d'identité avec le *moi*. Décuplons, centuplons les diamètres apparents du Soleil et de la Lune, ou de tout autre corps céleste, tant que les circonférences s'en pourront concevoir sensiblement, leur aire ou surface si considérablement augmentée, ne les sauvera point de ce que l'accoutumance à les voir, leur ôteroit chaque jour de *valeur impressive* sur nous. Si l'Horizon qui *s'étend autour de nous*, et dont nous reculons encore toujours les limites, pouvoit s'embrasser d'un seul coup d'œil, il pourroit être en quelque sorte *l'image sensible du cercle de la pensée*; mais puisque cette perception totale est impossible, l'horizon, par la partie que nous en saisissons à la fois, ne sera jamais pour nous qu'une *simple ligne droite* et naturellement *horizontale*, et comme telle pourra réveiller en nous les idées de *calme et d'équilibre*, ainsi qu'il arrive à la vue d'une mer tranquille se dessinant contre l'azur d'un ciel serein.

Après le cercle vient le *triste Quarré*, auquel le Sentiment voudroit pouvoir n'assigner aucun rang dans la série des aires. Au moins le cercle, ou ce qui est plus exact ici, la *circonférence* peut en appeler à un *type idéal* dans la révolution des astres autour d'un pôle unique, de laquelle révolution elle a été bientôt le symbole et l'expression figurée ou sensible; mais il n'en est pas ainsi du *quarré*, qui ne sauroit absolument prétendre à aucune existence intellectuelle avant celle que lui assigne le raisonnement; aussi sa valeur est-elle exclusivement mathématique. Jamais l'espace n'a pu se concevoir *angulaire*. L'imagination peut le traverser de tout sens en *ligne droite*; ce n'est jamais qu'en *courbes* qu'elle en conçoit ou qu'elle en recule les limites.

Elément du cube, le *quarré* s'y confond; car le cube pour nous paroître tel est polygone, c'est-à-dire qu'il présente plus de quatre angles et inégaux, tandis que le cercle se constituant en solide, devient sphère sans cesser d'offrir la limite circulaire.

D'une création et d'une application semblables à celles du quarré, est le *Parallélogramme* ou *Rhombe*, mais présentant toujours *deux côtés opposés* qui l'emportent en étendue longitudinale sur les deux autres, ce sera de sa position *parallèle ou verticale à l'horizon* que dépendra son genre d'expression; car le sentiment lui en reconnoît une, et la lui conserve encore sous l'acception de solide; ce dont je produirai des preuves ci-après.

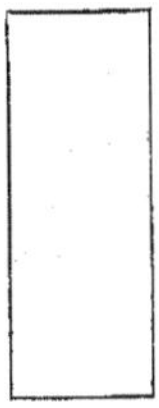

Toujours empirique encore, mais de toutes les figures rectilignes la plus simple, et fournie souvent par la nature elle-même, le *Triangle* aura une *valeur* réellement *æsthétique*, lorsque par la base parallèle au plan d'horizon ou s'y appuyant, et présentant constamment *trois angles aigus*, il devient pour nous l'image d'une *convergence de points extrêmes et terrestres vers un point unique dans le ciel.*

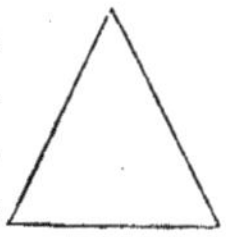

Renversé par rapport à nous, le *triangle* ne peut se concevoir séparé des idées de mouvement, de vacillation, d'instabilité, d'essor, &c, qu'y réveillent les *deux expansives*, formant l'angle du sommet au Nadir.

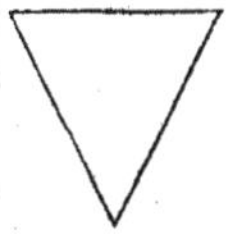

Elément du cône et de la pyramide, le triangle ne change de limites que par la base, dont rarement s'occupe l'imagination.

Telles sont les quatre figures géométriques dont j'avois à parler. Soumises à l'arrêt du Sentiment, celui-ci vient de *répudier* irrévocablement le *quarré*, et de ne souffrir quelquefois le *cercle* que comme expression sensible d'une haute idée intellectuelle. Le tableau synoptique de la page suivante confirmera, je pense, cet arrêt, en même temps qu'il assignera aux deux autres figures, le *rhombe* et le *triangle* toute leur *valeur réelle et élémentaire, linéaire et colorée.*

Gardons-nous donc, pour en revenir au grand spectacle de la nature, de comprendre un seul instant la Lune dans celui du firmament. Disque périodique et changeant, mais trahissant toujours dans toutes ses apparitions le *cercle limité dans l'espace,* la Lune dépare les cieux et n'embellit fortuitement que la terre, où les objets qu'elle éclaire foiblement et les ombres qu'elle leur fait projeter prennent une teinte mystérieuse, avec laquelle sympathise l'ame sensible, sans l'élever néanmoins jamais au dessus d'une *sensualité épurée,* ou la porter au delà d'une vague mélancolie; et plus d'une femme aimable, se consultant de bonne foi elle-même dans ces moments, se trouveroit fort embarrassée pour rattacher au Ciel les sensations et l'espèce d'émotion qu'elle éprouve alors.

Cause d'effets et d'applications en définitive donc toujours matériels et terrestres, c'est la Lune, ou tout autre corps errant semblable, qui a sans doute inspiré le premier culte. Cause d'effets toujours exclusivement *sursensibles*, c'est le Firmament ou *ciel uniquement étoilé*, dont les *ténèbres* solennellement *visibles* ont fait placer le trône de CELUI QUI EST *sans commencement et sans fin* au *centre* de l'inaccessible solitude des *ténèbres sans limites.*

A défaut de signe linéaire symbolisant ce sublime mystère, se présente ici le *signe coloré absolu*, la *couleur noire perçue abstractivement.*

Résultat d'une démarcation apparente entre la voûte des cieux et la surface de la terre, l'*horizon libre* ne s'obtient que par une *mer tranquille* ou par une vaste plaine ou désert uni. J'ai déjà dit de quelle manière les expressions de *calme et d'équilibre* se rattachent alors à ces deux tableaux; je dois ajouter encore ici que ce n'est pourtant jamais que par abstraction des espaces compris entre leurs limites et nous. Cette onde paisible peut s'agiter en vagues écumantes; ces sables s'amonceler en tourbillons de mort. Nous pourrions être appelés à devoir les affronter, et dès-lors que deviendroit cet horizon?

Et ces Alpes, et cet Imaüs, et ce Caucase, qui nous en expliquera l'éloquence? Sera-ce le Conquérant dont ces barrières imposantes arrêtent tout-à-coup la marche et les brigandages, ou bien le Savant qui les transforme en observatoires et en gnomons pour les soumettre méthodiquement à ses recherches et à ses calculs? Qu'il y auroit loin de l'interprétation de l'un à celle de l'autre! et qu'il y aura mille fois plus loin encore de leur ame desséchée par les flammes de l'ambition ou par les glaces de la science, à l'ame de celui qui n'abordera ces *Pyramides éternelles* que pour y lire cette parole si simple et si sublime, commencée sur leurs bases et terminée sur leurs cimes, *l'Homme n'est qu'un roseau, mais c'est un roseau pensant!*

Si j'avois à définir après coup ce que souvent j'ai éprouvé moi-même à la vue des *grandes scènes de la nature en repos*, je serois presque tenté d'en appeler le sentiment *un essai suavement pénible d'un divorce impossible ici bas de l'intelligence d'avec la matière.*

TABLEAU SYNOPTIQUE

DES DÉVELOPPEMENTS DU FAIT PRINCIPE, AMENANT LA VALEUR INCONDITIONNELLE ET IDENTIQUE DES SIGNES LINÉAIRES ET COLORÉS.

Fait-physiologique, dans ses trois grandes variétés au *maximum moral.*

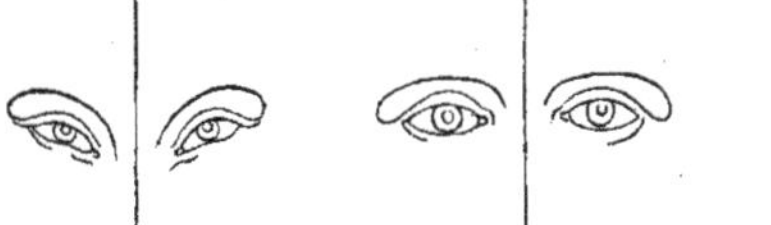

Eléments ou Directions linéaires des trois grandes variétés de la face humaine, dans leur rapport à l'*Axe,* comme *expression* de l'homme organique, intellectuel et moral.

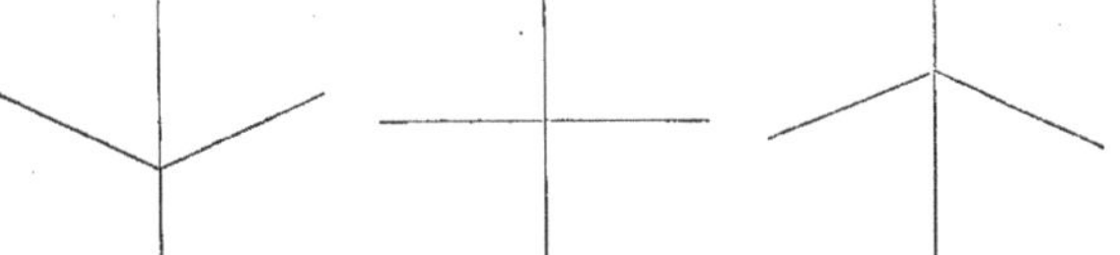

Valeur et *Analogies* de ces trois différentes directions élémentaires.

Expansives.	Horizontale.	Convergentes.
oscillation, agitation.	équilibre, calme.	concentration, recueillement.
dispersion.	ordre.	solennité.
explosion, éclat.	clarté, lumière.	profondeur, ténèbres.
couleur Rouge.	couleur Blanche.	couleur Noire.

Identité de ces *analogies* pour chaque série, dans la réunion de leurs *deux termes extrêmes*, embrassant les termes moyens, d'où pour ces *six expressions* leur valeur d'

Axiomes,

ou *Eléments d'interprétation et de démonstration sentimentale de toutes nos perceptions visibles.*

expansives.	horizontale.	convergentes.
rouge.	blanc.	noir.

LIVRE SECOND.

L'ART.

Introduction.

L'on vient de voir, d'après l'exposé de mon Principe dans le livre précédent, ce que j'entends par *signes inconditionnels,* et cette expression, d'abord si vague sur le titre, se trouve donc entièrement expliquée.

Mais en y désignant ces *signes* comme se rapportant, dans cet Essai, plus particulièrement à l'*Art,* on s'attend avec raison que je dise maintenant de quelle manière cette application a lieu, et à quel *Art* ou *Arts?* car le mot est générique. Or les *signes* comme *signes linéaires et colorés,* étant *exclusivement visibles,* il s'ensuit que les Arts auxquels je les applique le doivent être également: d'ailleurs par ce mot Art on est assez généralement convenu aujourd'hui de n'entendre que ceux dits *du dessin*, l'ARCHITECTURE, la STATUAIRE et la PEINTURE.

C'est donc de ces *trois Arts* et des *signes inconditionnels* que je leur reconnois, ou voudrois leur reconnoître, qu'il va s'agir dans ce second, et dans le troisième livre. Le petit coup-d'œil suivant leur pourra tenir lieu d'introduction.

L'Homme est à toute heure en contact avec le monde phénoménal. Non content cependant des sensations intérieures que lui font éprouver ses perceptions, et qu'il s'identifie, une tendance irrésistible le porte sans cesse à les manifester encore au dehors, et à étendre et à agrandir de cette manière son existence. De là, et dès l'état sauvage, ces efforts continuels en lui, d'abord impuissants, ensuite grossiers et imparfaits, de le disputer en prééminence à une nature qu'il voudroit toujours se *finaliser,* se soumettre même s'il lui étoit possible.

Composé énigmatique de foiblesse et de force, de crainte et d'audace, d'enfantillage et de grandeur, l'Homme a puisé dans tous ces *contraires*, la connoissance des rapports entre ses impressions et ses facultés, et le *Tatouage*, ou rapport entre le sentiment de sa foiblesse et tout ce qui lui inspiroit de l'étonnement et de la frayeur, est peut-être la première origine de tout ce que nous appelons aujourd'hui, *découvertes, arts, sciences, &c.* L'Homme, en se *tatouant*, a voulu se rendre autre qu'il n'étoit, pour s'assimiler par là à des êtres plus redoutables que lui, soit pour oser mieux les affronter, soit pour en imposer mieux comme eux à des êtres plus foibles.

Privé toutefois des membres nécessaires à sa défense, d'instruments organiques pour subvenir à tous ses besoins, il ne pût complètement rivaliser avec les animaux, même les moins nuisibles dans leurs moyens de se procurer la nourriture, qu'en se créant des armes factices; et ce ne fut que long-temps après leur grossière invention et barbare usage, que nous le voyons rivaliser d'industrie avec le renard et le castor, pour se creuser ou se construire des terriers et des demeures. Déjà cependant la corde résonnante de l'arc avoit suggéré l'idée de la lyre, et la corne de quelques animaux abattus, celle de la trompette ou du cor. Maître ainsi de faire face aux bêtes sauvages et d'imiter leur cri, l'Homme s'empara de leurs repaires, osa y séjourner, et rêva et essaya bientôt lui-même la construction.

Etonné de ses propres développements, il commença par affectionner la nature qu'il se créoit, plus que celle qu'il abandonnoit, par la raison que plus dépendante de lui, sa foiblesse et son orgueil y trouvèrent mieux leur compte.....

Et *Nemrod*, est-il dit quelque part, *fut un puissant chasseur, et il bâtit des villes.* A ces mots qui renferment toute l'histoire de l'Homme et de ses développements, ajoutons toujours ceux qui ouvrent mon Livre: *l'Homme est droit et tourné vers le Ciel.* Ils me semblent la règle de tout ce qu'il peut et doit être actuellement; le point de départ de toutes ses recherches; le *trait caractéristique* que doivent consacrer toutes ses productions!

DE L'ARCHITECTURE.

Le Signe ne change point : c'est l'interprète qui le souille ou le consacre.

C'est un aveu qui en coute à notre amour pour l'Architecture que celui de devoir reconnoître dans les constructions primitives les plus célèbres et les plus imposantes, le témoignage le plus irrécusable de l'orgueil et de la tyrannie de quelques hommes puissants, se jouant, dès l'enfance des sociétés de l'ignorance et de l'avilissement des peuples. Envain pour assigner à cet Art une origine plus pure et une marche plus progressive, tâche-t-on de remonter jusqu'à la cabane pour y trouver les éléments et le type de toute construction. Ce n'est point l'asyle des Philémon et Baucis qui s'est métamorphosé en temple de la divinité. Ces agréables fictions qui font naître les arts du milieu de nos besoins les plus innocents, du sein de nos affections les plus douces, ne tiennent malheureusement point contre une saine critique, qui n'admet, et ne doit admettre que trop souvent la triste vérité. Non, ce n'est point à l'homme, échangeant le creux des antres et le fond des forêts pour une chétive cabane, élévée sur les limites du champ qu'il cultivoit à la sueur de son front, et encore moins au nomade, trainant de pâturages en pâturages une existence aussi précaire qu'indépendante, sans autre abri qu'une peau d'animal, que nous devons la conception de ces Pyramides, de ces Labyrinthes, de ces Pagodes et de tant d'autres monuments qui remontent à une très haute antiquité. Ce n'est pas non plus à des peuples instruits et libres, et contents de l'humble toit de leurs pères, que nous devons, dans des siècles postérieurs, ces Cathédrales, ces Dômes, ces Campanilles, dont le luxe et la hardiesse nous étonnent : c'est (car je dois y revenir toujours malgré moi) c'est à la puissance usurpée d'un seul, et à l'influence de quelques hommes astucieux, qui ont pu, ou su se servir ouvertement ou en secret de leurs semblables comme de vils et de lâches instruments, que nous sommes redevables de tout ce qui a élévé l'Art de la construction au plus haut dégré de gloire, et lui a mérité le titre si vrai *d'Architecture*, de premier des Arts, *d'Art par excellence.* Que si pourtant quelques travaux utiles paroissent être échappés de temps à autre, au faste orgueilleux de ces hommes oppresseurs, tel qu'il a pu arriver quelquefois en Egypte, alors des emblêmes et des inscriptions pompeuses et sacrilèges ne manquoient jamais d'apprendre ou de rappeler aux peuples leur bassesse et leur dépendance, par le souvenir des exactions et des sommes immenses qui y avoient été employées, du nombre des ouvriers ou esclaves qui y avoient travaillé et y étoient péris, et des aliments grossiers qui leur avoient servi de nourriture. Les Bélus, les Pharaons, et Rome esclave pour l'antiquité ; des prêtres, des moines, et quelque monarque foible et vassal de l'Eglise pour l'âge moyen, voilà les fauteurs, oserai-je le dire, les créateurs du plus beau, du plus noble des Arts, et quelle est l'ame sensible, instruite d'une si honteuse et coupable origine, de si déplorables développements, qui ne seroit tentée de lui refuser son admiration, de la désavouer ?

Mais ici ce n'est ni de cette origine, ni de l'histoire de l'Architecture qu'il sera question. Il ne va s'agir que de son essence comme Art, des rapports qu'elle établit entre quelques unes de nos facultés et quelques parties du grand spectacle de la nature, et de l'impression plus ou moins profonde qui en résulte sur nous. Le sentiment n'admet que ces trois données, ou plutôt ce ne sont pour lui que la seule et même impression instantanée dont il s'occupe exclusivement. Indifférent pour tout le reste, il abandonne à l'historien, à l'architecte, à l'antiquaire, à raconter, à décrire, à mesurer, à discuter, à fouiller les monuments ; à leur trouver des fondateurs, des dates, des époques, à relever toutes leurs particularités ; le sentiment n'a que faire de tout cet étalage de savoir et si souvent de pédanterie. Il jouit, et si parfois il se demande raison de ses jouissances, il rapporte ses investigations, ses découvertes, ses lumières, non point à de froides et d'inutiles vérités, ou à des hypothèses plus stériles encore, mais à l'homme lui-même, et se complaît à reconnoître et à signaler jusque dans l'abus même de nos facultés, le germe de leur noblesse et de leur véritable grandeur !

On l'a dit avant moi, et on le dira encore sans moi, que *de tous les Arts, il n'est que l'Architecture qui sache reproduire à nos yeux quelques uns des effets imposants de la nature :* et la raison en est toute simple. Elle seule, comme Art visible et palpable, peut en emprunter les aspects sous toutes leurs faces, et y employer les mêmes matériaux. C'est en quelque sorte une nature transplantée. Aussi ces hommes puissants, que je viens de reconnoître pour avoir les premiers commandé ces grands ouvrages, dans le seul but de donner par là une très haute idée de leur puissance aux peuples, et d'en laisser un souvenir durable à la postérité la plus reculée, ne purent-ils mieux y réussir qu'en se créant eux-mêmes comme une seconde nature dans celle qui les entouroit, faisant même tous leurs efforts pour la surpasser en hardiesse, et s'assimiler ainsi à une Cause première ; allant quelquefois jusqu'à la défier. Des traditions nous dépeignent plusieurs de ces despotes sous les couleurs les plus noires : véritables géants escaladant le ciel, ou voulant communiquer avec lui. De là ces masses énormes, ces rocs en pyramides, ces mille colonnes, imitant, rivalisant, soit avec ces pics élévés, soit avec ces sombres et épaisses forêts, où l'astuce, venant au secours de la violence, avoit feint d'aller consulter la divinité pour lui faire promulguer des lois favorables à leur passion de dominer, et empreint ainsi un redoublement d'impression imposante et solennelle sur un vulgaire ignorant, et déjà naturellement terrassé à l'aspect de ces grands tableaux de la nature. Prendre donc pour types des monuments à élever à leur orgueil, et ces pics, et ces rochers, et ces forêts, où, parmi les éclairs, et sous l'antique et sombre feuillage, s'émanoient ces prétendus oracles divins, c'étoit, la seule et unique règle à faire adopter par l'Art, à lui faire suivre constamment : c'étoit en un mot, reproduire la nature, telle que le despotisme et la théocratie, encore plus hideuse, la vouloient interprétée par l'être avili leur esclave ou leur créature. Mais afin de ne s'écarter ni à droite ni à gauche de ce but, il falloit que l'Art, dans sa lutte avec la nature, portât sans cesse la plus grande attention à préparer, et à imprimer à ses plans et à ses conceptions ce caractère de *non-finalité*, toujours si dominant dans les grandes conceptions de celle-là; unique condition *sine quâ non* de leur éloquence. Que l'on ne s'y trompe point; car c'est un fait constaté et consacré par l'expérience. Tout but *final* ou déterminé dans un édifice, en le rapprochant de l'utilité soit publique, soit privée, en éloigne nécessairement toute concurrence avec la nature. Le palais le plus vaste, le plus somptueux même, d'abord qu'il sert visiblement d'habitation à l'homme, cesse de s'adresser au sentiment. Les rangées de fenêtres au dehors, y accusent le morcellement en étages ou divisions au dedans. Les escaliers qui conduisent au faîte, semblent comme interdire à la pensée de s'y porter. C'est le corps qui s'y traîne de pièce en pièce: l'imagination s'y trouve par tout à l'étroit et sans aliment, et le monarque le plus puissant qui l'occuperoit, nous l'y renfermerions avec ses foiblesses, ses erreurs, ses besoins, et plus d'une fois avec ses souffrances et ses remords. Point d'Architecture possible, comme *Art émulateur*, là, où l'homme s'en puisse expliquer ou appliquer les conceptions. Le Vatican, l'Escurial, et toutes ces demeures royales si vantées, ne recèlent qu'un être foible et mortel: les Pyramides, les Labyrinthes, les Pagodes recèlent des morts, des spectres, des démons; et le Conducteur du peuple Hébreu pour compenser la nullité d'un tabernacle, que la multitude voyoit chaque jour ployer et déployer sous leurs yeux, emprunta de l'Egypte le coffret mystique d'Osiris, et le vulgaire n'approcha plus qu'avec crainte de quelques perches peintes et dorées, qu'il croyoit entourer son dieu.

Nous, dont l'admiration, n'est plus en raison de notre ignorance ou de notre avilissement, mais en raison de notre moralité, c'est-à-dire, de la conscience et du sentiment de tout notre être, nous-mêmes, dis-je, ne pouvons que convenir que de tous les édifices qui ont jamais le plus frappé notre imagination, ce ne soient toujours ceux là seuls, lesquels, dans le fond, n'ont aucune destination déterminée, ou qui n'en ont qu'*une* extrêmement *vague*. Personne, en effet, qui ne se rappelle, en y réfléchissant, l'une ou l'autre occasion d'en avoir fait ou pu faire l'expérience, et avec cette expérience encore une observation infiniment intéressante, et qui nous ramène enfin entièrement à notre sujet, c'est qu'outre l'impression générale que nous causent ces masses *sans but*, et comme telles *indéfinissables*, il est encore une impression qui résulte de la différence du genre de leur construction, de sorte (et j'en appelle ici à tous ceux qui ont été à même de faire cette comparaison) que la vue ou la représentation d'un *temple Egyptien ou Gréco-dorique pur*, nous affecte bien différemment de ce que produit sur nous la vue d'une de ces *grandes Eglises ou Cathédrales du moyen âge:* constructions néanmoins les unes et les autres marquées à un même sceau de *non-finalité*. D'où peut provenir cette différence si sensible d'impression, et qui ne se peut nullement révoquer en doute? Seroit-ce un problême? Tâchons de le résoudre les exemples devant les yeux.

De la propriété que nous reconnoissons à l'Architecture de reproduire plusieurs des effets imposants de la nature, découle nécessairement que, selon que cet Art ce sera proposé tel ou tel résultat d'après les impressions que nous causent, soit un pic élevé, soit une épaisse forêt, les *signes employés* auront dû avoir pour *types* les grands traits caractéristiques de la perception elle-même. Or ces grands traits dans la nature n'ont pu frapper l'imagination, ni s'adresser inconditionnellement au sentiment, que pour autant que l'homme (ainsi que je crois l'avoir prouvé dans tout le premier livre) s'en étoit fait une application plus ou moins sympathique, intellectuelle ou morale. Ne refusons point aux architectes de ces grands ouvrages primitifs et postérieurs le sentiment; car ce n'est que par cet unique moyen qu'ils sont parvenus à atteindre leur but et celui de leurs chefs. Mais ce qu'ils ne projetèrent que dans le seul intérêt du vice et de la tyrannie, notre moralité peut le tourner au profit de notre dignité; et les *mêmes signes* qu'ils empruntèrent de la nature pour en créer le langage de l'erreur; nous pouvons les faire servir à l'éloquence de la vérité. Ce n'est pas le signe qui aura changé, c'est l'interprète. Un vaste horizon, une mer tranquille, un front de chênes séculaires, ce ne seront plus les symboles d'un pouvoir sans bornes, inébranlable, embrassant tout, et toujours prêt à sévir, mais l'image d'une ame calme et d'une volonté ferme et réglée. Le creux des antres et l'ombre des forêts ne favoriseront plus les horreurs du fanatisme et de la superstition, sous les noms sacrilèges de *sanctuaires et de saint-des-saints*, mais nous inviteront au recueillement, au silence, à la solitude, au retour sur nous-mêmes; et le rocher à pic, cachant son sommet dans la nue, au lieu d'exciter l'*orgueil de Babel*, et de lui faire défier la divinité, nous fera lever les yeux au ciel, pour ensuite les abaisser dignement devant les sublimes profondeurs que voudroit parcourir et pénétrer la pensée!

Les Sages de l'Inde disent: *si l'Homme élève son cœur à Dieu, il attirera à lui l'esprit et le souffle de Dieu*, et cette maxime si belle, c'est une belle *Cathédrale gothique* qui la symbolise: nous y signalons l'Homme dans toute sa dignité physique et morale, *debout, le regard tourné vers son Dieu, et l'indiquant même silencieusement comme du doigt!*

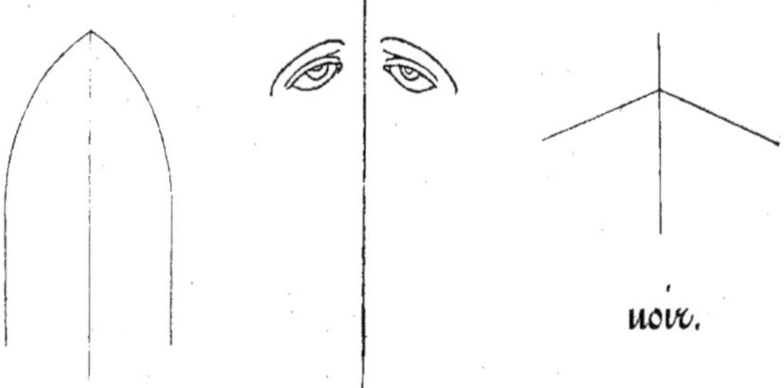

Et maintenant qu'importe de rechercher, de discuter, de connoître si ce genre d'Architecture que je viens d'appeler *Gothique*, ne se doive pas plutôt désigner par les noms d'Orientale, de Sarrasine, de Mauresque, de Saxone, d'Allemande? Qu'importe encore d'y voir ou de ne pas y voir, le résultat fortuit ou raisonné d'une association d'éléments différents,

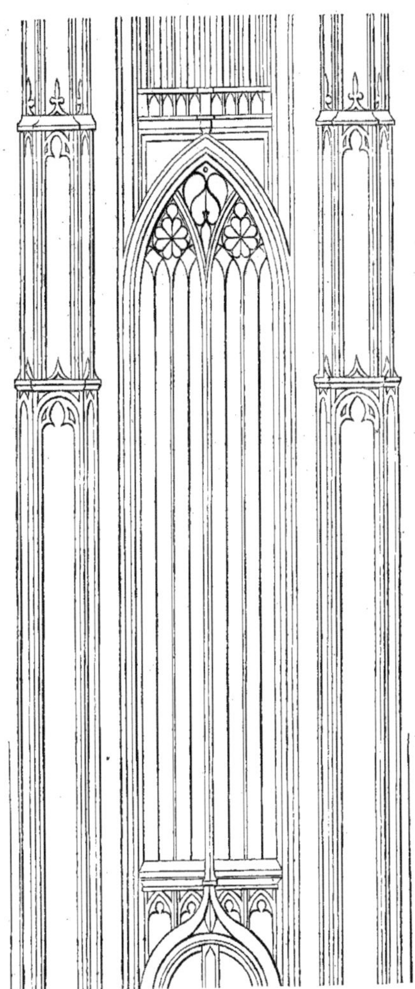

empruntés *oui ou non de la nature*, et réduit en système, parce que jugé très favorable à la grande élévation que l'on vouloit donner à cette espèce de Construction. Tout cela peut se dire, peut se défendre; et plusieurs même s'en occupent. Pour nous, nous n'en avons que faire ici. Le *Signe dominant*, *caractéristique*, *inconditionnel* existe, et avec lui toute son éloquence:

éloquence déjà si souvent reconnue, et de nouveau si frappante et si solennelle dans son application à l'Architecture. Je viens d'en signaler les effets sur l'homme intérieur, l'homme extérieur peut s'en ressentir aussi. L'Architecture, envisagée sous son véritable point de vue, est, dans l'état actuel de la société, la *presque seule nature environnante de l'habitant des villes*, et il n'est pas indifférent quel langage elle lui adresse. Un édifice public attire, fixe les regards de toute une population; la mère en transmet l'impression à son enfant, et je ne doute nullement que l'analogie si singulièrement remarquable entre les usages, le costume et les *Constructions du moyen âge*, n'ait été due en grande partie, si non peut-être entièrement, à cette influence de l'Architecture Gothique, alors si généralement adoptée. Je n'en produirai qu'un seul exemple, mais il entraînera, j'en suis sûr, tous les autres à titre d'initial et concluant. Le Chevalier chrétien, composé à jamais unique de valeur, de loyauté, de galanterie, d'amour, de fanatisme et de dévotion, et réunissant ainsi en lui seul tout le brillant et tous les extrêmes de l'époque, pouvoit-il mieux les manifester comme *visiblement réunis* sur sa personne, que par cette armure tout à la fois si martiale, si élégante et si complètement mystérieuse? Et le *Casque en acier noir ou poli, et surmonté d'un panache retombant sur les épaules*, n'est-il pas, à lui seul, le vrai chef-d'œuvre de l'esprit chevaleresque que lui inspira le souffle créateur de l'Architecture Gothique?

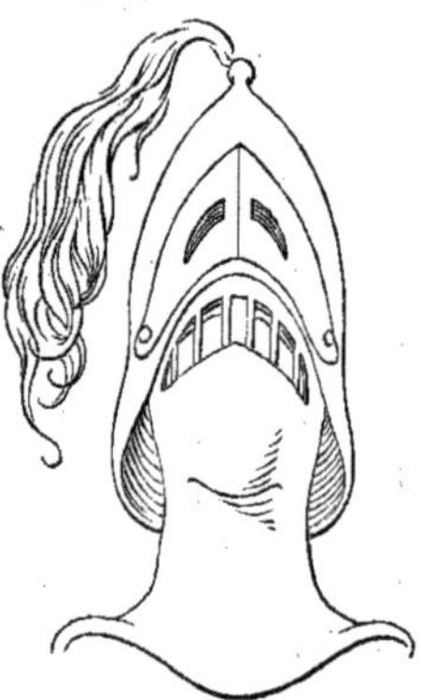

Elle n'existe plus, depuis près de quatre siècles, cette belle Architecture comme *construction*, et rien en ce genre n'a été fait encore depuis la grande révolution des idées. Et-ce dire que nous lui sommes devenus entièrement étrangers aujourd'hui? que nous devons y renoncer, laisser dépérir ces beaux monuments? A dieu ne plaise que je fasse cette injure au siècle où nous vivons! à l'esprit, à la tendance qui le caractérise! au sentiment de véritable réligiosité qui se fait jour, et se propage de plus en plus malgré tous les obstacles! c'est à ce sentiment qui doit faire disparoître toutes les disparates; rayer à jamais de nos cœurs devant Dieu les noms de Rome et de Génève; les y remplacer par l'*appel intérieur d'un Père à tous;* c'est à ce sentiment,

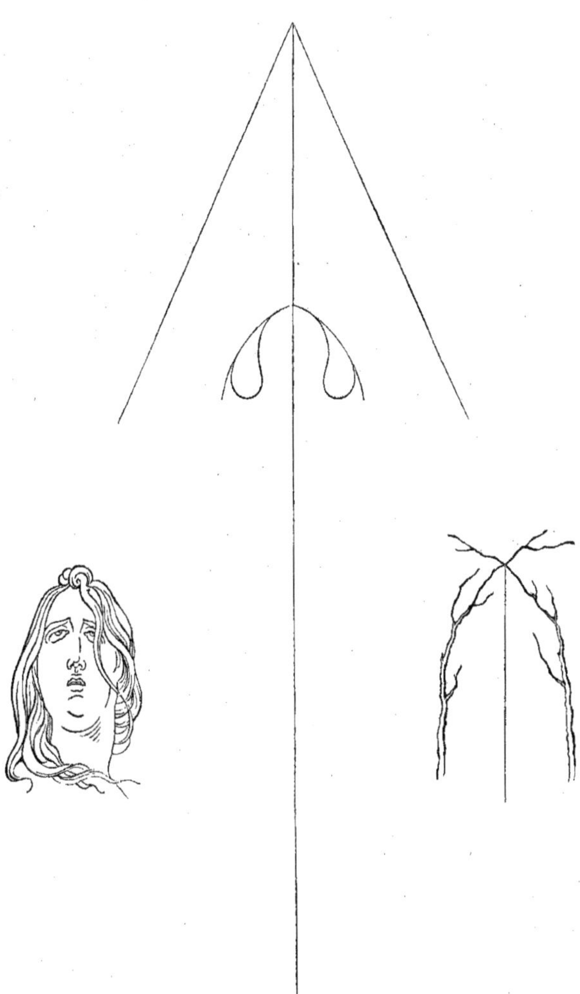

dis-je, à nous rendre bientôt dans toute sa gloire une Architecture trop long-temps indignement méconnue, et dont les siècles *fastueusement immorals et payennement savants* de Léon X, et de Louis XIV ne furent pas dignes d'interpréter la sublime éloquence!

Un seul homme pourtant à la seconde de ces époques, comprit l'Architecture Gothique, et ce fut justement celui qui n'eut aucune part aux faveurs du *grand* roi. C'est nommer le bon, le naïf, l'inimitable Auteur des fables.

Cet *accord moral*, le seul possible aujourd'hui entre nos mœurs, nos usages, notre costume et nos Arts, mérite toute l'attention du Législateur philosophe. Ce n'est pas ici le lieu de nous y arrêter. Dans le troisième livre je hazarderai quelques idées là-dessus, mais mon sujet me commande de ne pas passer sous silence une *analogie*, la plus frappante qui puisse exister, et qui existe réellement quelque part, entre la *physionomie générale* d'une nation et son *propre physique* individuel. Vêtements, coeffure, chaussure, meubles, ornements, armes, *Edifices*, tout, par sa *forme* et par ses *couleurs* nous retrace, chez le peuple Chinois, cette *expansive linéaire et colorée*, dont sa *face*, par la direction naturelle des organes, semble le *type invariable*. Partout absence de dignité, de gravité, de stabilité, et le moyen alors de posséder une Architecture! Aussi le Chinois n'en a point, et n'en aura probablement point tant que dureront les mêmes institutions. Entre elles et les Arts il y a toujours, plus qu'on ne pense, action et réaction.

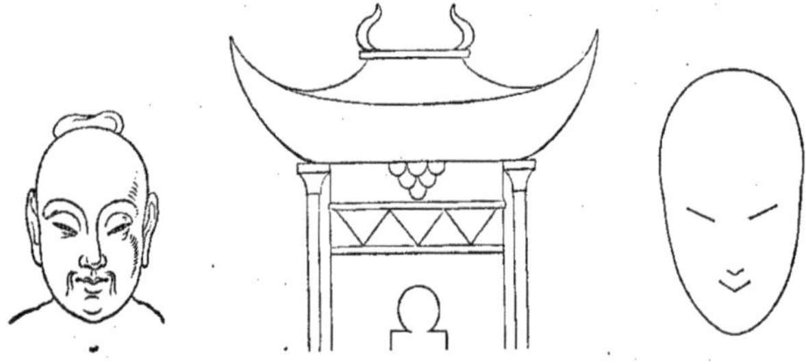

Soyons justes toutefois! Ne parlant dans cet Essai que de *l'impression inconditionnelle des signes* sur nous, il est certain que ceux employés par le Chinois dans ses constructions, et surtout dans sa *toiture*, signalent le plus complet oubli de toute convenance, de tout motif raisonnable; mais si, comme je le pense, cette *toiture si bizarrement caractéristique* devoit son origine à des opinions, à des traditions respectables pour ce peuple, tout changeroit aux yeux du philosophe. Il n'y verroit plus l'art; il n'y verroit que son application mal entendue; et en effet, qu'il ouvre les Annales de la Chine, et il y lira, que près de trois mille ans avant notre Ere, *Une sainte Vierge devint enceinte par l'opération d'une Pie, et qu'elle accoucha d'un fils saint, beau, bienfait et doué d'une grande éloquence. Une voix du Ciel lui dit: Je t'ai engendré pour rétablir la paix parmi les tribus. Quand cet Enfant fut grand, il s'embarqua sur un* bateau, *suivit le cours des eaux, et alla prêcher la paix.* Est-ce ce bateau, cette *barque du Saint*, exposée autrefois à la vénération des peuples, que nous voyons couronner encore aujourd'hui leurs pagodes et leurs édifices? Et les serpents ou dragons qui en ornent ordinairement le faîte et les extrémités, feroient-ils allusion à ces *monstres reptiles*, *habitants des grandes Eaux, qui inondèrent un jour l'Empire du centre, aux environs du Grand-Lac* (Baïkal?), *près lequel* les traditions ajoutent que *naquit ce fils de la vierge?*

En Egypte le grand Sésostris avoit dédié un *vaisseau magnifique* à la divinité de Thèbes. Les barques égyptiennes étoient peintes de *rouge*, comme le sont souvent les pirogues des insulaires du Sud. Telle est encore constamment la *couleur du dessous de la toiture chinoise.*

Entre ces deux extrêmes que nous présentent les Constructions Gothique et Chinoise, c'est-à-dire entre tout ce que l'Art a jamais conçu de plus hardi et de plus solennel d'un côté, et de plus mesquinement capricieux de l'autre, se place une troisième Construction, à laquelle la raison elle-même semble avoir présidé pour, nous offrir réunies, sous un seul et même aspect, la combinaison harmonique des forces séparées, et la noblesse et la grandeur résultantes de la simplicité. D'origine partout indigène, agreste, et probablement libre, mais modifiée par les localités, le climat, les

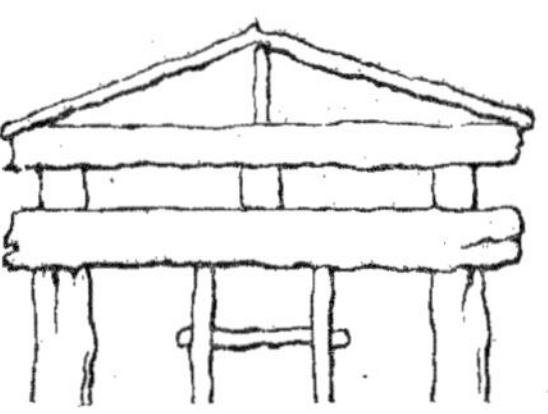

matériaux sous la main et les progrès de la civilisation, la *Construction Stylophore*, s'éleva dans le Grande-Grèce au point culminant de son éloquence mâle et imposante, et les plaines de la Sicile et de la Calabre, vastes théâtres des véritables chefs-d'œuvre de ce genre d'Architecture, seules en conservent encore aujourd'hui les respectables restes. Et qui ne connoît au moins de nom les temples de Neptune et de la Concorde! Ces monuments, et surtout le premier,

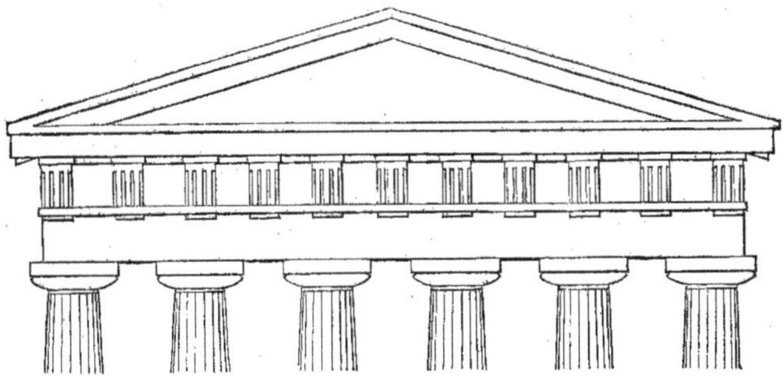

nous rappellent tout à la fois, et par leurs masses et par leurs éléments, et ces rochers transformés et transplantés de l'Inde et de l'Egypte, et cette cabane déjà perfectionnée, et tour à tour le symbole si touchant et si vrai du travail et du repos, de l'indépendance et des liens de la société. Enté sur les mêmes grands emprunts de la nature, et développement magnifique d'idées toutes simples et paisibles, un Temple *Gréco-dorique*, que j'appelerai *Gréco-toscan*, nous émeut, nous affecte profondément, mais non pas de cette émotion que nous font éprouver les belles Eglises Gothiques. Celles-ci excitent, réveillent le sentiment réligieux; nous enlèvent, nous arrachent à ce monde sensible: celui-là nous impressionne plus *matériellement*, plus conformément à notre existence ici bas; mais si nous restons attachés à cette terre, au moins y marchons-nous la tête levée. Un sentiment de complaisance, de confiance en nos forces physiques et morales, nous agrandit à nos propres yeux. Toutes nos facultés se dilatent. Il y a même plus, il y a sympathie, contact électrique entre le présent et le passé. Les héros et les grands hommes de l'antiquité, Plutarque tout entier nous revient dans la mémoire. C'est un Aristide, un Epaminondas, un Phocion, un Socrate que nous nous figurons se promener, se reposer, se livrer à leurs méditations sous ce portique, donnant entrée à un Sénat d'hommes vertueux et sages, rassemblés pour y traiter (sainte alliance digne de ce nom!) des grands intérêts de l'humanité toute entière. Tout, en un mot, dans un *Edifice Grèco-toscan* m'y semble signaler la liberté publique sous la garantie des lois, la gloire nationale transmise à la postérité, le culte des héros sans idolâtrie; et l'invariable *horizontale* qui en constitue l'élément distinctif, nous y retracer constamment l'*équilibre des passions, la grandeur d'ame et le calme de la vertu.*

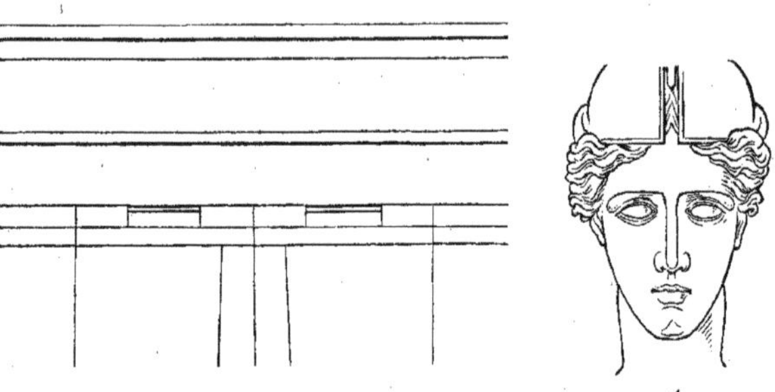

Mais ne nous y trompons point. Ce n'est que par l'emploi le plus rigoureusement observé du *signe élémentaire* que s'obtiennent les effets et les résultats indiqués; et si, au lieu de rester trop fidelle à son type primitif en charpente, la construction stylophore, employant des matières toutes diverses, et soumises à de tout autres lois, se fut rapprochée de l'*ensemble égyptien*, son éloquence en eut été plus complète, parce que le *signe à interpréter* y eut été dominant.

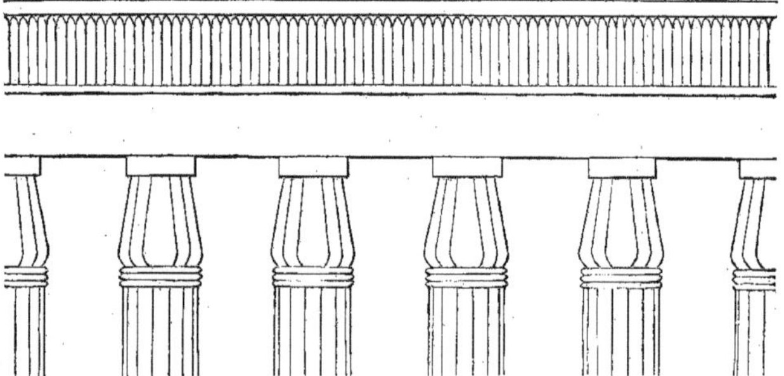

Disons et développons notre pensée toute entière. Du moment que l'Architecture, n'osant rompre ouvertement avec son type en bois, *transigea*, si je puis m'exprimer ainsi, *avec sa conscience*, elle fut obligée de se permettre deux membres de trop, le *fronton* et la *frise*. Je laisse là de côté pour le moment le premier de ces membres, et n'en veux ici qu'au second plus contradictoire au *sentiment du vrai.* Car qu'est ce que la frise? de deux chose l'une : ou une *indication* oiseuse et complètement fausse de solives en profondeur qui n'existent plus, et un *remplissage* de vides qui porte et conserve le nom de ce qu'il anéantit, ou bien une *simple bande,* telle que l'appeloient les anciens, et faisant le vicieux effet d'une seconde architrave, superposée sur la première, et en soutenant une troisième, qui est la corniche! Pour masquer ce *contre-sens,* l'Architecture ne suffisant plus à elle-même, eut recours (second écart) à la Sculpture, et la *frise* devint un membre du ressort d'un autre art. Au moins dans le beau temple de Pæstum cette frise est simple, les triglyphes purs, les métopes lisses, et le tout peut n'y paroître faire avec l'architrave qu'un seul et même membre. Dans le temple de Thésée à Athènes, les métopes sont déjà transformées en *bas-reliefs,* et le Parthénon (tranchons le mot) empiétant sur cet abus, et sur cette *association extérieure* de deux arts, se surchargea de sculptures en *haut-relief,* dont celles du tympan, si elles lui sont *contemporaines,* sont les plus répréhensibles par leur perfection même, qui les assigne entièrement à la Statuaire. Aussi le Parthénon, tel que je me le conçois dans toute sa splendeur, et tel qu'on le cite en précepte, me semble un *chef-d'œuvre dangereux,* élevé sur les dernières limites du domaine de l'Architecture dorique, et qu'un pas de plus fit bientôt franchir entièrement pour n'y jamais plus rentrer!

Plus indépendante du luxe et de la disette d'ornements accessoires, plus affranchie de règles et de mesures déterminées, la *Construction Gothique,* malgré les vicissitudes et les variations communes à toutes les productions humaines, trouva dans son *élévation,* et dans l'*emploi constant de sa Caténaire,* les garants assurés d'une expression et d'une éloquence toujours les mêmes. Semblable en quelque sorte à la pensée, qui n'a besoin que de ses propres éléments pour prendre son essor, elle se soucie également peu de quelques étoiles de plus ou de moins sur la route, par laquelle elle nous invite vers l'Astre unique et brillant, qui les éclipse pourtant toutes, les unes après les autres.

Emule de cette fille sublime du sentiment, et l'alimentant selon son essence, n'est-ce pas par le titre de *Symbole de la pensée* qu'il nous faudroit désormais désigner la Construction Gothique? et véritable *monument de la raison humaine,* ne seroit-ce point encore là le nom à assigner à la Construction Gréco-toscane dans toute sa pureté?

Un *résumé visible* des éléments caractéristiques de ces deux espèces de constructions, légitimera, je pense, ces nouvelles dénominations, en même temps qu'il va nous conduire aux trois résultats suivants, par lesquels je terminerai pour le moment ces observations sur l'Architecture.

D'abord ce tableau répondra à l'objection de ceux qui disent, que l'*Architecture est inférieure en expression à la Statuaire et à la Peinture, en ce qu'elle ne travaille point comme celles-là avec la face humaine.*

Secondement, il déterminera au moyen du *prototype reconnu* et de ses analogies, quelle doit être la *valeur colorée des matériaux visibles* à employer, pour l'une et pour l'autre des deux Constructions dont nous nous occupons.

Et enfin, il nous servira de *règle et mesure sentimentale* dans les jugements que nous porterons sur les monuments, où ces *éléments linéaires et colorés* auront été méconnus, souillés ou anéantis. Deux ou trois exemples entre mille en serviront de preuve.

Le TABLEAU SYNOPTIQUE le voici. Ce sont d'abord les *éléments linéaires*, et ma réponse à l'objection citée.

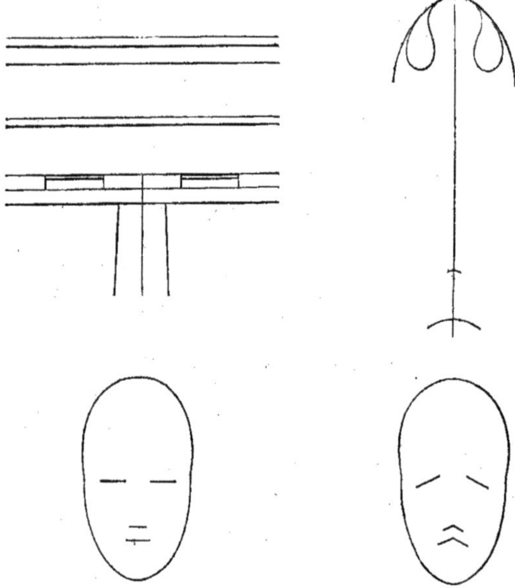

Suivent les *Aires*, dont ces éléments provoquent les *limites et les couleurs*, et que le sentiment proclame leurs *identiques*.

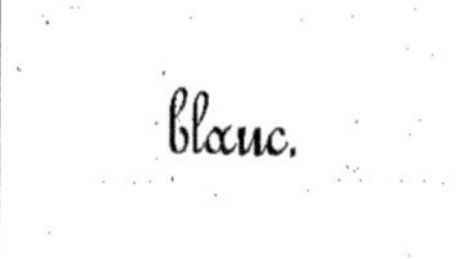

C'est-à-dire le *marbre blanc le plus pur* pour un temple *Gréco-toscan*, et la pierre, ménageant le *passage du blanc au noir*, à partir de la base vers le sommet, pour une *Eglise Gothique*. Qu'un Platon, malgré la sublimité de ses vues, confonde un instant le temple *à consacrer à la Divinité* avec le *monument national* que la Grèce reconnoissante érigeoit à ses héros déifiés! il étoit grec, et des *signes plus intellectuels* ne pouvoient se concevoir chez des peuples, où la terre enfantoit ses dieux. Vint l'Orient qui nous légua les *siens* descendus parmi les hommes, et conversant avec eux. Héritage obscur, mystérieux, mystique, mais consolant, mais sublime si c'est la pensée qui l'explique et le sentiment qui le sanctionne. C'est alors *le règne de Dieu en nous* du GRAND INTERPRÈTE. Alors s'élève le monument par lequel l'homme atteste son bien et scelle son alliance. Nouvelle *échelle de Jacob* communiquant de la terre au Ciel, et du Ciel à la terre, c'est une belle Cathédrale Gothique qui sera ce monument, et les *signes à jamais éloquents* qu'il nous offrira ne pourront s'y souiller sans sacrilège. Malheur à quiconque y changeroit la *Caténaire* en plein cintre, la *façade de pierre de tuf* en marbre blanc, et le *toit d'ardoise* en tuiles rouges!

Une *comparaison linéaire et colorée* des constructions Gothique, Chinoise et Dorique met cette vérité dans tout son jour.

Terminons enfin par les exemples promis sur la *violation* ou *l'oubli des signes.*

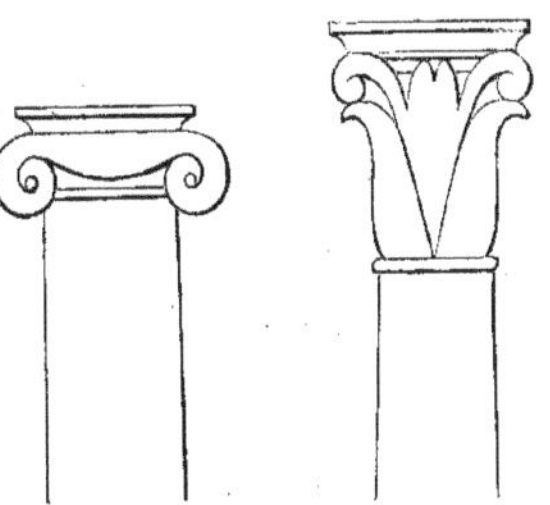

Lorsqu'une imitation froide et puérile de quelques chapiteaux égyptiens et indiens, en eut fait dégénérer le luxe symbolique et religieux en *petits marbres roulés, évasés, dentelés,* la Construction stylophore perdit son véritable caractère. Elle divorça avec la mâle et simple expression qui la distinguoit si éminemment dans les *beaux monuments de Pæstum,* et que l'Egypte, malgré la profusion des détails avoit su lui conserver au moyen *des fortes proportions de sa colonne.* Celle-ci devint longue, grêle, mince, et admit enfin le malheureux *renflement* (*entasis*), qui acheva de lui ôter la forme de cône tronqué, et avec elle toute expression de solidité réelle et apparente. Rome esclave, adoptant toutes ces innovations, souilla l'un des plus imposants monuments que lui avoit abandonné la République, en y accolant un *péristyle corinthien*, et les différents ordres et membres entassés les uns sur les autres dans les théâtres, les thermes et les arcs de triomphe, préparèrent de loin le *Colosse avorton* que Rome chrétienne éleva au patron de ses nouveaux maîtres. Aucun *signe dominant,* aucune grande et belle ligne, aucune idée mère ne caractérise ce trop fameux édifice, qui me semble ne promettre pas même un jour d'intéressantes ruines, à moins que des circonstances extraordinaires, plus puissantes que les simples ravages du temps, n'y effacent avec toute conception possible de sa vilaine façade, encore celle de sa disposition et marqueterie intérieures.

Je ne parle pas de sa *colonnade.* C'est une pièce ajoutée, et le Bernin n'étoit pas l'homme à nous rendre une *avenue de Sphinx.* En traçant dans sa totalité le plan actuel de St. Pierre de Rome, on n'a pas mal l'empreinte d'un crabe dans le sable.

Lorsqu'en 1807 l'explosion d'un vaisseau à poudre ruina une partie considérable de la ville de Leyde, les *deux grands Vitraux* de l'ancienne Cathédrale souffrirent tant, qu'on fut obligé (car j'aime à croire que ce fut nécessité) d'y substituer ceux qui s'y voient aujourd'hui. De grosses barres et *traverses en bois* de couleur *jaune*, se coupant verticalement et *horizontalement à angles droits*, encadrent, au moyen de tringles en *charpente blanche*, un vitrage dont par conséquent toutes les *divisions quadrangulaires* sont grossièrement apparentes; et voilà, ce qui remplace les *uniques et minces montants* en pierre à vive arrête, lesquels partant de la naissance du Vitrail, pour se développer sous la *caténaire*, comme en *branches entrelacées*, y ménageoient ces *vides* qui nous rappellent si vaguement, et par là toujours si éloquemment, et ces effets mystérieux des jours et des ombres dans les voûtes des forêts, et cette expression si solennelle du *prototype*, dans le jeu des sourcils sur la face humaine. Avouons qu'il étoit impossible de détruire plus complètement toute impression semblable que de la manière dont la restauration a été dirigée.

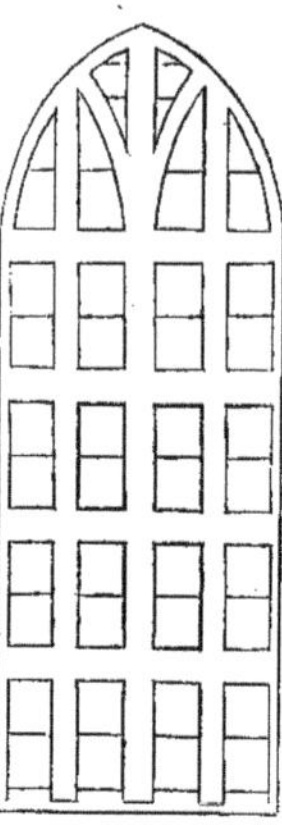

Puisse au moins ce dernier exemple intéresser l'habitant et la régence de la ville de Leyde à la conservation *immaculée* de leur autre *Eglise de St. Pancrace*, qui menace, dit-on, d'avoir besoin de grandes réparations! Il est de l'honneur national de sauver ce *beau monument* pendant qu'il en est encore temps; et puis... plutôt sa ruine entière, que le sort de l'autre!

DE LA STATUAIRE.

N'en demandons point les signes à la patrie de Phidias.

La Statuaire ou l'*Art de travailler les statues* nous cache son origine dans la nuit des siècles. Rien qui nous instruise d'un *type primitif* offert à l'imagination, ni du besoin et des moyens de le reproduire; mais rien aussi qui s'oppose à nous faire reconnoître au moins dans la *momie égyptienne*, c'est-à-dire dans la *Caisse* lui servant d'enveloppe, les motifs, l'application et les premiers essais réglés et commandés d'un Art, dont toutes les plus anciennes productions qui nous restent prouvent en faveur de cette hypothèse. Ce sera donc notre point de départ.

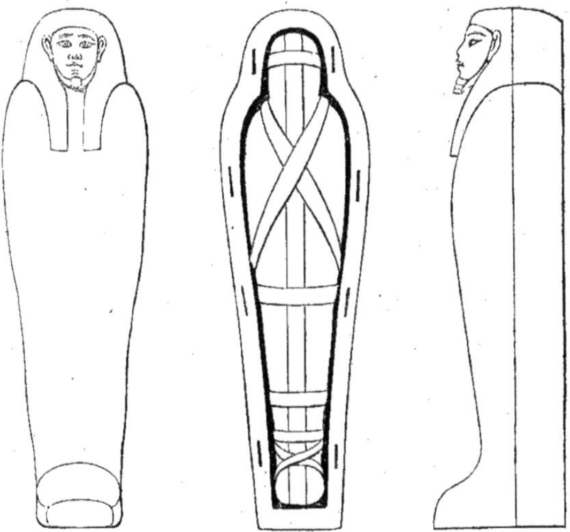

De cette *Caisse de la momie*, simple accessoire de l'embaumement, mais toutefois son *signe caractéristique extérieur*, le passage à une application moins restreinte, paroit avoir été tracé par la politique. Des traditions d'une haute antiquité parlent de l'*imitation du cadavre ou momie d'un illustre personnage*, dont il importoit que plus d'une peuplade ou tribu s'imaginât posséder l'unique et véritable dépôt que leur confioit une astucieuse souveraine. Le corps d'Osiris reproduit et multiplié par la plastique n'étoit cependant point encore une *statue:* mais bientôt la *Caisse* vide ou toute d'un seul bloc remplissant le même but, on vit naître la *stélé* surmontée d'une tête; le *Dhermé* ou cadavre du *Berger-noir* des Hindoux changé en *cadavre de pierre et sans bras*........

Une fois acheminé, l'Art ne s'arrêta point, et soit nouvelle politique ou résultat tout naturel d'un premier branle donné, de nouvelles acceptions se rattachèrent à de nouveaux essais. La mort se rapprocha de la vie: le cercueil fut brisé; les langes, les bandelettes tombèrent; les membres parurent à découvert, et la *momie* ou *Hermès* se transforma en *Dédale* ou *réprésentation immobile et roide de l'existence.*

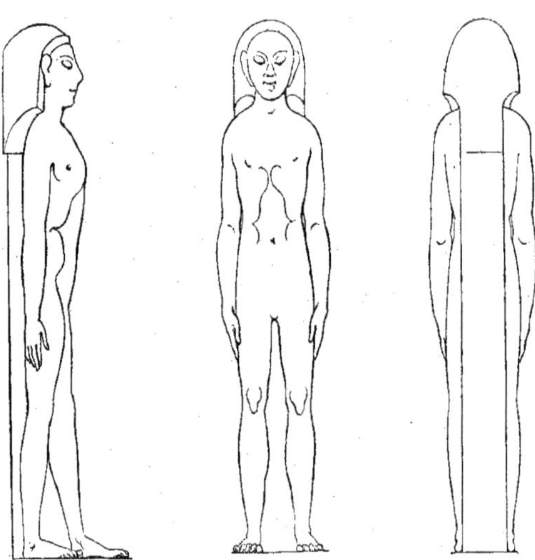

Les développements ultérieurs de la Statuaire sont étrangers à son *essence,* et par conséquent ils le sont encore à cet Essai. D'ailleurs ils se devinent aisément par ceux de la Société même. L'histoire politique et religieuse des peuples anciens est, en général, celle de leurs arts et sciences. Plus d'une institution en provoqua ou en retarda la marche et les progrès: plus d'une découverte, d'un procédé purement matériel influa, à son tour, sur les opinions et la croyance du vulgaire: de là plus d'un dogme qui monta de la fange au Ciel pour en redescendre. En veut-on un exemple? Jamais un Prométhée ou dieu Promé ou Brahma n'auroit formé l'*homme d'argile* si la plastique n'eut été déjà connue, et ne l'eut été dans son application *à l'embaumement, à la momie;* car comment expliquer autrement pourquoi *seul,* entre toutes les créatures, l'*homme* ne fut point le produit d'un acte vivipare de la volonté divine? Corps inanimé et paîtri de boue, mais que vivifie ensuite un souffle créateur, le *premier*

homme des traditions anciennes n'est en effet que *la première momie dépouillée de ses langes, le premier dédale ouvrant les yeux et se préparant à marcher.* Pendant bien longtemps sans doute, et c'est ici la réaction de la croyance générale sur les développements de l'Art, celui-ci n'osa démentir le dogme que lui-même avoit fait naître, et lorsqu'enfin, secouant le joug dont elle avoit hérité, l'ancienne école attique essaya la vie et le mouvement, elle commença par outrer l'indication des muscles et des articulations du corps humain, comme pour les faire servir de ressorts obligés et visibles d'une organisation jusqu'alors condamnée à l'inertie.

Il exista donc, et fort anciennement un rapport intime entre la Statuaire naissante et le culte ou respect des morts. Tout nous invite même à faire remonter cette *association* bien loin au delà des dernières révolutions du globe, où périrent et se dispersèrent des sociétés entières, et avec elles leurs institutions et leurs arts, et peut-être plus d'une preuve de mon principe. Mais que dis-je? qui sait si dans quelques unes de ces terres arrachées alors au continent dont elles faisoient partie, ou à la destruction duquel elles ont *sur-existé*, il ne se trouve point encore des restes de cette *proto-statuaire commémorative des morts*, et si les figures informes et gigantesques de l'île de Pâques, et quelques autres semblables que l'on dit avoir été vues sur la côte occidentale de la Nouvelle-Hollande, ne sont pas de ce nombre? Placées (les premières) sur des espèces de plates-formes en vieille maçonnerie, que Cook et la Peyrouse ont jugé pouvoir indiquer d'anciens lieux de repos, ces Statues si singulièrement remarquables pourroient bien y avoir été le *symbole de la mort.* Les différents noms que leur donnent les insulaires viennent même à l'appui de cette hypothèse; et ne savons-nous pas d'ailleurs par une loi de Solon contre le luxe des tombeaux, et par un passage très formel de Pausanias que la coutume de placer des *Hermès* sur l'endroit même de la sépulture n'étoit point étrangère à l'ancienne Grèce? Or la Grèce, comme on sait, n'inventa jamais rien. Cet *Hermès* n'y fut donc qu'adoptif, que traditionnel, et par là même plus digne d'attention. Il nous renvoie à l'Egypte, à l'Inde, à un Continent primitif, au *point*, enfin, d'où nous étions partis. Ne voyons donc jamais que l'*image de la mort*, là, où d'autres ont cru voir l'*image de la vie*, et n'inculpons point les premiers essais de la Statuaire d'avoir provoqué les premières incarnations de la Divinité. Rien de plus contraire à la marche de l'esprit humain qu'un premier dieu sous une forme humaine, et pour peu que l'on réfléchisse à travers combien de développements facultatifs, l'homme enfant ou sauvage doit passer, pour en venir jusqu'à asseoir seulement quelques premières idées (n'importe toujours quelles) sur une divinité, et pour en trouver ensuite le *signe adéquat* dans un objet sensible et matériel, on m'accordera volontiers, je pense, que de toutes les formes ou propriétés dont cet homme tenteroit de faire l'application au dieu qu'il auroit rêvé, ce seront, à coup sûr, toujours les siennes propres, sans mélange et sans *tatouage*,

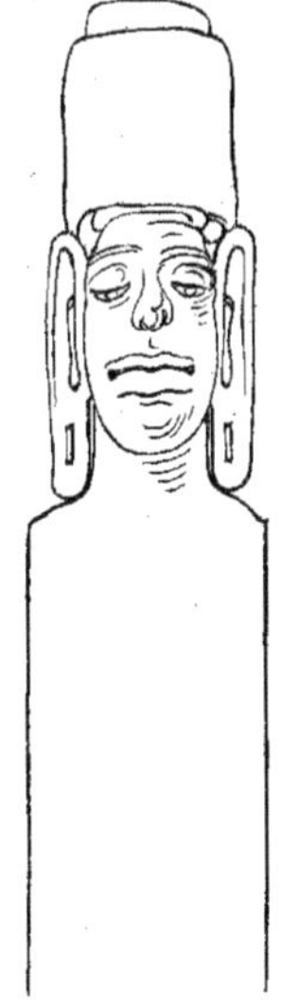

qu'il jugera les moins capables de lui en imposer. L'homme a commencé par appeler *dieu* tout ce qui lui sembloit, non seulement, le plus étranger, mais en même temps le plus contraire et le plus rédoutable à son espèce. Les astres, les éléments, et surtout les phénomènes et les météores les plus passagers et les plus dévastateurs; ensuite les animaux les plus hideux et les plus féroces; voilà ses dieux, et tels ils le sont encore de nos jours pour tous les peuples dits sauvages. Point de qualités divines en bien ou en mal empruntées de l'homme, avant que l'homme n'en reconnoisse le type existant en lui-même; point d'*image d'un dieu ou d'un démon* possible en *l'homme*, ni d'idée de leur puissance en bien ou en mal, avant que l'homme n'en ait éprouvé les effets de la part de son semblable; et de là que toutes les répresentations de divinités sous une forme humaine sont indubitablement d'une époque très récente, et que plus elles seront surchargées d'attributs exprimant des qualités exclusivement humaines, moins elles devront se rapporter à l'enfance de l'art et à celle de la nation chez laquelle on les rencontreroit. Le saint pénitent ou Rajah, aux profondes méditations duquel sur une *Cause première*, on doit, dit-on, un *symbole* encore en grande vénération dans les Indes, se garda bien de lui préférer ces *monstres humains à cent bras*, dont une tyrannie théocratique seule pouvoit faire honneur à la divinité. Le *signe* qu'il se choisit, encore que tout charnel, peignoit néanmoins aux yeux une *puissance productive occulte et énigmatique*, et influa tellement sur *la valeur subséquente des autres signes humains*, que ce ne fut qu'à son aide qu'ils revêtirent enfin la divinité, tel que nous le prouvent plusieurs *Hermès postérieurs*, auxquels, à travers les développements les plus honteux et les plus déplorables, les peuples dûrent enfin la trop célèbre idole de Lampsaque.

Tout, dans la Statuaire ancienne, dans sa marche, ses progrès et jusque dans ses écarts, nous ramène donc sans cesse vers son *expression originaire et primitive de la mort*. Le Jupiter d'Olympie n'aura pas fait oublier entièrement l'Apollon d'Amyclée, et celui-ci ne rappeloit que trop bien *le dédale*, *la momie*. Mais enfin cette *Momie elle-même*, où en trouver le type, et que peut-elle nous rappeler?

A cette question que je ne crois pas tout à fait oiseuse ici, je réponds dans la note suivante, qu'au reste on passera si l'on veut.

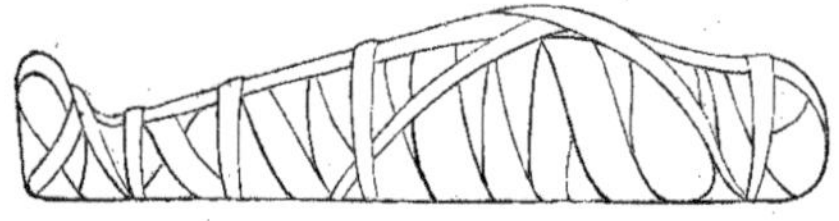

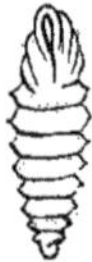

D'où la Momie et son type? Je ne lui en reconnois point d'autre que *l'insecte pris vivant ou mort, et conservé sous une enveloppe naturelle de résine ou d'ambre jaune; que le cocon ou chrysalide de la chénille, cachant le papillon et ses brillantes couleurs.* Avide et prompte à saisir sans cesse les phénomènes les plus singuliers et les plus frappants de la nature, pour en faire l'application à des desseins ambitieux et coupables, la caste des prêtres s'appropria d'abord exclusivemant ce nouveau genre de *tatouage*, dont le phénomène leur indiquoit si bien les formes et les procédés, et se pouvoit interpréter, tantôt comme le *symbole de la durée de la matière*, tantôt comme celui de *la transmigration des âmes*. De là, sous l'une ou sous l'autre de ces deux acceptions, une nouvelle distinction pour la caste qui la séparoit, jusqu'au delà du trépas, d'un peuple ignorant et vil, doublement condamné au néant. A la momie exclusive du prêtre succéda bientôt celle du tyran, partageant avec lui les sottises des peuples. Le despote et le prêtre se ménagent partout l'un l'autre. Les siècles apportèrent néanmoins des modifications à ce droit inique. On vit l'Egypte, dont toutes les institutions et tous les arts concoururent enfin à la rendre *matériellement éternelle*, adopter et permettre un *embaumement général*, sauf à placer la distinction dans la différence des procédés et dans le prix des matières ; et si l'Inde, embrassant le *dogme de la métempsycose*, confondit en apparence toutes les conditions après la mort, elle aura su toutefois en exempter, d'une ou d'autre manière, ses prêtres et ses rois. Aujourd'hui encore au Thibet, les seuls Lamas ne sont pas dévoués à la voirie commune. On brûle leurs cadavres, et les cendres en sont conservées dans de petites urnes de métal, en forme de *statuettes ou petites images du mort*, et le Chef ou grand Pontife (Teschou-Lama) encore que réputé revivre incessamment dans *l'Enfant qui lui succède*, ne laisse pas d'obtenir tous les honneurs du tombeau. Sa vieille dépouille est déposée dans un magnifique cercueil, quelquefois d'or massif, et *sa statue* de même métal, et couverte d'habits sacerdotaux couronne et termine le monument.....

Jusqu'ici ma réponse, et je laisse à celui qui l'aura lue, à faire lui-même tous les rapprochements qui peuvent résulter d'une analogie aussi frappante entre *l'enfant Lama dans les langes*, *la chrysalide et la momie*. Il y a ample matière à reflexions, même hors de mon sujet.

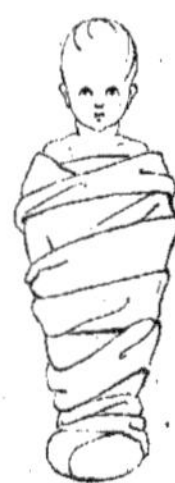

Mais en voilà maintenant assez sur de simples conjectures : il est temps d'en venir à des faits.

Quelle que soit donc, ou que jamais l'on suppose qu'ait été l'origine, le type et la première application de la Statuaire, je la tiens et la regarderai constamment pour *monumentale par essence*, et comme telle *destinée à faire connoître et à transmettre la mémoire de l'homme, génération présente, à l'homme, génération future.*

Je pense encore que la seule Egypte a fait de sa Statuaire, et dès les temps les plus réculés une application parfaitement semblable, et que d'après *ce principe qu'elle posa et ne transgressa jamais*, elle nous a indiqué les deux uniques et véritables conditions de toute Statuaire, la *Stabilité et la Grandeur*, qualités comprises implicitement l'une dans l'autre, et toutes deux à jamais dans l'idée de *production monumentale.*

Et en effet, jetons les yeux sur les Statues que l'antique et grave Egypte érigea, *non point à ses dieux, quelle reconnoissoit ne lui être jamais apparus sous une forme humaine ou animale quelconque*, mais à ses rois, à ses prêtres, à ses héros. Des blocs immenses, des

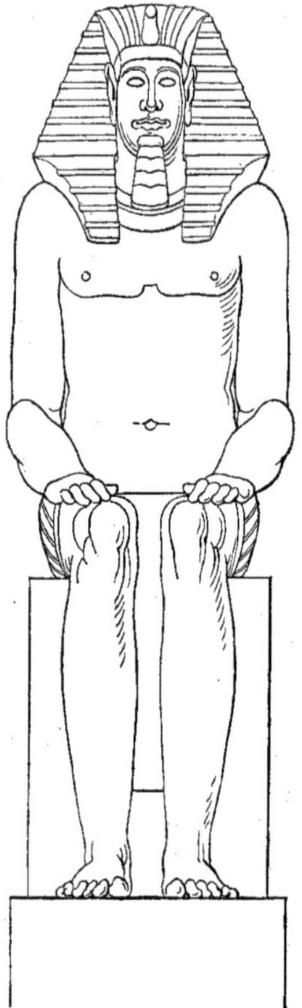

presque rochers sont transformés en Géants tantôt assis, tantôt debout, mais toujours un même principe y commande, y dirige le ciseau du statuaire. On diroit d'un *principe de mort*, tel que celui que je viens de reconnoître pour avoir enfanté l'Hermès et le Dédale. Constamment adossés contre un appui ou pilastre, et travaillés par conséquent pour n'être jamais vus que de face, ou tout au plus sur les flancs, ces Colosses présentent tous l'expression d'une *roide immobilité*, dûe à cette circonscription symétrique de toute la figure, et à cet *horizontalisme et direction parallèle des membres doubles*, qui les rend si propres à ne faire avec les pylônes et avec les temples, au devant desquels on les plaçoit ordinairement, qu'un tout-ensemble non moins régulier qu'imposant. Aussi les mêmes *éléments ou signes* qui impriment et assurent à ceux-là ce caractère dominant d'*équilibre*, d'*ordre*, de *solidité* et de *durée* qu'on leur reconnoît si *inconditionnellement*, sont-ils justement les *seuls et mêmes signes élémentaires* qui caractérisent, à leur tour, ces Colosses, et les rattachent si bien à ma théorie.

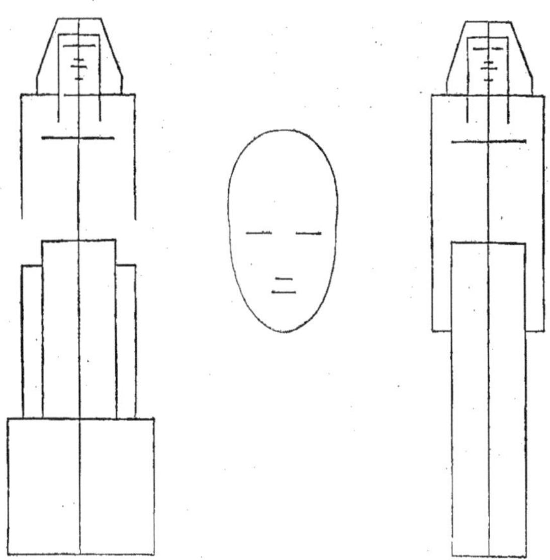

Je viens d'indiquer les Colosses, et à dessein; car nulle éloquence possible en Statuaire sans les *grandes masses:* elles seules y font valoir les *signes indiqués.* L'expression *d'immobilité symétrique* ne convient à une statue que comme *production colossale.* Appliquée aux dimensions ordinaires de l'homme, cette même expression ne produit que le *cadavre*, que le *dédale:* bien pis si ces dimensions se trouvoient réduites à la moitié, au quart et au-dessous; on n'auroit plus alors que le *Cabire*, les *Téraphim*, en un mot que la véritable poupée, jouet d'enfant ou amulette de vieille femme (et dieu sait combien nous en possédons de figurines de cette nature). Ce n'est pas là de la statuaire; cela ne mérite même aucun nom d'art, et la grave Egypte aura bien fait cette distinction, elle qui savoit si bien, qu'en adoptant pour la sienne l'expression *d'immobilité absolue*, c'étoit s'imposer en même temps l'obligation des *grandes masses*, dont *l'inertie* est exclusivement *la loi.* Soit donc que dans la conception de ses Colosses, cette *patrie unique des convenances* n'ait obéi qu'au sentiment du vrai qui lui commandoit, à côté de ses pyramides et de ses labyrinthes, encore ce nouveau genre de *remplissage* entre son ciel d'airain et ses plaines vastes et uniformes, ou que d'autres causes accessoires, telles que d'anciennes traditions d'une race primitive de géants, et de *géants transformés en hautes montagnes* aient influé sur l'imagination d'un peuple ami du merveilleux, toujours est-il certain que la seule Egypte nous a laissé dans sa Statuaire les vrais et les uniques modèles de cet Art *exclusivement monumental,* et envisagé ici sous le rapport de sa double condition *sine quâ non* de *Symétrie* et de *Grandeur.*

Ce seroit donc à tort qu'une statue où ces deux conditions ne fussent pas *identiquement remplies,* passât jamais pour appartenir à la Statuaire monumentale. Point de meilleure décision d'ailleurs en cette matière que l'arrêt même du sentiment en présence d'une *production*, qui réunit en apparence les dimensions colossales et l'expression d'immobilité, ou du moins celle de repos. Il s'agit de l'Hercule-farnèse (et il suffira ici de sa charpente seule pour me faire comprendre), et maintenant je demande quelle est l'impression que nous doit causer cette statue? et à moins que de ne plus sentir ni penser, il sera totalement impossible de jeter volontairement un second regard sur un objet qui nous paralyse dès le premier. *Lourdement en sur-plomb*, c'est d'un *soutien étranger au corps humain* que cet Hercule a besoin pour ne point paroître tomber; et voilà que, malgré sa masse et son expression d'inertie, cette figure ne présente cependant que l'ensemble le plus destructeur de tout caractère monumental. Il n'en est pas ainsi des Colosses égyptiens. Aucun qui ne paroisse se soutenir de lui-même; qui ne paroisse pouvoir durer dans cet état comme simple résultat du parfait équilibre de tous les membres: *unité, grandeur, stabilité,* voilà pour les Statues égyptiennes; *morcellement, lourdeur, porte-à-faux* voilà pour l'Hercule-farnèse. Qu'elle différence donc entre cette dernière production, toute conçue d'après le système erroné des contrastes pour en multiplier les aspects, et ces Colosses de Thèbes, ne présentant, ainsi que l'homme vivant, qu'un seul côté caractéristique, qu'une *seule face,* mais *toute éloquente!* Et, en résumé, plaçons en idée, et sous les mêmes dimensions, l'un à côté de l'autre, et cet Hercule et le Memnon; que le premier y figure même avec son soi-disant mérite d'un travail plus savant, et puis prononçons. Ah! que, bientôt détournant les yeux de dessus la *caricature grecque*, pour ne les plus tenir que fixément arrêtés sur le Géant assis, l'instinctive et irrévocable sentence seroit aisée et prompte! et lorsque forcés enfin de nous éloigner, emportant avec nous, après avoir regardé encore vingt fois en arrière, le regret de ne plus le voir, voici de quelle manière nous tâcherions, ce me semble, de définir tant bien que mal l'impression que nous auroit causée le Colosse égyptien: » Une impression telle, dirions-nous, qu'il nous est à » jamais impossible d'en préciser le véritable caractère. On diroit d'abord d'un stupide éton- » nement, si ce n'est qu'un sentiment profond, non exempt de quelque terreur, s'y mêle ou » lui succède aussitôt. Ce *certain je ne sais quoi* qui accompagne toujours la vue d'un mort

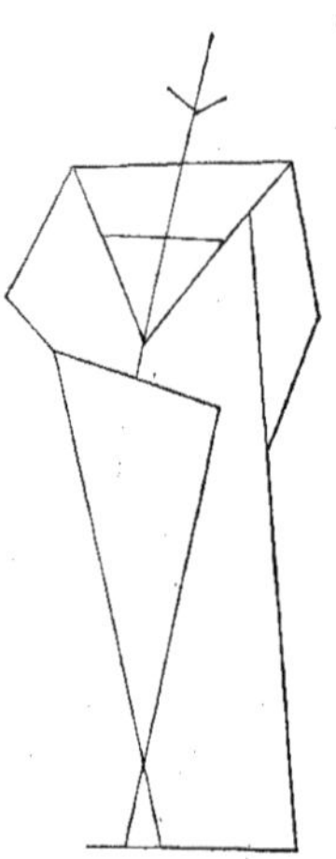

» étoit encore là. Une idée toute enfantine mais involontaire, portoit, comme en présence du » cadavre, vers la possibilité d'une cessation d'immobilité. Un arrêt de conviction intime, plus » que de raisonnement ou d'expérience, ne proclamoit, au contraire, qu'une masse inorganique » et façonnée de main d'homme; et de là ce conflit étonnant, cette impression alternative et » mixte de vie et de mort, d'illusion et de réalité, d'interruption et de durée, finissant enfin » par nous faire assigner à ces Colosses l'existence inouie d'une race d'êtres muette, immobile » et solennellement traversière des siècles et des générations. «

Seroit-ce là l'impression d'un Hercule-farnèse, d'un Mars en repos sur nous?....

Mais si l'Egypte sous le rapport de l'ensemble et du but de sa statuaire doit être notre unique école, le sera-t-elle également sous le rapport du dessin et des proportions de ses figures? Encore que la réponse ne sauroit être rigoureusement affermative ici, je pense néanmoins que, sauf quelques restrictions, ce dessin et ces proportions ne pourroient perdre beaucoup de leur caractère distinctif, sans cesser d'appartenir à une Statuaire qui ne sauroit jamais se proposer ni d'autre nature, ni d'autre idéal que *l'expression la plus simple et la plus durable possibles de la figure animale*, selon le pays ou le peuple auquel appartient l'individu; et c'est faute d'avoir été bien pénétrés de l'esprit d'un pareil système, que plusieurs célèbres statuaires de l'Ecole moderne, appelés à se livrer au genre monumental, *s'égarèrent, les uns dans des lieux sauvages et escarpés, les autres dans des bourbiers et des marais fangeux;* et toutefois le seul génie qui, depuis les Egyptiens, auroit pu nous rendre ces masses imposantes, ces *rochers à forme humaine*, eut été le divin Michel-Ange, que je viens de confondre malgré moi avec les autres; mais trop de brusquerie et d'intempérance de talent, trop d'impatience d'un joug quelconque, nuisirent à l'expression de cette *grandeur simple* qu'exige la Statuaire, et son *Moyse* (quoiqu'on allègue en faveur de cette statue) n'en sera pas moins toujours une production hors de toutes les limites et de toutes les convenances du sujet et de la matière employée. Et le Bernin, auquel s'appliquent si bien la dernière moitié des paroles que je viens de citer, où lui assigner une place dans les annales de l'Art? Que dire de ses *Papes* avec leurs lourds manteaux de bronze que soulève néanmoins un vent impétueux, soufflant dieu sait d'où? Que dire de ses *Vertus à chairs prostituées*, et couvertes à peine de quelques chiffons entortillés et jetés au hazard? de ses *marmots d'enfants* enfin, dont les formes molles et arrondies, plus encore que celles de la femme, devroient être à jamais interdites à la Statuaire? Que dire de telles productions, et de tant d'autres qui ne leur ressemblent que trop? Rien ici, si ce n'est que ce sont autant de preuves frappantes et irrécusables, jusqu'à quels écarts et contre-sens peuvent mener le talent et le génie que ne guide point le sentiment du vrai. Non, il ne s'agit point dans la Statuaire d'inspiration, de conceptions neuves, d'originalité, dans le sens que l'on attache si souvent mal à propos à ces mots: il ne s'y agit tout simplement que d'un emploi sentimentalement raisonné des seuls moyens possibles, pour les faire tous rentrer dans les *bornes intransgressibles d'un systéme irrévocablement arrêté.* Toute autre considération le doit céder à celle-là; et l'Egypte, à l'époque même de sa dépendance y resta fidèle. De là que tout est cohérent dans son Architecture et dans sa Statuaire; et le seul reproche équitable que me semble mériter cette dernière, est de n'avoir pas poussé son système monumental jusqu'à une indication plus fortement prononcée de la *charpente osseuse*, dans ses attaches ou articulations les plus sensibles à l'œil: car enfin c'est cette *charpente*, qui est déjà par elle-même comme une espèce de *monument sur-existant aux chairs*, et se prêtant encore merveilleusement à la nature de la pierre. Cette omission est-elle ignorance ou système? tiendroit-elle encore à l'expression d'inertie du cadavre? je l'ignore, mais c'est un correctif à proposer au style égyptien que cette plus savante indication des os, sans néanmoins faire tomber dans un défaut contraire, qui nuiroit à la masse par des détails qui la morcelleroient. Ce qu'au reste on ne sauroit jamais ni trop admirer, ni trop imiter, c'est le soin et l'artifice avec lesquels l'Egypte a su omettre ou déguiser dans sa Statuaire *tout* ce qui s'y refusoit à la nature de ses

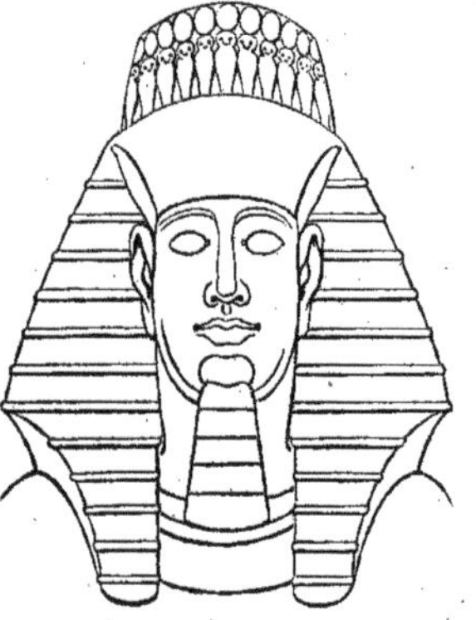

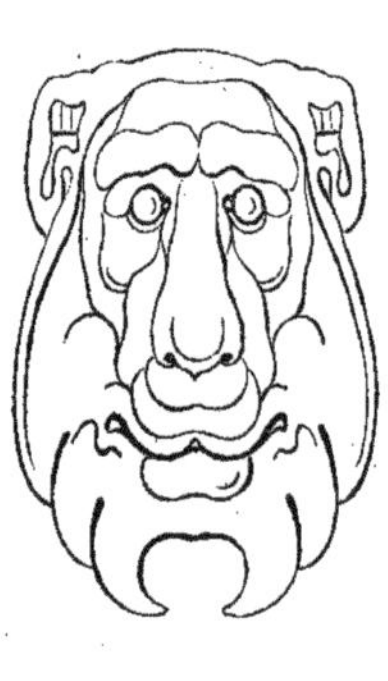

moyens, tellement qu'elle a mieux aimé nous laisser dans le doute, si, dans ses Colosses, l'ornement de la tête, la barbe et le petit vêtement autour des reins, n'y sont pas plutôt des signes intégrants ou symboliques de la figure humaine elle-même, qu'une représentation d'accessoires sur-ajoutés et étrangers à l'homme et à l'essence de la Statuaire. Le soin surtout d'éviter toute tentative d'imitation, aussi ridicule qu'impossible, de la chevelure ou des poils de la peau, est particulièrement remarquable dans les beaux Lions égyptiens du plus ancien style, qui nous présentent encore le plus parfait modèle de la manière dont la Statuaire doit imiter ce superbe animal, le seul, *l'unique absolument de son ressort.*

Si l'on se rappelle ici ce que j'avois fait entrevoir dans le premier livre à *l'article des signes*, sur l'imitation de quelques animaux par la Statuaire ou par la Peinture, je ne doute point que l'on ne conçoive maintenant pourquoi le Cheval ne sauroit jamais entrer dans le domaine de la Statuaire monumentale, puisque le Lion lui-même n'y rentre que d'après le seul système égyptien, tant par rapport à ses formes et à leurs détails, que par rapport à sa pose couchée et à la direction parallèle et symétrique des membres doubles.

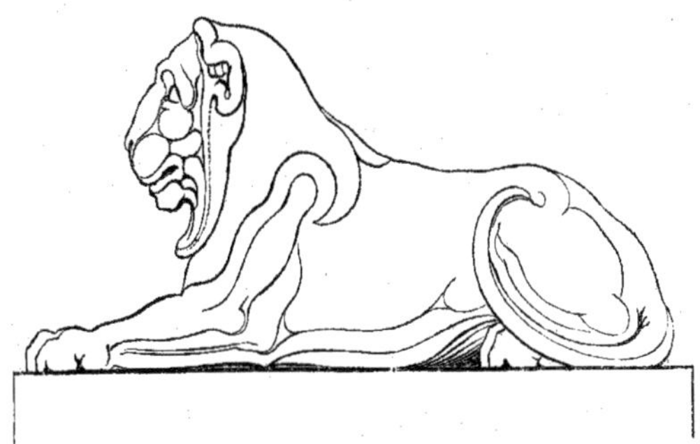

Je ne pense pas qu'il existe un exemple dans la véritable Statuaire égyptienne d'un *Lion réprésenté debout*. J'en excepte naturellement les bas-reliefs, qui ne sont que de l'écriture en tableaux, et où l'on rencontre également le dieu Apis dans l'attitude de marcher. Ce dernier, au reste, *image toujours vivante*, ne pouvoit avoir de statue. Je n'ose citer le *Nandi* ou bœuf sacré de l'Inde, réprésenté couché en ronde bosse, et debout en bas-relief et en peinture: l'art chez les Hindoux m'étant encore trop étranger; mais je m'imagine très bien leur *Eléphant sur pied* sans détriment de l'idée de solidité. Quoiqu'il en soit, la haute antiquité avoit en général le sentiment du vrai pour guide dans les arts, et pour l'honneur de celui qui, chez les Grecs ou chez les Etrusques, fit la première *statue équestre*, il nous la faut supposer de métal ou bronze, unique excuse, mais double transgression toutefois du système monumental, qui répugne à une matière artificielle et creuse, et de plus si souvent un appât à l'avidité: où en seroient les Colosses de Thebes, si, comme celui de Rhodes, ils eussent été de bronze?

Une remarque encore en faveur du système égyptien, c'est qu'indépendamment de la solidité, le *Lion couché* présente réellement quelque chose de plus noble et de plus imposant. C'est le *roi des animaux*, et nous nous figurons volontiers, sinon même toujours, un puissant monarque, ou tout être élévé en haute dignité, assis, et dans une attitude roide et immobile. Au moral comme au physique, les idées de calme et d'équilibre relèvent celles de puissance et de grandeur. De là que les Colosses assis l'emportent de beaucoup, ce me semble, en expression solennelle sur les Colosses debout. L'immobilité des premiers paroît volontaire et pouvoir cesser: celle des seconds ne paroît qu'obligée, parce qu'elle rappelle trop bien celle de la mort. Il n'en est pas ainsi, je le sais, des deux poses du Lion, parce que l'animal mort se figure également mal sous l'une et sous l'autre, et qu'il lui faut comme *réprésentation monumentale*, ainsi qu'à l'Homme, la *pose la plus complètement et la plus volontairement durable*. Une comparaison des différentes statues de Lion, tant anciennes que modernes, avec les beaux Lions égyptiens, fera juger si notre opinion n'est pas entièrement fondée sur l'arrêt instinctif du sentiment, et si cet arrêt ne devroit pas faire à jamais *règle inconditionnelle* dans l'Art.

De toutes nos observations résulteroit donc qu'il n'est que l'*Homme, individu mâle,* et le *Lion,* dont les formes, rigoureusement soumises aux moyens de la Statuaire, lui puissent et lui doivent exclusivement servir d'*objets d'imitation.* L'*Homme,* soit assis ou debout, et pris *de face,* présentera constamment l'*aire ou masse parallélogramme en hauteur:*

l'Animal, c'est-à-dire le *seul Lion*, toujours couché (et par là préférablement offert de *profil* à un premier aspect) la même *aire ou masse en étendue horizontale*. Les matières, je viens de le faire entrevoir, ne peuvent être que la *pierre solide*, le *marbre blanc* ou *noir*, le *granite bleu ou le basalte*. Reste au sentiment à faire le choix selon le sujet et l'emplacement du Colosse.

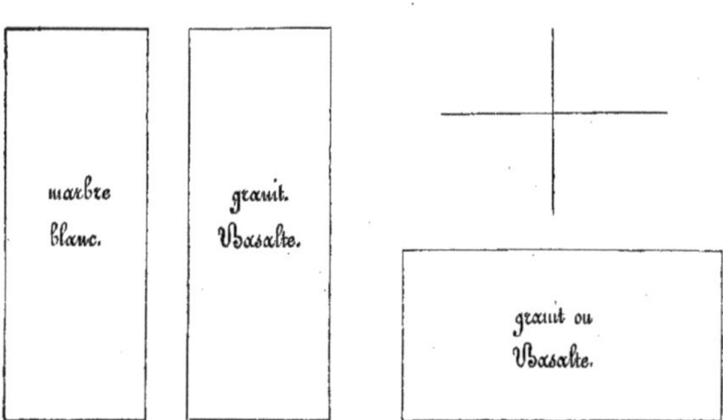

Ce n'est point se départir du principe que d'indiquer tantôt le *blanc*, tantôt le *noir*, comme *signes colorés* en statuaire des *directions horizontale et verticale*. Faire valoir, selon la nature du monument, tantôt ses jours ou tantôt ses ombres, voilà l'unique règle à suivre.

Après ce que je viens de dire il est inutile de faire observer encore, que quelque grande que soit une Statue, elle doit être monolithe, c'est-à-dire *toute d'un seul et même bloc*, tel qu'a été bien surement le procédé égyptien. Ce qu'on a pris dans quelques Colosses pour des assises de pierres, a été reconnu n'y être que les bancs ou assises naturelles du massif même.

Point de Jupiter olympien donc chez les Egyptiens, et ce seroit par la comparaison de cette *grande poupée* (si elle existoit encore) avec les Colosses de Thèbes, que l'on pourroit juger complétement de ce qui constitue le véritable caractère d'une Statuaire toute monumentale. Que dis-je? la destruction et la disparition totale de cette idole le fait connoître mieux encore. A peine quelques centaines d'années après son érection, elle n'existoit déjà plus, et il ne nous en reste que quelques descriptions, plus ou moins détaillées, il est vrai, mais qui toutes ne sont que le refrain d'une même acclamation populaire et traditionnelle sans critique et sans jugement, tandis que les Colosses égyptiens sont encore là, et *dureront pour épuiser les siècles;* et puis encore quel contraste entre les auteurs de ces productions si différentes! entre un Phidias, un Alcamène, un Pausias façonnant, enluminant un bout de nez et une paire d'oreilles d'ivoire, pour ensuite les appliquer, à force de tout plein de petits moyens, sur un informe noyau de bois qui pourrit bientôt par lui-même, s'il n'est pas plutôt détruit par mille accidents possibles. Quelle différence, dis-je, entre un si petit méchanisme et la main hardie, dépouillant à grands coups de ciseau, ces membres gigantesques d'un Memnon, d'un

Osymandias de l'écorce importune de granit qui les réceloit, pour les exposer à l'étonnement et à l'admiration des siècles à venir!

Qui n'aimeroit à se rappeler ici le terrible Michel-Ange, sommant le massif, qu'il osoit aborder sans modèle, de lui enfanter ses bizarres conceptions pour les répudier ensuite. Au moins cet homme unique essayoit la statuaire, et il lui eut été impossible de concevoir un Moyse en marqueterie, lui, qui appeloit la peinture à l'huile *métier de vieille femme;* malheureusement il vécut à une époque, et dans une contrée qui ne lui montrèrent de la nature et de l'art ancien que des productions étrangères à son génie: des campagnes riantes, et ~~ou~~ deux ou trois *fausses analogies* en statuaire, *le Torse et l'Hercule farnèse.* Avec Michel-Ange s'éteignit son Art. Tous ses successeurs semblent ne plus avoir travaillé leurs statues que d'après ou pour des tableaux contemporains, et malheur à toute statue qui rappelle plutôt le manequin que le roc de granit.

Les Contrées du Nord ont leurs Alpes: elles peuvent enfanter un Statuaire. L'Egypte avoit à lever la tête au dessus de ses sables et de ses eaux: elle eut ses Colosses. La brillante et féconde Italie ne présente que des lignes ondoyantes; elle ne produira jamais que des peintres, et son *unique* Statuaire ne fut qu'un *monstre sublime!......*

Toute observation dans le sens de mon principe ou qui y ramène, ne sauroit être un hors-d'œuvre, et personne qui n'avouera en conscience qu'il y a quelque chose de véritablement grand dans l'emploi de nos forces physiques, lorsque cet emploi conduit à des résultats qui s'adressent en définitive au sentiment et à la moralité. De là alors pour plus d'un art cet accord plus intime entre l'exercice de ses moyens, et la nature et la dignité d'un être, supposé toujours tout à la fois organique, intellectuel et moral. Un Erwin, ou tout autre Architecte, debout, de vastes tracés à la main, et présidant, du haut d'un échafaudage, à la construction de la Cathédrale de Strasbourg; un Statuaire égyptien placé sur les épaules du Colosse dont il modèle et taille à coups hardis le profil énorme; un Michel-Ange traçant en fresque, suspendu à plus de soixante pieds de terre, les gigantesques figures de la voûte Sixtine, valent bien, je pense, tous ces faiseurs de *rhyparographies*, les exécutant froidement assis ou courbés devant une table ou un chevalet; et jusque dans les sciences, il n'est pas indifférent d'avoir devant les yeux cette coutume des anciens Romains qui *n'enseignoient rien à leurs enfants de ce qu'ils dussent apprendre assis; voulant maintenir leur jeunesse droite.*

Quelques mots encore pour répondre à une objection en faveur du Jupiter olympien. *Les anciens Egyptiens colorioient,* dira-t-on, *leurs statues de différentes couleurs: Phidias et son école n'a donc fait que les imiter.* Mais qu'il y aura toujours eu loin d'une *coloration toute symbolique*, telle que celle des Egyptiens, et ne consistant qu'en teintes crues et appliquées sans la moindre rupture sur le seul massif, à cette *enluminure* de petits détails et accessoires détachés de la statue, et imitant ou voulant imiter la nature. Cette couronne de feuilles d'olivier, ce sceptre, cette riche chaussure, ce manteau bigarré de fleurs et d'animaux, ce trône, ces yeux de lames d'argent, tout cela rappelle dans le Jupiter de Phidias la statue d'or du grand Lama, revêtue de sa robe de satin jaune. Ce n'est pas là ce que présentoient les Colosses peints de la Thébaïde. Je les aime toutefois mieux actuellement que les siècles en ont effacé les couleurs, mais ne rivalisant avec aucune nature ou matière connue, ces couleurs éloignoient de plus en plus ces productions déjà si étonnantes de toute comparaison possible. Une image drappée tout autrement imposante que le fétiche d'Olympie, (si elle pouvoit être du ressort de la Statuaire), seroit celle de l'*Ancien des jours, assis immobile dans son trône, et l'éclatante blancheur de la neige répandue sur sa tête et sur son ample vêtement:* JE SUIS, J'ÉTOIS, JE SERAI seroit l'inscription à placer au-dessous. Vains efforts! la Statuaire doit renoncer aux draperies comme telles, et la divinité de Saïs, dont le prophète hébreu emprunta son magnifique tableau, aura été couverte d'un véritable voile. L'Egypte étoit trop bien pénétrée de l'essence de chacun de ses arts, pour ne pas les renfermer tous dans leurs propres limites.

Les Grecs ont commencé par les faire empiéter les uns sur les autres. Les modernes depuis le seizième siècle ont achevé de les confondre entièrement. L'Architecture est devenue de la sculpture, et même quelquefois de la statuaire dans beaucoup de ses membres, d'ailleurs souvent inutiles. Cette dernière a fait de la dentelle et de l'hermine sans pouvoir orner la tête humaine de sa propre chevelure, ni diriger la prunelle de l'œil vers le Ciel!... Dans l'article suivant nous verrons jusqu'où la Peinture est descendue pour avoir cessé d'être image ou écriture toute intellectuelle.

Et nous, que nous reste-t-il à faire? nous, dont malheureusement les fausses idées imbues plus encore que les localités rétrécies s'opposent à une Statuaire toute égyptienne, et qui raisonnablement devons plus vouloir de celle des Grecs, indépendamment de son caractère *anti-monumental.* Nos cours, nos vestibules, nos jardins ne doivent plus offrir ce qui offense tout à la fois le bon sens, la pudeur et les convenances. Nos académies de dessin n'ont que faire de nouveaux modèles pour y puiser le goût et les règles du Beau, que cinq ou six belles antiques (et il n'en faut pas d'avantage) montrent suffisamment, et il est temps désormais d'épargner à nos neveux la *manie des Musées*, établissements toujours si destructeurs de toute impression noble et grande des productions de l'Art. Mais nous faudra-t-il donc renoncer entièrement à la Statuaire? Je ne hésite point à répondre *oui*, tant qu'elle n'aura pour but que l'insignifiante réproduction de *tout* ce qui nous est devenu complétement étranger, et ne doit plus cesser de l'être; car enfin, quel intérêt se rattache pour nous à l'image d'un Mars, d'un Hercule, d'un Bacchus? mais leurs belles formes! et que nous font elles, ces formes, sans *expression morale?* Une seule et unique production en statuaire a su les réunir, et il n'y a plus rien à espérer au delà, ni même à supposer de pareil: et puis la Statue de l'Apollon du Belvedère n'en est point une, puisque *son ombre bien projetée contre le mur* l'emporte, pour l'imagination, en *valeur morale* sur la cause réelle qui la produit.

Il est cependant encore une Statuaire pour nous, s'entend toujours dans le sens exclusivement *monumental*, et il en sera question dans le troisième livre. En attendant s'il s'agissoit d'élever une Statue à quelque véritablement grand Homme, voici ce que je dirois à celui qui me demanderoit mes idées là-dessus, » que la Figure soit *debout*, et conçue de manière à n'être jamais vue que de face: point d'autre vêtement, ni d'autre ornement de tête » que le seul indice indispensable de son caractère public. Le grand homme ne partagera

» point avec un cheval, avec un trône ou chaire curule l'admiration et les souvenirs de la pos-
» térité : point d'échasses nécessaires à la vraie grandeur. » Voilà ce que je dirois, et, si ensuite on me demandoit où trouver quelque type qui approchât le plus de cet idéal, j'inclinerois

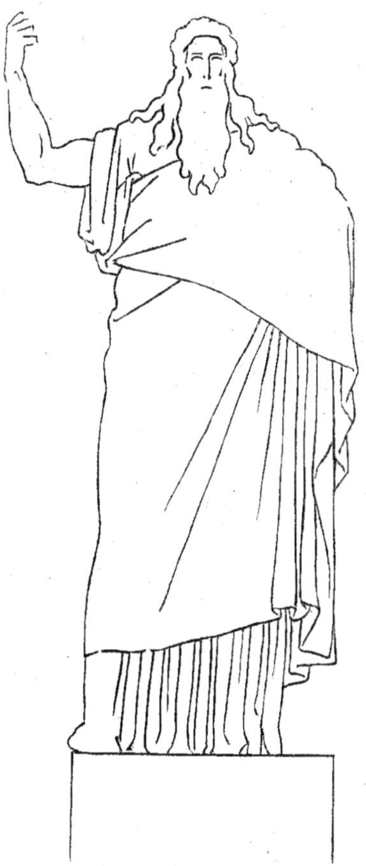

beaucoup à citer le motif général que nous présente la Statue d'un *Bacchus Indien ou Législateur*, et sans contredit, dans le sens de mon principe, la plus belle de toutes les antiques de la collection du Vatican; et, en effet, remarquons ici que l'aspect vraiment noble, imposant et calme qu'on s'accorde unanimement à lui reconnoître, elle n'en est redevable qu'à sa *pose droite et symétrique*, et à ce *presque horizontalisme* des ~~deux avant-bras et des~~ bords les plus apparents de son ample manteau, retombant *à-plomb* de l'épaule gauche, et ne laissant à découvert d'une riche tunique talaire (dont l'indication étoit de rigueur à cause de la dignité du personnage) que les seules parties ou extrémités, propres à admettre un arrangement de plis en guise de *cannelures de colonne*, le tout *inscrit* et confondu, pour ainsi dire, dans la masse générale, pour ne former de cette belle image qu'un *tout-ensemble* aussi simple et *grandiose*, que réellement empreint de ce *caractère monumental*, qui la rapproche, le plus qu'il est possible à une Statue drappée, du systême égyptien. Dans un article à part je reviendrai avec complaisance sur cette production remarquable, pour en faire une application intéressante à ce que nos mœurs et nos idées actuelles, en harmonie avec le sentiment du vrai et du beau, exigent, plus impérieusement qu'on ne pense, d'une réprésentation que l'on tenteroit du *Sage* ou du *Monarque*, méritant bien de l'humanité et de ses peuples, et par là *seuls dignes de l'honneur de la Statue.*

DE LA PEINTURE.

Raphaël en hérita, mais ne nous en transmit pas les signes.

Tous, nous naissons peintres par la pensée. En nous est la faculté innée de nous figurer les choses en esprit, de les abstraire et de les combiner de mille façons diverses. Nos rêves, nos projets, nos souvenirs sont autant de tableaux, *types* de ceux que l'Art enfante, et d'après lesquels nous les jugeons. Point d'avenir ni de passé pour nous qui ne soit une scène avec ses personnages et ses décorations: point de situation, d'acte du moment qui n'éprouve ou ne subisse l'influence de cette faculté créatrice et féconde. Le laboureur comptant d'avance l'or de ses moissons dans les *sillons* que trace sa charrue, et la jeune épouse souriant à la vue du *berceau*, prêt à recevoir l'enfant qu'elle doit mettre au monde, sont peintres par la pensée, et de plus nous dévoilent, deux entre mille, de quelle manière *l'idée* ou *parole intérieure*, et par suite la *parole parlée*, ont pu trouver des *signes* qui en rappelassent ou transmissent à *l'ame par les yeux*, la valeur soit organique, intellectuelle ou morale. Ainsi naquirent le *signe analogue* ou de *rapport*, et le *signe image* ou *symbole*, éléments l'un et l'autre de toute écriture primitive, et tout à la fois *premiers essais d'une véritable peinture naissante*, dans le sens d'une *représentation* ou *imitation d'objets sur une superficie plane, au moyen d'un tracé et d'une application de couleurs quelconques.*

Mais cette Peinture, fille *immémore* de la pensée et de la parole écrite, et telle qu'à travers toutes les vicissitudes et tous les développements de ses procédés et de ses doctrines, elle nous est parvenue, et que nous la cultivons aujourd'hui, n'a-t-elle pas beaucoup à se reprocher? et dans sa puissance magique de simuler la vie et l'existence, n'abuse-t-elle pas trop souvent de nos sens prévenus aux dépens de notre intellectualité? Que d'efforts d'ailleurs péniblement prodigués pour nous dire, ou plutôt pour ne nous *dire pas*, ce que des *signes* bien simples nous eussent fait entendre avec beaucoup moins de peine et mille fois plus d'éloquence. Un trait, une ombre, quelques taches suffisent à l'imagination pour lui faire continuer et achever la phrase commencée. Entre le *signe* et la *pensée* qui l'explique est la perfection de l'Art; et c'est peut-être la seule à laquelle la Peinture puisse, et doive prétendre. Voire donc d'une peinture *toute imitative et toute matérielle*, et laquelle, non contente de n'offrir de l'homme que toute sa lourdeur physique, s'avilit encore jusqu'à l'entourer de tout ce que son industrie, que dis-je, son indigence a trouvé de plus grossier, de plus ignoble pour subvenir à ses besoins, à ses appetits, ajoutons à ses erreurs, à ses orgies..... Qu'aumoins le grand Michel-Angé avoit raison de ne s'en tenir exclusivement qu'à la *seule figure humaine*, répugnant ainsi à tout ce qui n'étoit point elle. Qu'on lui pardonne volontiers ses chairs sans voiles, puisqu'après tout ce sont des chairs fantasques, gigantesques; des êtres d'un autre monde, et nous arrachant à celui-ci. Peut-on voir la Chapelle-Sixtine et ne point tressaillir? ne point avoir honte de soi-même, de son costume, de ses habitudes?..... et puis (chose incroyable) il est encore des artistes, des *mécènes* qui ne rougissent point de se complaire à ces *boutiques de barbiers et de savetiers, à ces intérieurs de cuisine*, et d'en occuper même un seul instant leur pensée, si tant est que l'on puisse donner le nom de pensée à un pareil emploi de nos facultés!..... Périsse plutôt jusqu'au nom de peinture!...... mais non, qu'elle soit, qu'elle redevienne encore pour nous ce qu'à sa renaissance au treizième siècle, elle sembloit annoncer de vouloir devenir un jour, et ce que mille circonstances *traversières* (en Italie la découverte et l'étude des statues antiques, dans les pays du Nord la réformation) l'ont empêché d'être exclusivement selon son essence et ses moyens, *le rapport immatériellement visible entre la pensée de l'homme et le monde intellectuel et moral que lui montre la réligion de Jésus*. Voulons-nous donc réellement de la Peinture, et de la peinture *digne qu'on s'en occupe*, que ce soit ainsi que pour la Poésie (sa véritable sœur) la Religion *seule* qui l'inspire, la guide, et s'en montre elle-même comme embellie à nos yeux!

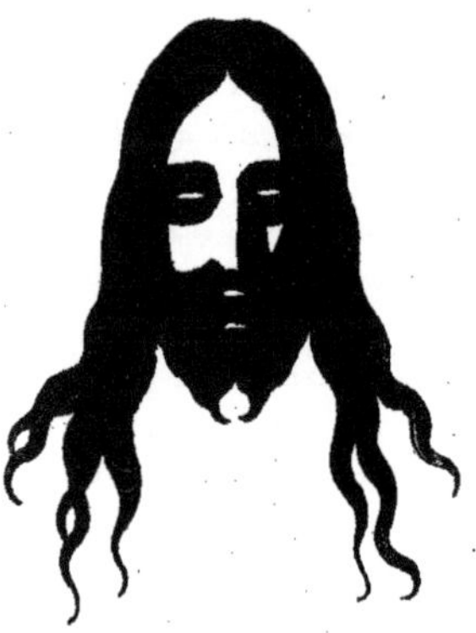

réligiosité — immatérialité.

Je dis la réligion et la *réligion de Jésus*. Il n'y en a point, il n'y en a jamais eu, et il n'y en aura jamais d'autre, ni plus digne de l'homme, ni plus favorable à la Peinture, parce qu'il n'y a que celle-là *seule*, dans toute sa pureté simple et primitive, où se rencontre le dogme consolant et sublime d'une existence toute intellectuelle, découlant de l'effusion et du triomphe de nos facultés et de nos affections les plus nobles et les plus aimantes. De là ce *monde moral* que la Peinture est appelée *à peupler visiblement:* de là le haut idéal d'un Jésus vainqueur du démon, et l'image si touchante et si complétement inconnue aux anciens d'une Madeleine pleurant ses foiblesses: celle encore d'un disciple bien-aimé. De là cet espace entre le ciel et la terre rempli d'êtres, qu'il est si pardonnable de se figurer commis à notre garde et à celle des personnes qui nous sont chères! De là enfin jusqu'aux spectres et revenants, et n'importe quoi encore, pourvu que les *signes* s'en adressent à la pensée et à l'imagination....... Peinture voilà ton domaine, voilà tes richesses! ne les échange plus contre la fange. Ose prendre ton essor vers les cieux, sinon à côté de la Poésie, du moins de près sur ses traces. Il t'est donné d'atteindre plus haut que tu ne penses: tes premiers battements d'ailes nous en sont les garants.

Et qui ne reconnoit en effet, en parcourant le *Campo-Santo* de Pise, et tant d'autres édifices sacrés de la Toscane, combien la toute ancienne école d'Italie, et à côté d'elle, et souvent avec avantage, celle d'Allemagne de la même époque, se sont rapprochées de cette *peinture schématique*, dont un Raphaël, qui en avoit hérité plusieurs *signes*, fut si près de nous laisser deux des plus nobles créations dans son *Père éternel débrouillant le chaos*, et dans son *Archange saint-Michel terrassant le démon.* Heureux, si toujours fidelle aux doctrines de ses devanciers et à ses propres inspirations, l'aimable, le sensible Raphaël n'eut jamais vu de statues ni de bas-reliefs antiques! Alors celui qui, tout jeune, débuta par un *Crucifix entre deux anges*, n'auroit pas fini par des *Galathées et des Psyché.....* Je ne parle point de son tout dernier tableau de la *transfiguration:* il ne m'a jamais paru qu'un pénible et tardif retour de Raphaël sur lui-même.

En résumé, et voici mes paroles à un observateur anglois en visitant un jour avec lui la Chapelle-Sixtine, *trois choses ont perdu la Peinture, trois choses la doivent relever. Aux procédés matériels, indolents, et souvent si puérils d'une peinture à l'huile, subsistuons celle en fresque ou sur vitraux. Aux froides et systématiques études d'après l'antique, subsistuons celle d'une nature animée et sans fard; et enfin, au lieu de tapisser de niaiseries les galeries et les boudoirs, que la Peinture ne décore plus que les seules églises et autres lieux sacrés!*

Passons maintenant aux *signes proprement dits d'une Peinture schématique*, c'est-à-dire *dédaigneuse de toute matérialité.*

Ce seront encore toujours les *signes linéaires et colorés*, mais ici dans leur unique application *aux formes et couleurs empruntées de la seule figure humaine et des phénomènes célestes;* très rarement du moins le reste de la nature phénoménale entrera-t-elle pour quelque chose dans ces emprunts, et à la seule exception de la *draperie et de quelques accessoires devenus symboles indispensables et inconditionnels*, aucune autre imitation d'ouvrage de main d'homme ne *souillera* les productions de la Peinture. De là pour les *signes colorés* l'emploi très restreint des *nuances du blanc au rouge*, y compris surtout le *rouge* même.

J'excepte le *jaune* remplaçant dans nos procédés actuels *l'or* autrefois appliqué. Les *nuances du blanc au noir* restent plus affranchies de restrictions. Quant à la *couleur verte*, étrangère aux cieux (l'arc-en-ciel excepté), ne l'employons jamais matériellement que comme *emblême végetal*, non en masse mais par parcelles ou feuilles détachées. La suite mettra tout cela dans son véritable jour: toutefois mon exclusion du règne animal demande un correctif qui ne peut que trouver sa place ici.

Il n'est, ai-je dit plus haut, que *trois animaux nobles du ressort de l'art:* Le quatrième, le *cygne*, n'étant que pour la poésie. A la Statuaire toute matérielle et solide, on m'a vu assigner uniquement *le Lion*, et *le Lion couché* d'après le système égyptien. Restent le *Cheval* et *l'Aigle*, et rigoureusement parlant, c'est *l'Aigle seule* qui rentre dans le domaine de la Peinture, comme art répugnant par son essence immatérielle à tout ce qui est entièrement terrestre. Mais le *Cheval* est un animal si beau, si noble, si élégant: il forme avec le bel homme qui le monte, un tout-ensemble si juste, si harmonieux: il bondit, il franchit les ravines: on l'a fait marcher sur les épis; on a pu lui donner, ainsi qu'à l'homme, et sans que cela nous choque, des ailes, que vu tout cela, je ne hésite point à faire exception pour ce superbe et *presque immatériel quadrupède.* Que donc le *Cheval*, toutes les fois qu'il aideroit à une haute pensée poétique, fasse *tableau visible.* Il ne me revient pas pour le moment où le placer dans cet unique sens, mais quelque mystique que soit le *Cheval blanc* de l'Apocalypse, monté par *Celui qui combat justement*, je pense que le génie lui pourroit imprimer ce caractère *d'appareil céleste, destiné*, comme l'attendent les Hindoux, *à purger la terre de toute oppression et de tout mal.* Beau rêve! mais que malheureusement l'homme ne juge pouvoir se réaliser que par la destruction, et non par la conversion des coupables. De là cependant pour ce sujet en peinture, *un surcroît de valeur de signes, un double arrêt du sentiment.*

Les principes désormais établis, reste à en faire l'application; et soient à cet effet *trois têtes*, dont l'expression ne sauroit être douteuse.

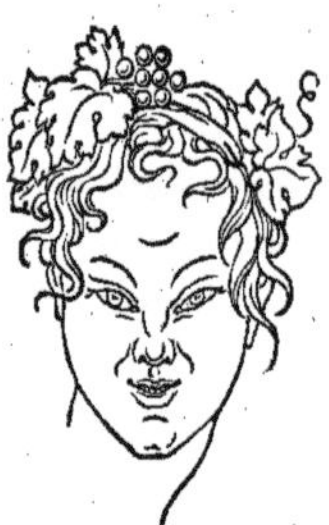
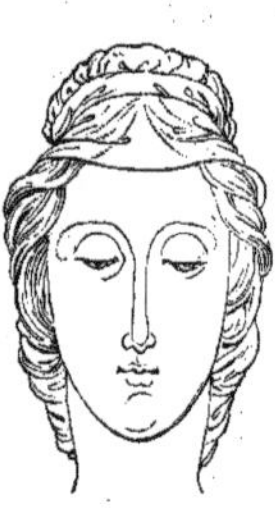
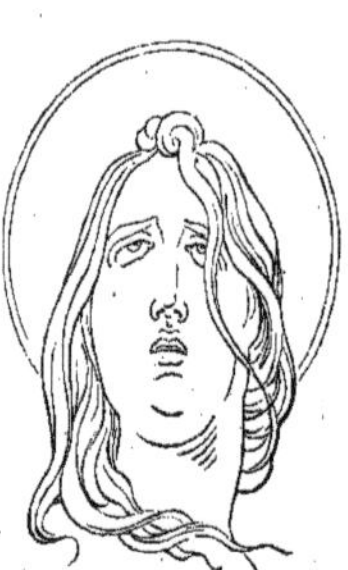

A ces trois têtes imposons-nous (car j'invite mes lecteurs à y prendre part) imposons-nous l'obligation d'ajouter, à chacune, un *corps et des membres analogues*, et de les revêtir ensuite *d'étoffes de couleurs identiques.*

Appelons si l'on veut la tête du milieu, une figure pure, angélique, une Sainte-Thérèse rendue au calme intérieur: c'est la pose modeste et *droite*, mais libre, et les vêtements et les voiles *blancs* qui lui conviennent exclusivement. Que la tête à notre gauche soit celle d'une Bacchante ou danseuse, et des peintures grecques (car pareilles figures n'appartiennent qu'à l'antiquité sensuelle) nous montrent que réellement, d'accord avec le sentiment, ce sont les *expansives linéaires* et *colorées* qui caractérisent éminemment les réprésentations de semblables femmes déréglées. Enfin voyons dans la troisième tête une personne livrée à la douleur contemplative, une Madeleine pénitente, et ce seront les *bras en croix* ou les mains jointes sur la poitrine, et la robe *noire* sur des chairs pâles et bleuâtres, qui ajouteront singulièrement à l'expression et à l'éloquence de la face.

Les *signes élémentaires* de ces trois figures seront donc:

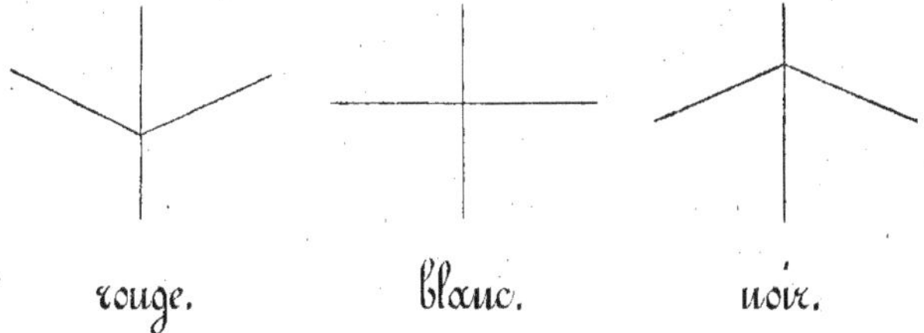

Modifications colorées dans les deux extrêmes:

orange - jaune. perle - indigo.

Un examen critique basé sur la présence ou sur l'oubli des *signes indiqués*, là, où ils sont, ou seroient *indispensables* au sujet, conduiroit, j'en suis sûr, à la découverte des véritables causes de l'impression frappante, paralytique ou choquante de bien des tableaux. Je vais en faire l'essai sur une des productions les plus célèbres, disons la plus fameuse de Raphaël, en examinant un instant la figure de son *Christ transfiguré*; figure qui m'a toujours si fort déplu.... et pourquoi?

C'est qu'elle est (il est inutile de la produire ici tant elle est connue) c'est qu'elle est complétement l'inverse de tout ce qu'elle devroit être, et qu'à la seule exception de la *draperie blanche*, qui probablement n'est telle que par suite du texte sacré, tout le reste ne présente que des *expansives*, là, où ce sont *les convergentes et les horizontales modifiées le long d'une verticale* (l'axe du personnage) qui, seules, peuvent signaler ce que l'on entend ici par *apparition ou manifestation solennelle*, c'est-à-dire simple et calme. Raphaël en avoit cependant pu deviner, dans plus d'une occasion, les *véritables signes*, lui qui vivoit au milieu d'un monde et d'une cour, dont le costume et le maintien n'étoient pas dépourvus de gravité, et que surtout il ne voyoit pas *danser.* Mais outre cela, *tout vierge* encore, il avoit étudié l'ancienne école, et il auroit *dû* se rappeler de quelle manière plusieurs de ses devanciers, mieux inspirés que lui, avoient tâché d'exprimer ces *apparitions de Christ*, *d'anges*, *d'esprits*-

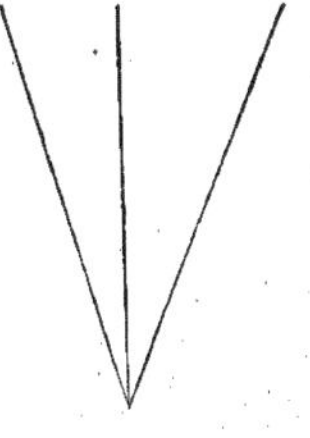

bienheureux. Les Giotto, les Memmi, les da-Fiésoli, et tant d'autres artistes, dont les *essais naïfs* ornent encore aujourd'hui les édifices sacrés de la Toscane, avoient bien senti que toute *apparition surnaturelle* ne frappe jamais tant l'imagination que lorsqu'elle a lieu pour ainsi dire, *face à face*, nos yeux rencontrant en ligne directe ceux du Spectre, se tenant droit, immobile, ou dans une pose toute simple et les membres presque parallèles, devant nous.

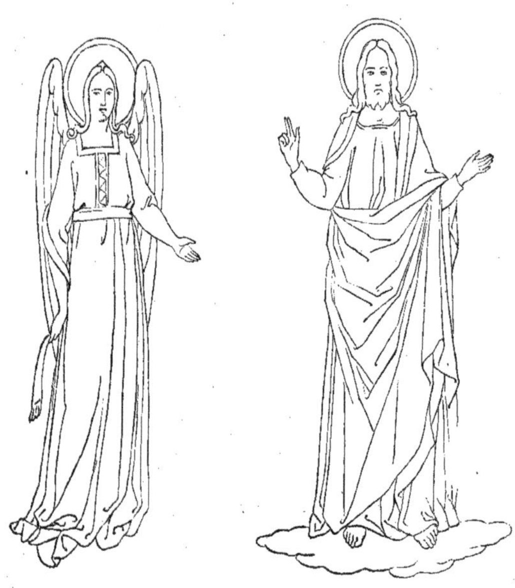

blanc-or-azur.

Laissant là de côté *tout* ce qui dans *ces deux figures* (de près de deux siècles antérieures à Raphaël) tient encore si naturellement à l'enfance de l'art, il nous faut néanmoins avouer qu'elles expriment mille fois mieux une *manifestation divine et solennelle* que son *Christ se balançant dans les airs:* et ce qui achève de prouver en faveur de ces figures anciennes, c'est qu'elles admettent un *vêtement tout blanc* dont rien n'interrompt ni ne souille la pureté et l'éclat : jet simple et très peu de plis; tandis que l'ample et lourd manteau volant de la figure de Raphaël, nécessitant des enfonçures et des masses d'ombres fortement prononcées, achève de lui ôter toute apparence de noblesse et de pureté.

Cette *figure du Christ*, et tout ce tableau de *la transfiguration*, qui prouve si bien que l'aimable Raphaël s'est survécu de trois à quatre années, m'a fait faire plusieurs reflexions, dont deux sont tellement liées à mon sujet que je ne saurois les passer sous silence. Je les produis toutefois ici en forme de note que l'on pourra lire par après si l'on veut.

Raphaël, ai-je dit, n'a vêtu son *Christ transfiguré de blanc* que parce que le texte le dit formellement : tous ses autres Christ le prouvent. Il leur a donné le costume adopté, et l'on sait que ce costume, ainsi que celui de la vierge Marie, offre la réunion de deux couleurs on ne sauroit plus mal assorties : le *rouge* et le *bleu*. Pour Jésus la *tunique bleue et le manteau rouge ;* pour Marie la *tunique rouge et le manteau bleu*, et toutefois il existoit, le seul, l'unique *signe coloré* qui, d'accord avec les dogmes reçus, convenoit si bien, et dans toute son acception de symbole *d'innocence*, *de pureté et de sainteté* aux deux personnages en question, la *couleur blanche*. Comment se peut-il donc que le sentiment ait eu si peu de part aux productions d'un Raphaël, et de tant d'autres artistes d'ailleurs estimables, jusqu'à les rendre esclaves d'une misérable tradition, tout au plus allégorique, et née du sein des mystères de l'Orient pour faire à Jésus et à Marie une application des deux principes ou éléments de l'existence de toutes choses ici bas, *le Feu et l'Eau?* La couleur *rouge*, le Feu, le Soleil, Mithras voilà pour Jésus. La couleur *bleue*, *argentée*, l'Eau, la Lune, Isis voilà pour Marie. On sait que les *vulcanistes* et les *neptunistes* datent de bien haut, mais l'on ne se doutoit peut-être pas que les peintres leur donnent le Christ et sa mère pour patrons. Quel sera enfin l'Artiste assez pénétré de la dignité du personnage de Jésus, pour oser nous l'offrir, revêtu d'une *simple robe d'un blanc éclatant*, debout, la veille de sa mort, au milieu de ses disciples, tous vêtus de la même couleur blanche, mais moins pure, et les initiant, la coupe à la main, aux paisibles et modestes vertus de la secte des Esséens, sur laquelle l'Evangile ne garde un si profond silence que parce qu'il est leur ouvrage !

En indiquant un *blanc plus ou moins pur*, je pense qu'il dépend d'une nuance tirant sur le *bleu mourant* ou sur le *tanné bien pâle*. Les procédés journaliers du blanchissage prouvent ce qu'à cet égard exige le sentiment, et le sentiment de toute femme chaste, soignant le linge.

Passons à une seconde observation. Si la précédente regarde la valeur des *signes colorés*, celle-ci va se rapporter à la valeur des *signes linéaires*, en tant qu'ils servent de *limites à une aire* qui sera *la forme du tableau*, selon le sujet ou personnage à représenter. Cette *aire ou forme* ne sauroit être indifférente, et si malheureusement donnée et ingrate, c'est au talent à se tirer d'affaire. Pour un sujet tel que celui de la *transfiguration*, le sentiment ne sauroit admettre d'autre *aire* que le *parallélogramme en élévation*, et même comme on le verra ci-après, c'est la forme de *croisée en ogive* qu'il faut à tout sujet réligieux. Raphaël a donc eu doublement tort, et d'inscrire sa scène dans un parallélogramme couché (car le bas de son tableau forme sujet à part), et d'avoir encore écrasé sa figure principale par l'horizontale au dessus ; et Rubens n'auroit pas dû placer *l'apothéose de Henri IV* sur le bord d'un immense tableau en largeur. Dans de pareils sujets où le personnage se distingue par un caractère de *grandeur morale*, il ne faut laisser à l'œil que la seule possibilité de se porter le long d'une *verticale*, qui sera *l'axe de l'homme*. Il en est tout autrement quand le sujet du tableau rappelle des situations ou des affections purement *humaines ou terrestres ;* il faut nécessairement alors le *parallélogramme couché*. Deux exemples frappants de cette obligation sentimentale et de ses heureux résultats, sont *l'Extrême-onction et le testament d'Eudamidas* du Poussin. Quel parfait accord entre *l'aire* et *les signes inscrits !* tout y est *direction horizontale :* le *moribond*, *son lit*, *sa lance appendue au mur*, parce que tout y doit exprimer le *calme*, le *silence*, l'approche du *repos éternel*. Mettons ce lit en perspective, inclinons seulement tant soit peu cette lance, et la scène est gâtée. Chefs-d'oeuvre *d'éloquence linéaire*, et surtout *l'Eudamidas*, il ne manque à ce dernier tableau pour être parfait,

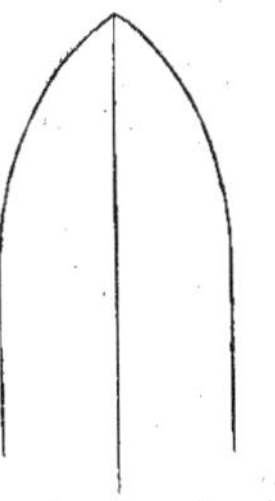

que d'y voir tous les personnages pâles, défaits et vêtus des seules nuances d'un *blanc plus ou moins pur*. Tel du moins j'aime à me figurer ce tableau en contemplant *la gravure monotone de Pesne*, mais par cela même sa traduction la plus heureuse.

Il me vient tout à coup une idée, et quelque paradoxiale et contraire à mon principe qu'elle puisse paroître à un premier abord, un instant de réflexion lui donne sa véritable place ici. *Un éclatant et subit passage d'un seul point lumineux* (dans un tableau) *à de grandes masses d'ombres sans indication de formes déterminées*, peut quelquefois tenir lieu de *signes linéaires et colorés identiques*. Cette seule partie éclairée et concentrée, là, où se doit directement porter l'œil pour y revenir et y revenir encore, notre imagination s'en empare, la développe, l'étend, lui donne la *direction* qu'elle veut, celle qu'exige le sentiment; et la *couleur*, quelle qu'elle soit, *seule* représentant le rayon solaire, nous la jugerons *blanche*, parce que la *blancheur* en définitive, n'est que la *plus forte lumière de toute couleur ou substance*. C'est de cette manière que Rembrandt, mais aussi jusqu'à présent lui seul, auroit pu nous donner un *Christ transfiguré vêtu de rouge*, et une *Madeleine pénitente vêtue de jaune*... Qu'on y réfléchisse!

En me voyant appuyer si fort sur *la valeur individuelle des signes en Peinture*, il ne faut cependant point en déduire la conséquence trop restreinte que ces *signes* n'y peuvent jamais que parler un seul et même langage. Il est des cas où, sans cesser un seul instant de conserver toute la valeur que je leur reconnois, ils peuvent néanmoins nous commander une interprétation en harmonie avec une *seule et grande idée-mère*, qu'ils ne font alors que modifier. Je m'explique.

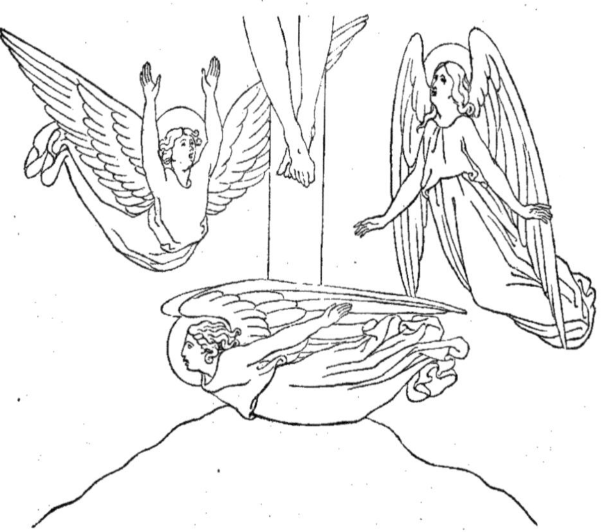

Trois Anges (car mes exemples ne peuvent être empruntés que d'objets conformes à l'essence de l'Art) trois Anges volent, planent, s'agitent autour de cette Croix, sur laquelle *le Juste et le Saint* est indignement attaché. Tous les trois sont profondément pénétrés de tout ce qu'un tel spectacle peut inspirer de terreur et de pitié, mais ces deux passions n'agissent pas de la même manière sur ces trois Esprits. L'Ange à la droite de la Croix se livre à une douleur immodérée, à des accès même d'un violent désespoir. Incapable de *pause*, il lui convenoit les *expansives*, *signes du mouvement*, *de l'agitation*, *du hors de soi;* et non seulement cette *valeur linéaire* a été donnée aux deux bras et aux grandes ailes éployées, mais pour mieux faire accorder en quelque sorte toutes les parties

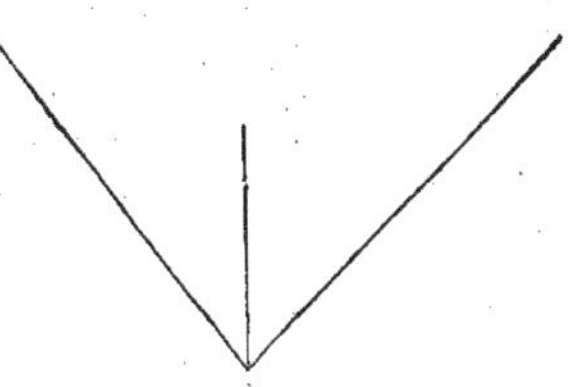

dont se compose cette figure, et en former un *seul ensemble identique*, le corps même pour indiquer mouvement convulsif, est comme plié en deux; tout l'Ange est inscrit dans *un triangle le sommet renversé* par rapport à nous: tout est *expansion;* et les uniques convergentes, tracées sur la seule face, sont encore mixtes. L'Ange à la gauche, par ses bras pendants et ses ailes immobiles, ne présente que des *convergentes*, parce que ce sont celles-là qui doivent exprimer ici *le recueillement et la profondeur de la pensée,* expressions que le peintre vouloit donner à ce second Esprit, comtemplant les injustes et cruelles souffrances de l'objet révéré et chéri. Le troisième Ange enfin, volant en *direc-*

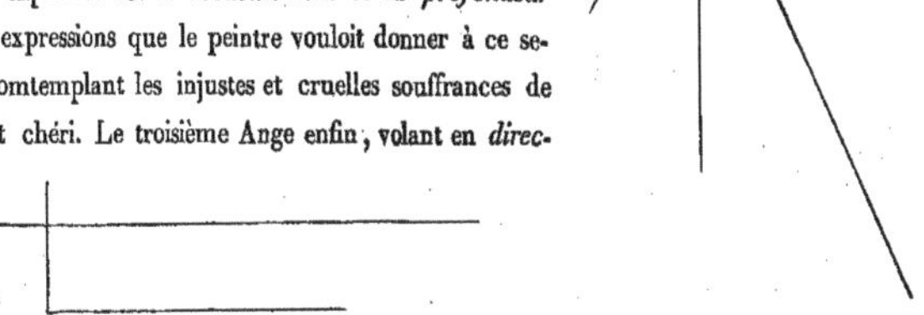

tion horizontale au pied de la Croix, et la coupant ainsi réellement à angle droit, retrace la *durée* d'une même sensation par *l'équilibre d'un même mouvement horizontal*, que rien n'indique devoir arrêter ou détourner. La *douleur désespérée*, la *douleur contemplative* et la *douleur sans fin*, telles sont les trois expressions ou nuances d'expression offertes ici au spectateur. La seconde de ces nuances étoit toute trouvée dans la gravité et solennité du *signe convergent*, tant pour tout l'ensemble de la figure que pour les traits de la face: les deux autres nuances ne pouvoient s'obtenir que par une acception, non plus immédiatement déduite des *directions horizontale et expansive*, mais par une acception dépendante de *l'objet principal* qui est le *Christ en croix*, et voilà que les *trois directions linéaires*, individuellement et essentiellement différentes, ne forment plus, associées qu'elles le sont dans un seul et même tableau, qu'une *seule et grande expression de terreur et de pitié*, ces deux grands ressorts de toute scène tragique. Ajoutons encore que comme objet et but final, *la Croix*, placée au milieu du tableau, et se conformant par sa *position verticale à l'axe ou dignité de celui qui y est attaché*, devient réellement la mesure sensible de la *valeur des signes employés*, tant *linéaires* que *colorés*. J'y comprends également ces *derniers*, car l'on sent que, ne pouvant plus être ici les *identiques*, ou pour m'exprimer ainsi, les *adjectifs respectifs* de chaque *substantif*, mais ceux d'un *collectif*, qui est la masse de toute douleur forte et solennelle, il ne restoit d'autres *signes colorés* que le *passage du blanc au noir* à travers toutes ses nuances, excepté *l'azur pur.* Qu'on se figure donc ces trois Anges tout revêtus de *blanc*, y compris les ailes, se détachant contre un ciel couleur *ardoise*, et dont le Christ tout nu, mais pâle et sanglant, seul interrompt la triste et lugubre uniformité, et l'on pourra se faire quelque idée de ce tableau, vrai chef-d'œuvre de l'enfance de l'Art, et si près d'atteindre au *sublime!....*

Ce dernier mot vient de m'échapper, car peut-il exister un sublime en peinture? Pour résoudre ce probléme, il ne s'agit, ce me semble, que de rechercher si la Peinture, manquant tout ainsi que la Poésie de *signes inconditionnels* pour *le sublime,* pourroit néanmoins, comme celle-là, le provoquer, en faisant naître *un rapport intellectuellement instantané entre certains signes et la pensée qui les interprête.* Dans la Poésie ce rapport ou ce *tiers* (qu'on me passe l'expression) est *une grande image encore absente*, et qui, tout à coup, se présentant à la pensée, moyennant l'interprétation ou la succession des *signes*, tantôt se réunit à l'image déja existante et qui auroit pu être autrement modifiée, et tantôt la remplace entièrement. Dans la Peinture malheureusement, qui ne travaille que dans l'espace et pour les yeux seuls, non seulement tous les *signes* sont *coëxistants*, mais ils sont encore *finis*, *limités;* leurs formes, leurs dimensions sont données et restent telles, et le moyen alors que la pensée interprête et féconde *à neuf* une image déjà offerte, pour ainsi parler, sous toutes ses faces, et à laquelle rien ne se peut changer, ôter, ni ajouter pour lui faire dire autre chose de ce qu'elle semble nous dire du premier abord! le moyen, en un mot, que la Peinture enfante *le sublime,* si elle repousse ce *tiers* si puissamment généré, et à son tour si puissamment générateur en Poésie! Voyons toutefois ce qui en est. Deux autres tableaux de l'ancienne Ecole vont me servir avec celui des *trois Anges*, qui lui appartient également, à me faire mieux comprendre, et à résoudre, s'il se peut, la question.

Dans le tableau des *trois Anges* que je viens d'analyser, le langage de l'Art s'élève au moyen des *signes employés* à un très haut degré d'éloquence, et y auroit produit le sublime, si, au lieu de n'arrêter la pensée qu'à *un objet limité dans l'espace*, qui n'est inconditionnellement qu'un individu souffrant, ce langage eut pu nous offrir *l'idéal concret* du personnage, *le Héros moral au bout de sa carrière*, *scellant de son sang son triomphe*, *et le Ciel ému à ce spectacle:* ce qui étant impossible à la Peinture, le tableau n'est que hautement pathétique. Il est vrai cependant que le peintre s'adressant à des chrétiens, a pu compter sur l'acception soudaine qu'ils attacheroient à la représentation d'un homme expirant sur une croix, et pleuré par des êtres surnaturels; mais cette acception n'étant entièrement valable que pour une certaine classe de spectateurs, il n'en résulte après tout qu'un sublime relatif.

Un genre de sublime à peu près semblable est celui que pourroit faire naître un second tableau, où cependant se rencontre un *signe* que je pense pouvoir se prêter à une interprétation plus féconde.

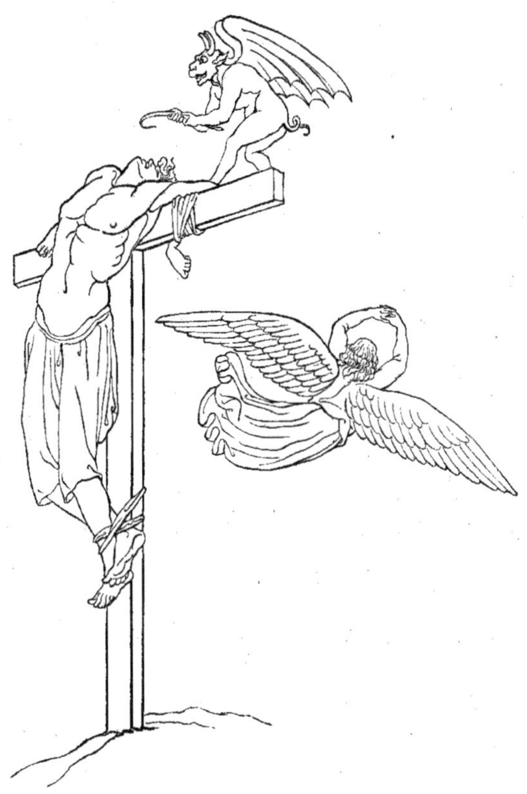

Un Homme laid expire sur un bois ou potence, livré à toute l'horreur de tourments que tout en lui annonce être justement mérités. Le Démon, que des formes hideuses et sa couleur noire rendent très reconnoissable au vulgaire chrétien, et que toute croyance, admettant des êtres intermédiaires bons et méchants entre la terre et le Ciel, reconnoît pour *un mauvais génie*, se tient au-dessus de la tête du coupable, comme pour arracher et saisir l'ame trop tardive à s'exhaler, et que lui abandonne enfin *l'Esprit pur*, qui s'envole avec toutes les marques de la plus vive douleur de n'avoir pu sauver le dépôt que lui avoit confié son Dieu, et dont ce Dieu va lui demander compte. Tel est ce second tableau, dont le sujet entièrement emprunté de traditions et d'idées consacrées par la croyance de l'époque, auroit probablement fait moins d'impression sur des Grecs que leur Marsyas écorché par Apollon, ou leur Ixion attaché à la roue, mais qui, exposé, tel qu'il le fut dans le quatorzième siècle, au milieu d'une ville d'Italie et d'un peuple familiarisé dès l'enfance avec l'acception de semblables signes, a dû y produire une sensation très approchante d'un genre de sublime qui naît de la terreur; et nous-mêmes, abstraction faite, non pas de la présence de l'Enfer, mais de son symbole devenu désormais ridicule, nous-mêmes, dis-je, quelles que soient nos idées touchant une existence et une rémunération futures, ne serons-nous pas toujours fortement frappés du contraste que présente avec cet *Enfer*, l'image si heureuse et si féconde de cet *Esprit ou Ange* qui s'envole? Ce n'est certainement pas là un hors-d'œuvre, une figure oiseuse. Pourquoi cette douleur, cette fuite? Il y a eu là quelque lutte pour la possession d'un bien; et ce *bien*, et le champ de bataille sont restés au pouvoir du vainqueur, et quel vainqueur!.... Les contemporains du peintre sans doute en frémirent. Trois seules figures: le *tracé linéaire* de la plus grande simplicité: les *nuances colorées*, celles du *blanc au noir*, et un peu de *rouge*, et c'est du sang! Voilà quels furent, et quels sont encore *les uniques signes à interpréter*, et dont l'interprétation presque aussi soudaine et aussi inconditionnelle aujourd'hui qu'elle le fut autrefois, assigne à ce tableau un genre d'éloquence qui le rapproche de quelques dégrés de plus que le tableau précédent d'un véritable sublime.

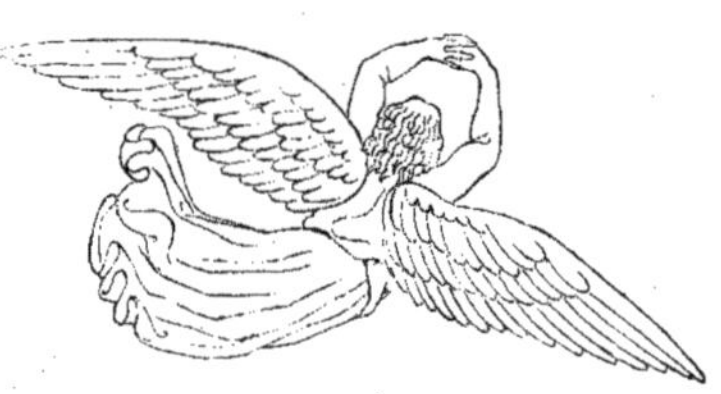

Compensation de cette scène déchirante seroit le sujet suivant:

Un Démon tient un livre ouvert, dans lequel sont écrits les péchés d'un individu. Son Ange répand, et laisse tomber d'une phiole une larme que le pécheur a versée en faisant une bonne action, et ses péchés sont effacés.

Que fais-je? Je veux revendiquer les droits de la Peinture, et je dévoile et démontre ici son impuissance et sa stérilité, en évoquant une image qu'elle ne sauroit me rendre sensible! Hâtons-nous de nous acquitter envers elle en produisant un troisième et dernier exemple, toujours encore fourni par cette mine si féconde des écoles du treizième et quatorzième siècles: il n'est point d'autre autorité pour moi.

La Trompette fatale a sonné le réveil des morts. Papes, empereurs, moines, guerriers, princes, princesses, tous, pêle-mêle, sortent de leurs tombeaux, revêtus des insignes de ce qu'ils ont été durant la vie. Du haut des cieux, et assis sur l'arc-en-ciel au milieu de sa gloire, Jésus prononce la terrible et irrévocable sentence qui va séparer pour l'éternité les méchants d'avec les bons. Déjà les Anges d'un côté, et les Démons de l'autre, s'empressent de saisir et de conduire les ames, chacune au sortir de son corps, vers les lieux de leur destination. Au milieu de ce mouvement général; de cette scène d'effroi et d'épouvante; de ces cris de désespoir,

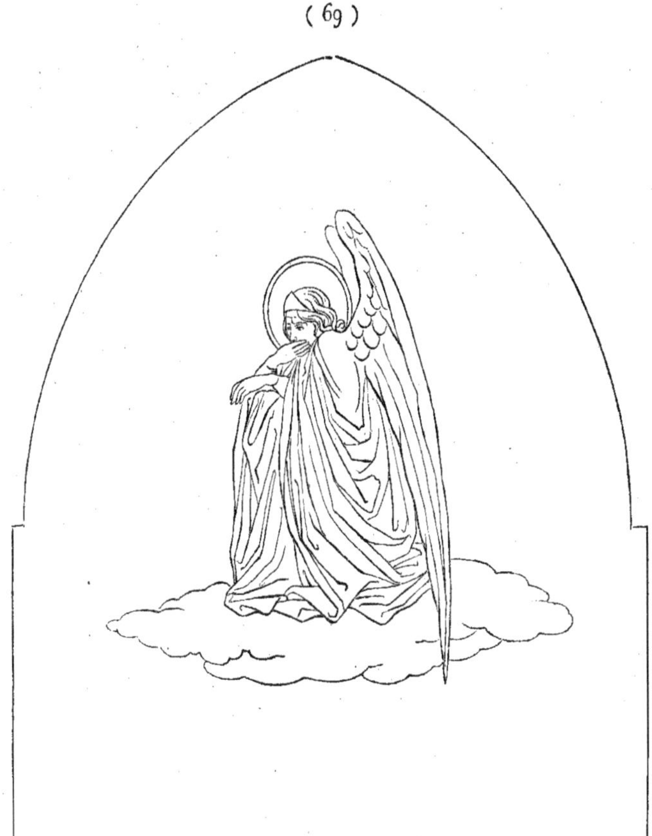

et de chants d'allégresse, *une seule figure ne se remue point.* Immobile et plongée dans une profonde rêverie, elle est assise sur une nue, un peu au-dessous du trône de Jésus. Ses ailes, son auréole, sa longue robe d'un *blanc éclatant*, tout annonce que c'est un Ange, un Esprit pur, un Être bienheureux, et toutefois...... Lorsque pour la première fois je vis cette figure sur les lieux mêmes, dans le *Campo-Santo de Pise*, je n'avois point encore fait ma lecture favorite du *grand poéte*, auquel nous devons, je présume, cette belle, cette touchante, dirai-je cette *sublime image!* mais dès l'instant même son impression sur moi lui présagea l'interprétation que je hazarde aujourd'hui, et qui vaudra bien, après tout, le titre *d'énigmatique* que les descriptions lui donnent. Que l'on en juge: *Qu'est ce qu'un Ange* d'après les idées que nous nous formons d'un pareil Être? *Un mystérieux intermédiaire entre Dieu et l'homme; un lien qui unit les deux mondes. Un Être assez pur pour mériter d'approcher de la Divinité;*

assez inférieur cependant à Elle pour ressembler encore à l'homme, pour l'appeler quelquefois son frère; sympathiser avec lui, s'intéresser à son sort...... Voici maintenant le passage du Dante et tout sera dit: „La bienheureuse Béatrix se trouble à la Voix qui s'élève dans le „Ciel contre les désordres et les crimes de la cour de Rome", et pour nous peindre *ce trouble* d'une ame pure, et désormais élévée au-dessus de toutes les fragilités humaines, le poéte ajoute cette comparaison si simple et si délicate, et qui nous explique si complétement notre Ange, *telle*, dit-il, *la jeune femme, forte de sa propre vertu, rougit néanmoins des foiblesses de ses compagnes........* Encore un coup, c'est *notre Ange*, et le peintre qui sait emprunter de pareilles images au poéte, est poéte lui-même, et mérite de s'élever avec lui jusqu'au Sublime!

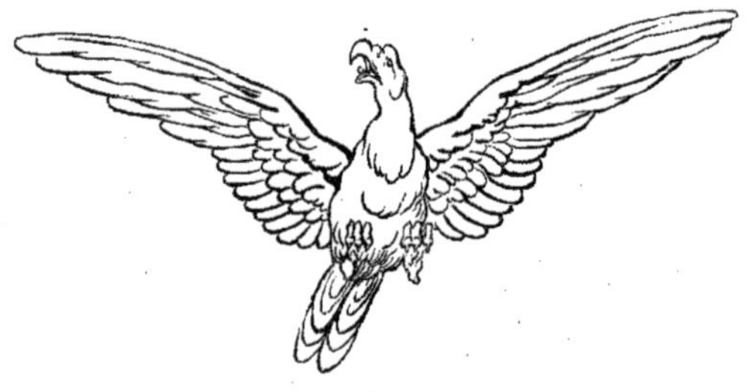

TABLEAU SYNOPTIQUE ET COMPARATIF

DES *SIGNES INCONDITIONNELS* DE L'ARCHITECTURE, DE LA STATUAIRE ET DE LA PEINTURE, RENVOYANT À LA PATRIE ET AUX ÉPOQUES DES PRODUCTIONS EXCLUSIVEMENT CLASSIQUES DE CES TROIS ARTS.

	SIGNES.	Patrie.	Époque.
architecture.	blanc.	Égypte. Grande-Grèce.	sous les Pharaons. 600 av. J. C.?
	blanc-noir.	Allemagne, France. Angleterre.	1200–1400.
statuaire.	blanc-noir.	Égypte.	sous les Pharaons.
peinture.	rouge. blanc. noir. jaune. azur. vert.	Allemagne. Italie.	1300–1528.

Hommage aux Architectes inconnus de l'Égypte et de la Grande-Grèce pour leurs *Temples de Thèbes et de Pæstum;* et aux *Erwins* de tout pays pour leurs *Cathédrales du moyen âge!*

Hommage aux Statuaires inconnus de l'Égypte pour leurs *Colosses de Memnon, d'Osymandyas et du Sphinx!*

Hommage aux Peintres connus et inconnus des anciennes écoles d'Allemagne et d'Italie (aux *Albert Durer* et aux *Giovan da-Fièsole* etc.) pour leurs *prémices d'une Peinture schématique et réligieuse!*

LIVRE TROISIÈME.

LIVRE TROISIÈME.

L'APPLICATION.

Appel!

Si en effet, et tels que nous venons de les considérer, les *signes* de l'Architecture, de la Statuaire et de la Peinture n'y étoient jamais que *la modification sentimentalement raisonnée des signes primitifs*, *donnant naissance à ces trois Arts*, n'en résulteroit-il pas pour ces mêmes Arts la définition suivante, la *seule* rigoureusement exacte dans le sens de mon principe, et comme *telle*, ainsi qu'on le va voir, la meilleure introduction à ce troisième et dernier Livre, *application et résumé théorico-pratique de toutes nos observations précédentes.* Nous dirons donc:

L'Architecture dans son origine a voulu rivaliser avec la Nature. Que donc elle en rappelle constamment quelques uns des effets imposants ou solennels. Elle peut y prétendre, sûre de réussir dès qu'elle le veut. Ses types sont la Nature inorganique et végétale; les rochers et les forêts. Ses matériaux ceux de cette Nature même.

La Statuaire dans son origine ne fut que la réprésentation du cadavre ou de son enveloppe, non pas dans le dessein de l'imiter comme objet d'art, mais pour en multiplier ou éterniser le souvenir. Que donc la Statuaire soit exclusivement commémorative et monumentale. Ses types sont la forme animale, l'Homme et le Lion: ses matériaux la pierre dure toute d'un seul bloc.

La Peinture dans son origine ne fut qu'une écriture tantôt symbolique et tantôt idéographique. Dans l'un et dans l'autre cas elle emprunta ses signes de la Nature, non pas comme objets d'imitation, mais comme signes figuratifs et visibles d'une idée intellectuelle. Que donc la Peinture soit exclusivement l'expression visible de la pensée, et pour nous Chrétiens, celle de la pensée religieuse. Ses types et ses moyens sont les formes et les couleurs, immatériellement interprétées.

Et pour conserver à ces trois Arts toute leur pureté originelle, gardons-nous surtout de jamais les faire empiéter le moins du monde l'un sur l'autre, car c'est cet empiétement qui commence et complète leur souillure. Si l'Architecture (ainsi qu'il a déjà été observé en parlant du Parthénon) se surcharge de sculptures au delà de ce qu'on appelle *sculpture de bâtiment*, elle empiète déjà sur la Statuaire, à qui seule appartient le ciseau; et lorsque celle-ci s'efforce d'animer, d'amollir le marbre; d'imiter les chairs, la chevelure, les draperies, leur palpitant, leur légèreté, elle empiète grossièrement sur les moyens qu'auroit la Peinture de nous offrir, et beaucoup mieux, toutes ces choses, dont cependant elle-même à son tour doit être si avare. Que si enfin la Peinture *simule* les pierres, les métaux, les édifices, les statues, le bas-relief, elle empiète et sur l'Architecture et sur la Statuaire qui nous donnent, l'une et l'autre, tous ces objets dans leur réalité: et ce n'est que pour autant que la Peinture a besoin de formes et de couleurs pour en revêtir visiblement le *schéma de la pensée*, qu'elle les emprunte, et ne les emprunte que de la seule Nature phénoménale. Tout cela s'est vu dans les trois Articles consacrés spécialement à chacun des trois Arts; mais l'on ne sauroit jamais assez insister sur cette démarcation, et surtout sur celle entre la Statuaire et la Peinture, comme relevant en apparence, dans leur emploi le plus noble, toutes deux des *mêmes types*. Toutefois ces *types* n'ont pas la même force de loi pour les deux Arts: Que si la Statuaire n'est absolument statuaire qu'en transformant l'informe bloc de marbre ou de granite en forme animale (homme ou lion), il n'en est pas ainsi de la Peinture dans le sens exclusif de *Peinture schématique*. Celle-ci reste encore *telle* n'importe *l'objet ou signe*, que de préférence à la figure humaine, elle se choisiroit pour rendre sa conception plus éloquente et plus immatérielle. De là, que n'y ayant point de Statuaire sans *matérialité de formes*, ni de Peinture sans *schématisme de signes*, le premier de ces Arts est complétement étranger aux idées religieuses, et le second *fange coloriée* sans elles. De là en dernier corollaire que si les monuments de la Statuaire doivent être empreints de ce caractère de *durée*, et de la plus grande *durée terrestre possible*, de celle qui *défie et consume les siècles*, les productions de la Peinture, au contraire, ne doivent être que *l'expression instantanée*, *actuelle et passagère* de l'objet ou *signe* fécondant la pensée, pour lui faire enfanter l'image intellectuelle encore absente. Le temps consacre le Colosse, mais le Tableau qui trahiroit jusqu'à la moindre prétention à une *existence* ou *réalité matérielle* avant, ou après son impression sur nous, n'est, et ne sera jamais, je le répète, que de la *fange coloriée!*

Et maintenant, si nous passons impartialement en revue tout ce qui nous reste, ou ce qui nous est rapporté des monuments et des productions de l'Art chez les différents peuples, et à différentes époques, il résulte d'après tout ce que nous venons de dire (et le *tableau synoptique* du livre précédent devant les yeux) que la Grèce n'eut jamais ni de véritable statuaire ni de véritable peinture, et que malgré son bel *ordre pæstum*, s'il lui appartient, elle ne peut encore soutenir de parallèle en Architecture avec l'Égypte, qui seule porta cet Art et celui de la Statuaire au suprême dégré, mais fut par ce résultat même de son système *d'étonnante matérialité* encore plus étrangère que la Grèce à la peinture; que celle-ci, cette Peinture enfin, qui attendoit pour s'affranchir de la matière et briller de sa propre beauté, des inspirations analogues à son essence, ne s'annonça *Vierge régénérée et pure* en Italie sous les auspices de la religion chrétienne, dans le treizième et quatorzième siècles, que pour mieux nous faire déplorer son *apostasie* et ses *souillures* au moment que de concert avec cette belle *Architecture religieuse* son ainée et sa compagne...... Mais n'anticipons point sur une dernière conséquence à déduire de notre *Principe;* conséquence, *conclusion* où n'ont cessé de tendre implicitement toutes nos observations, et que dans une *suite de tableaux* nous allons tâcher de développer et de mettre dans tout son jour, en sommant, pour ainsi dire, *l'Architecture, la Statuaire et la Peinture,* de nous enfanter quelque *ouvrage* complétement conforme à leur essence, et aux grands et véritables intérêts de l'Homme et de la Société. Ce qu'à cet effet nous allons leur faire adopter ou rejeter des *types existants,* ne sera que la suite de la plus stricte et rigoureuse *observance* de notre Théorie, c'est-à-dire de l'arrêt irrévocable du sentiment; nous souvenant d'ailleurs de cette parole du grand Pascal qu'*il nous faut faire des inventions de ceux qui nous ont précédés les moyens, et non pas la fin de nos études.* Reste une dernière observation essentielle.

Encore que nous ne cessions d'insister sur ce que toute production de l'un ou de l'autre des trois Arts, s'offre à nous comme *production absolue, existant par, et pour elle-même,* il ne faut cependant point en conclure qu'il ne sauroit y avoir jamais *association.* Association n'est pas mélange. Autre chose est confondre dans une même production les *signes* et les moyens de deux arts, autre chose celle de les faire concourir comme de front à un même but sentimental, en leur conservant à chacun d'eux toute sa valeur individuelle. Telle est (pour me servir ici d'une comparaison) l'union des deux sexes dans celle entre l'homme et la femme, par opposition à l'être ou monstre qui réuniroit les deux sexes en lui seul. Ce monstre dans les arts, ce sont les membres d'un édifice surchargés de sculptures, et ces mêmes membres et détails recouverts de couleurs que les matières employées ne donnoient point. Ce sont les métopes et les tympans du Parthénon, et tous ces vastes tableaux où le pinceau en Égypte ne créoit rien, qui nous présentent ces brillantes, mais non moins répréhensibles *fascinations des productions hermaphrodites.* Mélange, confusion, et non jamais association. Au reste ne nous y trompons point. Il n'est jamais que deux des trois Arts dont nous nous occupons qui peuvent être *sociétaires,* et il ne se peut pas que l'un de ces deux Arts ne soit constamment l'Architecture. Elle seule *s'associe* ou la Statuaire ou la Peinture, parce que selon le genre de construction, elle peut admettre dans son plan, tantôt une ou plusieurs Statues, et tantôt une ou plusieurs Fresques ou tableaux, mais non jamais les unes et les autres conjointement, et encore moins les unes ou les autres à l'extérieur. Ne plaçons donc point avec l'Égypte des *statues* à l'entrée d'un édifice, à moins d'adopter en tout son *systéme sociétaire,* et encore pensons-nous que le Portique d'Hermopolis dénué maintenant de tout *colosse,* et le Colosse de Thébes isolé de toute *construction,* l'emportent en éloquence sur la merveille même d'Ibsamboul, qui, réunissant encore les deux expressions, les affoiblit nécessairement l'une par l'autre. Demeure de Géants, l'Édifice cesse d'être immense. Habitant ou *gardien* d'une Pyramide, le Colosse n'a que les proportions convenables; et plus les deux arts auront travaillé de concert, moins ces Pylônes, ces Labyrinthes, ces Sphinx s'adresseront à l'homme seul, auront l'homme seul pour *régle* et pour *mesure.* Plus hardiment cependant nous osons condamner et rejeter toute *peinture* à l'extérieur d'un édifice: *disconvenance* dont quelques anciennes églises de la Toscane conservent des exemples. Rien ici qui du côté de l'Architecture excuse un pareil abus; et puis le moyen qu'un tableau produise jamais le moindre effet en plein air! Concluons donc qu'il n'est que *l'intérieur* d'un édifice qui puisse admettre une *association de signes.* Avant de pénétrer dans cet intérieur, l'Édifice nous aura dit *tout* ce qu'il vouloit, et devoit nous dire. La *tâche absolue* de l'Architecture est remplie, et *remplie par Elle seule.* Rien qui s'oppose maintenant à ce que la *parole* qu'elle vient de nous adresser *au-dehors*, elle la répète dans *l'intérieur,* accompagnée d'une *seconde parole* que nous adressera *l'Art sociétaire*, appelé à compléter et à déterminer plus spécialement *l'éloquence de la première:* Ce que nous allons voir avec le reste.

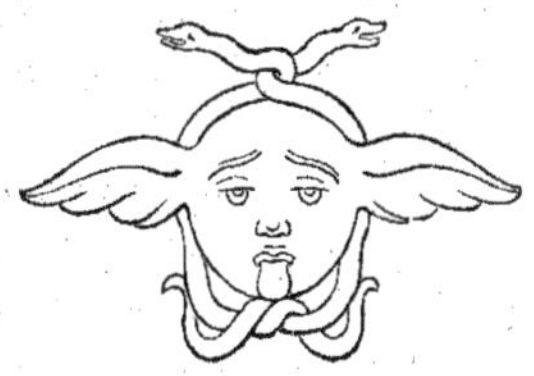

Deux Articles, chacun d'une certaine étendue puisqu'ils auroient formé ensemble les dix ou douze feuilles d'impression annoncées dans le prospectus, étoient tout préparés pour faire suite immédiate à l'appel que l'on vient de lire, lorsque des raisons, que je vais indiquer, m'en ont fait ajourner la publication. Le premier de ces Articles intitulé de la construction horizontale ou politique s'associant la statuaire, avoit pour épigraphe cette parole de Socrate: J'OBÉIS À LA LOI. Le second Article intitulé de la construction ascendante ou religieuse, s'associant la peinture, portoit en tête cette parole de Jésus: J'AI VAINCU LE MONDE. C'étoit, comme on voit, le véritable thême de la division projetée des productions des trois Arts en productions exclusivement matérielles, terrestres ou politiques et en productions exclusivement intellectuelles, schématiques ou religieuses. Les unes, s'adressant à l'Homme pour lui parler de ses rapports avec ses Semblables: les autres, pour l'entretenir de ses rapports avec son Dieu. Sommer les trois Arts de nous symboliser ces deux espèces de rapports, se sanctionnant et se prêtant mutuellement (comme loi civile et comme loi de perfection) toute leur force et toute leur beauté sans pourtant jamais se confondre, et les symboliser par des signes intelligibles pour tous les hommes de tous les temps et de tous les lieux, à partir de l'homme lui-même, c'étoit imposer à ces trois Arts une tâche aussi noble que féconde en aperçus et en résultats tout nouveaux; leur y promettre un succès complet, c'étoit les placer au point culminant de toute leur gloire et de toute leur dignité; et prouver enfin que les moyens qu'ils y emploieroient ne pourroient jamais être autre chose que l'application stricte et rigoureuse des signes inconditionnels que nous avons reconnus constituer leur essence, c'étoit tout à la fois établir irrévocablement et victorieusement notre principe, et terminer dignement, par une dernière conséquence importante, cet Essai.

Tel étoit le sujet et le but des deux Articles en question, composés il y a bientôt dix ans, et que souvent je relisois et retouchois avec complaisance jusqu'au moment, qu'un *dernier et mûr examen les plaçant, pour ainsi dire, en regard direct des graves circonstances en tout genre, qui, depuis une couple d'années, se pressent autour de nous, je crus y entrevoir d'un côté, le reproche à me faire de quelques conclusions et prévisions en apparence hazardées et jusqu'ici démenties par les faits; et d'un autre côté, le reproche mieux fondé d'être resté encore bien des fois au-dessous du parti que j'aurois pu tirer de l'époque actuelle, pour achever d'imprimer à mes idées toute cette* valeur morale, *et toute cette nouveauté de vues, que déjà, j'ose le dire, elles présentent, mais qu'elles sont si susceptibles d'augmenter encore, et que l'issue des événements leur doit pleinement confirmer un jour. Au point où en sont venues les choses, il est plus que jamais du devoir de quiconque s'honore encore du titre de* citoyen *et de* chrétien *(dans le vrai sens à attacher à ces mots) de ne rien faire, ne rien dire, ne rien écrire, qui ne tende plus ou moins efficacément, et toujours sincérement* au salut et au maintien de la grande machine sociale, *aujourd'hui si déplorablement ébranlée jusque dans ses plus fermes fondements: chacun selon son état, ses moyens et ses lumières. Aussi longtemps donc, que, dans cette troisième et dernière partie de mon travail, je croirai (moi, en mon particulier) ne point avoir complétement saisi et exposé les* uniques salutaires rapports *que peuvent établir les trois Arts.* entre l'homme, ses semblables, et son Dieu, *aussi longtemps, dis-je, je renonce à toute publication ultérieure. En conséquence je viens de retirer ma copie déjà livrée à l'impression, et de la reprendre d'un bout à l'autre en sous-œuvre.*

Suite toute naturelle de cette suppression si bien motivée du texte, est encore celle de plusieurs grandes planches de l'Atlas, annoncées au nombre de vingt et une, *et réduites maintenant à* douze. *D'abord cependant que je pourrois me résoudre à publier mon nouveau travail, soit comme troisième partie de cet Essai, ou comme Supplément sous le titre en apparence bien singulier, mais si décidément propre de* **MÉDUSE**, *je joindrai les planches qui manquent, toutes relatives avec les planches III, V, VIII et XII (déjà gravées) aux deux grandes divisions susdites, et dans lesquelles la Statuaire et la Peinture ne sont envisagées que comme* arts sociétaires de l'architecture. *La Peinture ne pouvant jamais être que* telle *dans son véritable sens d'*expression visible de la pensée religieuse. *La Statuaire, au contraire, comme* expression palpable de la forme matérielle, *pouvant être tantôt* art sociétaire, *et tantôt* art absolu. *Dans le texte ajourné elle ne pouvoit figurer que comme* art sociétaire. *Dans l'Article ou Appendice suivant, et que m'a suggéré, dans la crise actuelle,* la noble et ferme contenance de la Hollande, *je produis la Statuaire comme* art absolu: *c'est [illegible] l'hommage d'un citoyen à sa Patrie!*

Leyde, 17 avril 1832.

D. P. G. H. D. S.

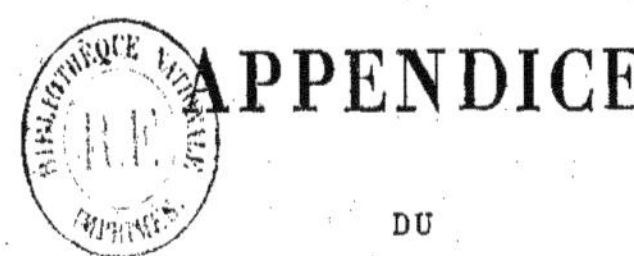

APPENDICE

DU

TROISIÈME LIVRE.

LA STATUAIRE

COMME ART ABSOLU.

«LA STATUAIRE ne reconnoît ni n'admet d'autres types organiques que l'homme *et* le lion, *dont elle soumet et réduit les formes empruntées à la plus grande simplicité, uniformité et sévérité possibles, c'est-à-dire aux combinaisons symétriques et eurythmiques de* monument durable; *d'où pour cet Art un double emploi de ses signes et de ses moyens: l'un comme* art sociétaire, *complétant l'éloquence intérieure de la Construction horizontale ou politique par* l'image hermès, *portrait du grand homme bienfaiteur de l'humanité; l'autre comme* art absolu, *produisant par lui seul le Colosse isolé,* le Lion symbolique.»

Texte mss. du troisième Livre.

LE GÉANT DE LA CÔTE,

SYMBOLISANT

LA HOLLANDE.

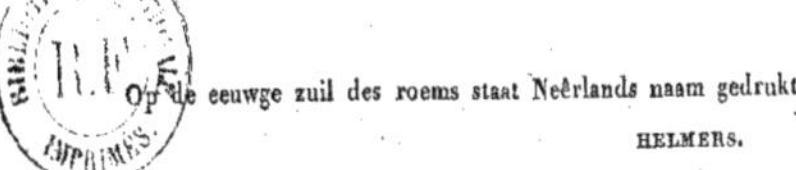

Op de eeuwge zuil des roems staat Neêrlands naam gedrukt.

HELMERS.

L'Égypte, ai-je dit dans mon Article sur la Statuaire, *avoit à lever la tête au-dessus de ses eaux et de ses sables, et elle eut ses Pyramides et son Sphinx.* Cette dernière parole ne prescrit-elle pas encore à la Hollande l'unique Statue qui lui convient, le seul Monument qui la symbolise? Un Colosse énorme, *un Lion couchant*, *les pates de devant étendues, et celles de derrière pliées le long du corps*, tel que les beaux Lions de la montée du Capitole, notre *type*, mais de formes beaucoup plus sévères, et de dimensions égalant, sinon surpassant celles du *grand Sphinx:* celui-ci n'ayant que trente-neuf à quarante mètres de long sur environ vingt-trois de haut, à partir du ventre ou socle jusqu'au sommet de la tête. Notre *Lion* en compteroit cinquante-quatre sur un peu moins de vingt-huit: proportions que donnent les différences entre l'animal composé et l'animal simple, soumis l'un et l'autre aux combinaisons systématiques d'une *Statuaire toute monumentale et toute absolue.* Mais où trouver un pareil bloc ou plutôt véritable rocher à façonner, et cela encore en Hollande? Et qu'importe! Rien de plus aisé que d'y suppléer par une *véritable construction*, en faisant disparoître les joints des immenses blocs de basalte ou pierre noire qu'on y employeroit, et encore ces joints comme tels ne nuiroient-ils aucunement à l'ensemble. Ce ne sont pas les assises visibles qui morcellent un édifice. C'est la mauvaise disposition, la disparate, l'isolement de ses différentes parties ou membres qui en détruisent l'unité. La basilique de Saint Pierre de Rome seroit toute d'un seul bloc, une excavation dans la roche vive, qu'elle n'en paroîtroit pas moins le même vilain composé de pièces de rapport, tandis que les Murs cyclopéens et les Pyramides, qui ne sont que des *entassements*, le disputent en effets imposants aux enfantements même de la Nature. Qu'il en soit encore ainsi de notre *Colosse! entassé, bâti, taillé* qu'il sera sur la Côte de Hollande non loin de l'ancienne embouchure du Rhin. Nouveau Sphinx, prodige de l'Art, et comme lui rappelant *le Géant du Cap des tourmentes*, il aura la tête tournée sur la mer; et lorsqu'un jour les eaux ravageantes et abymantes n'auront laissé de la Hollande qu'un vaste amas de sables, refoulés sur les continents ensevelis sous elles, ce *Lion s'émergeant* encore de toute sa masse au-dessus de leurs ruines, attestera à travers les siècles qu'il fut une *Contrée et une Nation,* dont il étoit le digne *embléme*, et qui l'une et l'autre comme confondues désormais en lui seul, et l'animant de leur *immortalité*, lui méritèrent l'application de cette profonde et magnifique parole de Sénèque: *l'Univers dissolu, Dieu reste seul: Dieu alors se repose en lui-même, et s'entretient de ses propres pensées!*

*

TYPE ET PROTOTYPE

DU GÉANT DE LA CÔTE COMME MONUMENT NATIONAL.

I. LE ROCHER LION DU CAP DES TOURMENTES.

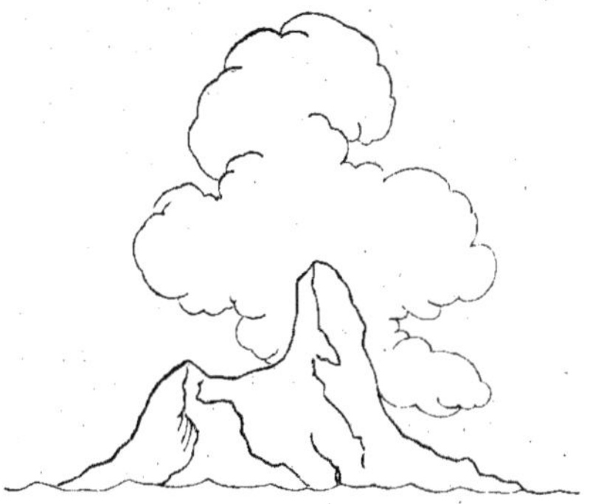

C'est par le nom de *Montagne du Lion* (Leeuwgebergte) que les Hollandois, s'établissant au Cap, désignèrent une masse de rochers, dont l'ensemble leur rappeloit le *superbe animal*, emblême de la mère-patrie, et figurant en ses armoiries.

Vu de la petite île, dite *Robben-eiland*, ce rocher présente effectivement la forme d'un *Lion couchant*, la tête et les pieds de devant tournés au Sud-Ouest.

II. LE LEO-SPHINX ÉGYPTIEN.

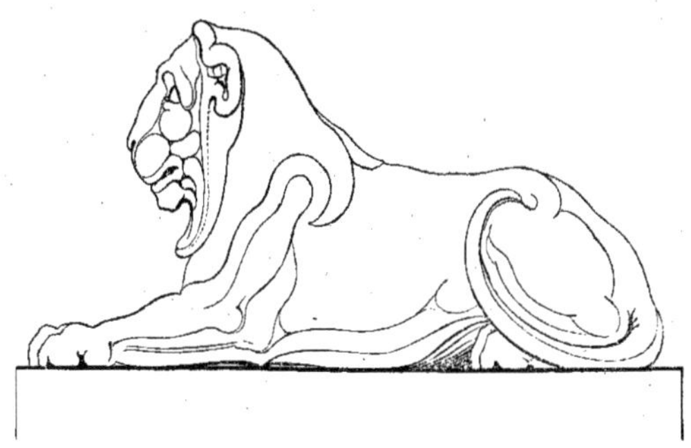

Symbole de *force*, de *vigilance*, de *magnanimité*. Tel il s'interpréte parmi les hiéroglyphes. Comme statue ou Colosse, ce *Lion couchant* me semble se rapporter plus particulièrement à l'Égypte elle-même; en symboliser le territoire, la puissance, le Nil; en représenter allégoriquement, énigmatiquement la *Divinité tutélaire*; tous caractères plus ou moins identiques entre eux, et plus ou moins applicables encore au Monument national projeté. Qui nous dira cependant où l'Égypte a pris l'idée de ses Sphinx et de ses Lions *veillant sur les grandes eaux*, et à l'entrée des temples et des pyramides? Rien jusqu'ici qui nous en instruise pleinement, et il n'est peut-être que l'intérieur de l'Afrique qui pourra résoudre quelque jour un problême, auquel se rattache probablement la tradition indienne d'un *Dieu fait homme et lion*, sauveur et régénérateur d'un monde détruit et renouvelé.

Mais d'où la Hollande a-t-elle emprunté son *Lion*, animal si complétement étranger à son sol? Question oiseuse, alors que personne ne lui conteste un *symbole* si bien mérité, et surtout dans un moment où l'Europe toute entière la contemple comme réellement accompagnée de ce Lion,

Wiens nooit verstompte klaauw en onverzwakte kracht,
Haar sterken in den strijd met 's onregts *overmagt!*

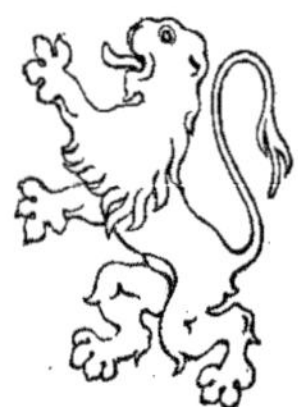

1830—1832.

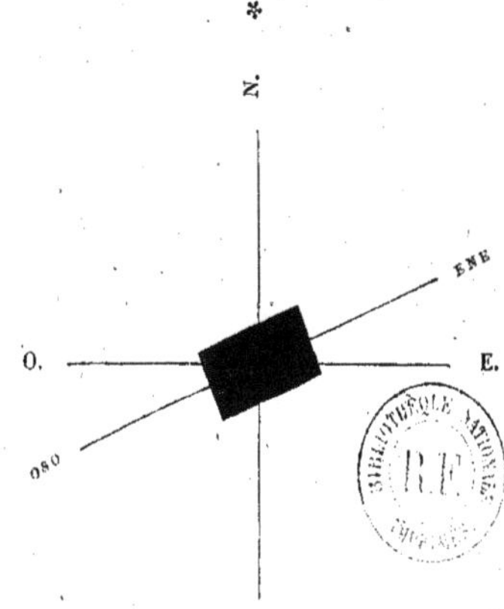
N.
O.
E.
S.
ENE
OSO

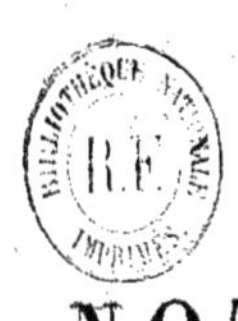

NOTES.

Les Chiffres ou numéros répandus dans le corps des Notes, renvoyent à une Note qui a précédé ou qui doit suivre : à cet effet chaque Note a son numéro.

NOTES.

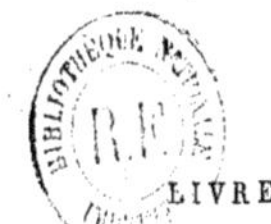

LIVRE PREMIER.

1. *Page 7. Gravures en bois.*

Les têtes de Pallas et de Vénus appartiennent à des statues entières: l'une à la *Pallas* dite *de Velletri*, au musée de Paris, l'autre à *la Vénus* si connue de *Médicis*. Quant à la tête de Junon, c'est tout ce qui en existe: elle est colossale et se voit à Rome dans la *Villa Ludovisi*.

Remarquons ici en passant que *l'ancien type* d'une Pallas chez les Grecs, s'est moins altéré à travers les différentes époques de l'Art, que celui des deux autres déesses (27). La Vénus surtout, d'abord *céleste*, *victorieuse*, toujours vêtue ou drappée, quelquefois armée, a fini par ne plus nous rappeler que la Vénus toute nue et toute *sensuelle* du jugement de Paris. C'étoit de cette dernière que j'avois besoin pour ma gravure.

2. *Page* 6, *ligne* 5—13. *sur la couleur blanche.*

On n'en finiroit point si l'on vouloit rapporter tous les passages des auteurs anciens et modernes, des poëtes et des voyageurs, favorables à mon hypothèse sur la *valeur morale de la couleur blanche*. Il suffit de renvoyer aux paroles citées de Platon, et reproduites sommairement par Ciceron dans son second livre *des lois*, et aux voyages de Turner et de Cook, que j'ai principalement en vue.

3. *Page* 10, *tableau des signes colorés.*

Qui voudroit voir ma palette symboliser quatre sectes réligieuses, n'a qu'à ouvrir la vingt-cinquième des *Mille et une nuits*. Une population entière composée de Musulmans, de Perses, de Chrétiens et de Juifs y est dite avoir été métamorphosée en poissons de différentes couleurs. Les Musulmans, vrais croyans et *purs par excellence*, en *poissons blancs*. Les Perses, *adorateurs du feu*, en *poissons rouges*. Les Chrétiens, longtems confondus en Orient avec les *sectateurs de Sérapis ou dieu du monde inférieur*, en *poissons bleus* (66); Les Juifs enfin en *poissons jaunes*, couleur symbole *d'impureté* (80). Observons que les Juifs dans Rome, condamnés par les papes à l'ignominie, y sont obligés de porter un ruban ou nœud *couleur safran* à leur chapeau.

4. *Page* 10, *vers la fin.*

Tout le monde connoît l'intéressante de La Vallière, dont il est dit avec tant de vérité *qu'elle avoit un goût exquis sur tout ce qui appartient au sentiment, ne connoissant pas cette partie de l'esprit qui en est le fléau.*

Sainte Thérèse, née en 1515 à Avila en Espagne, d'une famille noble, renonça au monde à l'âge de vingt ans. Il suffit de citer ici sa pensée au sujet du démon: *le malheureux qui ne sauroit aimer!* Je renvoie à sa vie composée par elle-même.

5. *Page* 11, *ligne* 9. *l'ame a son siège entre les deux sourcils.*

Opinion du philosophe Straton surnommé le *physicien*. Voyez *Plut. de plac. philos.* IV. 5.

6. *Page* 12, *ligne* 11. *du chat etc.*

Voyez la jolie fable *du cochet, le chat et le souriceau*, *Livre VI. fable* 5.

... *Cet animal qui m'a semblé si doux.*

7. *Page* 13, *dernières lignes*, *continuées page* 14, *sur une idée de Winkelmann.*

Voici le passage entier: « Pour peu, dit l'historien « de l'Art, que l'on examine la configuration du roi « des dieux, on découvre dans ses têtes toutes les « formes du Lion le roi des animaux: non seulement « à ses grands yeux ronds, à son front haut et im« posant et à son nez, mais encore à sa chevelure qui « descend du haut de la tête, puis remonte des côtés « du front, et se partage en retombant en arc: ce « qui n'est pas le caractère de la chevelure de « l'homme, mais celui de la crinière du Lion. » *Hist. de l'Art*, *Liv. IV*, *ch. II*, § 29.

La petite gravure en bois au haut de la page 14, offre la partie supérieure d'une tête colossale de Jupiter, où cette *espèce de chevelure* est surtout très reconnoissable. Cette belle tête, trouvée en 1785 à Otricoli, se conserve au Musée du Vatican. Je hasarde d'en fixer l'époque aux environs du neuvième siècle de Rome, lorsque le culte de Mithras, originaire de Perse, s'établissoit de plus en plus en Italie. Il y avoit été apporté dès l'an 687. On peut voir dans le *Musée Pio-Clémentino*, vol II, pl. 19, un *Mithras à tête de lion*, mauvaise sculpture de notre troisième siècle, mais se rattachant visiblement aux *types* de ce nouveau caractère de tête de Jupiter, inconnu à l'école de Phidias (53).

Je ne saurois mieux terminer cette note que par l'observation vraiment originale que voici : *On doit reprocher à la révolution française une faute énorme, celle d'avoir proscrit les perruques. Pour moi* (c'est l'observateur qui parle) *je n'aurois jamais pu concevoir, avant de visiter la Cour d'assises à Paris en 1826, à quel point une perruque est nécessaire à la majesté d'une tête humaine.* Ceci revient à ce que je dis dans le texte des coeffures d'homme en usage du temps de Louis XIV, comparées à celles de la moitié du dix-huitième siècle.

Voyez *Sir Arthur Brook Faulkner, notes and reflexions etc. Lond.* 1827.

8. *Page* 15, *ligne* 2 *et suiv. Le Chêne etc.*

Cet arbre est appelé à juste titre *le fils de la terre et la colonne des forêts.* On a vu en Westphalie un Chêne de plus de trente-six pieds de circonférence et de cent trente-six pieds de haut.

Le Pin etc. C'est du Pin d'Italie que je parle.

L'Epicéa etc. C'est le grand Sapin du Nord, *le pinus excelsus, viminalis?* Sa patrie est surtout la Norwège.

9. *Page* 15, *ligne* 23. *Assis aux bords etc.*

C'est le début du Pseaume 137. Dommage qu'un si touchant morceau de poésie se termine par une expression digne d'un ogre!

Quant au *Saule de Babylone* c'est, ainsi que je l'indique dans le texte, l'espèce désignée en françois par l'épithète de *saule pleureur*, et plus heureusement en hollandois par celle de *Treur-Wilg*.

10. *Page* 16, *ligne* 11. *à l'Aigle etc.*

Je parle du grand aigle (*Falco-Chrysalis*). Il a trois pieds de haut et depuis huit jusqu'à douze pieds d'envergure. Son bec est d'un bleu foncé; l'iris d'un jaune brillant, et tout l'œil d'un singulier éclat. Son plumage d'un brun noirâtre, tire sur le tanné vers le col et la tête. C'est de tous les oiseaux celui qui s'élève le plus haut et dont le vol est le plus rapide; l'Aigle traversant, dit-on, en une minute 5626 pieds de france, c'est-à-dire beaucoup plus que n'en parcourt le vent dans le même temps. (89)

11. *Page* 16, *ligne* 18. *rêve de Socrate.*

« Timothée d'Athénes dit dans ses vies, que Platon « avoit la voix foible, et on rapporte que Socrate « ayant songé qu'il tenoit sur ses genoux un jeune « cygne, à qui il vint tout-à-coup des ailes et qui « s'envola avec un doux ramage, Ariston vint le lendemain lui recommander Platon son fils : sur quoi « Socrate dit au père que son fils étoit le cygne dont « il avoit rêvé la nuit précédente. » (89)

12. *Page* 16, *ligne* 32. *les titres prodigués au lion.*

Plutarque et Ælien appellent le Lion *animal solaire*, et le dernier XII. 7. dit que le Lion est le symbole de *Phthas* ou Vulcain égyptien (66.)

13. *Page* 17, *ligne* 2. *Le cheval etc.*

D'après ce que nous dit Turner, dans sa rélation du Thibet, d'une race toute particulière de chevaux *les plus forts et les plus ardents de la terre*, on pourroit peut-être y reconnoître la race primitive (18). On les distingue au Bengale par le nom de *Tungans*, du nom d'un canton du Boutan. Rarement ils sont d'une seule couleur : le plus souvent d'un gris pommelé. Turner observe encore que parfois ils étendent leurs membres de manière que le ventre touche presque à terre. L'auteur du livre de Job dans sa magnifique description du cheval, ch. 32, auroit-il eu en vue cette race?

Une observation qui fait à mon sujet, est que le cheval en Amérique, rendu à *l'état sauvage*, s'y distingue constamment par une seule couleur de poil : le *brun chataigne.* En conclura-t-on que *l'Alézan* est le cheval primitif? j'incline fort pour l'affermative.

Les passages dont il est question dans l'imprimé en petits caractères (même page 17.) se trouvent dans le livre de l'Apocalypse, visiblement d'origine indienne ou persanne, aux chapitres 6. et 19. *il parut un cheval blanc, et celui qui étoit monté dessus s'appeloit le fidelle et le véritable :* allusion frappante à la *dixième incarnation de Vishnu* sous le nom de *Kalki*, et qui aura lieu à la fin des siècles pour renouveller toutes choses. *Voyez page* 60. *du Texte.*

14. *Page* 18, *ligne* 3. *arrête-toi etc.*

C'est une chanson américaine rapportée par Montaigne, d'après la rélation d'un sien domestique qui avoit séjourné au Brésil. Voyez *Essais*, *Livre* 1, *ch.* 30. et le *ch.* 39. *du même livre* pour les paroles qui terminent cette page 18.

15. *Page* 20, *ligne* 6 *et suiv. du Cercle*, *du Carré*, *du Triangle etc.*

C'est le *Ciel*, *la Terre* et *le Feu* que les Pythagoriciens disoient être symbolisés par la *Sphère*, *le Cube et la Pyramide.* Tant que le seul sentiment a part à ses similitudes on les souffre, mais combien deviennent-elles obscures et froides quand c'est le dogme ou le calcul qui s'en mêle! en voici un exemple : *les Egyptiens comparent*, dit un ancien, *l'Univers à un triangle. Soixante mondes sont rangés sur chacun de ses côtés : les trois autres sur les trois angles*, *en tout* 183 *mondes. Le milieu du triangle est le champ de la vérité; là dans une immobilité profonde résident les rapports et les exemples des choses qui ont été et de celles qui seront.* Peut-on penser ici aux fameuses Pyramides (20)?

16. *Page* 21, *les deux dernières lignes. C'est la Lune etc.*

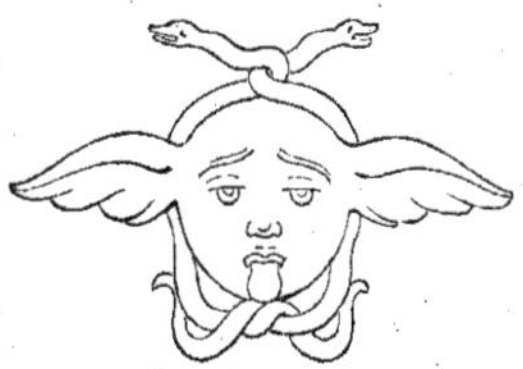

Entre le très petit nombre de monuments anciens qui méritent de fixer réellement l'attention, il n'en est peut-être pas de plus singuliers, de plus énigmatiques, ni qui remontent à une plus haute antiquité que les soi-disant *Masques de Méduse.* Ce n'est pas ici le lieu de m'étendre en conjectures sur un objet pour lequel j'ai rassemblé de nombreux matériaux, mais en confirmation des paroles de mon texte sur un *premier culte*, je dirai seulement que mes recherches tendent de plus à ne me faire voir originairement dans ces *masques*, qu'un hiéroglyphe ou symbole de quelque *corps céleste*, dont l'apparition soudaine, et les influences nouvelles ou dévastatrices, ont dû frapper les hommes d'étonnement, de crainte et de terreur. Et si l'on se rappelle ce qui est dit d'un *Astre serpent passant entre notre terre et le soleil;* ce qui nous est rapporté de la *planète Vénus, autrefois beaucoup plus grande et depuis tombée des cieux;* et ce que nous savons de notre *Lune actuelle* d'apparition récente, puisqu'il est encore des peuples qui se disent *prosélénoï* (*existants avant la lune* (43, 51), ne pourroit-on pas, en combinant toutes ces données, et en les soumetant à la saine critique, y lire les causes, les agents, les circonstances et les résultats de la dernière grande révolution de notre globe? le recul de son orbite, l'inclinaison de son axe, ses géants (43), son déluge, son *Atlantide lancée dans les cieux*, et sa Libye mise à sec (20, 51)?... et le *masque de Méduse* symboliser tout à la fois, et ces différents phénomènes, et notre *nouvelle Reine du ciel* (18), remplaçant l'antique Vénus, dépouillée de sa splendeur et du culte qu'on lui rendoit (Isaie XIV)!... Je le pense, et m'explique alors à moi-même tous les monuments y relatifs, à partir du *disque ailé et entouré de serpents*, ornant la corniche des temples égyptiens (26), jusqu'à *l'idéal d'une haute et sévère beauté féminine*, où, chez les Grecs se perd toute trace sensible du type primitif. Un seul mot encore ici. Qu'on lise sans prévention l'Exode et le recueil de la Genèse, sans oublier la prophétie retrouvée de Hénoch (62), et le passage remarquable des *Actes VII.* 43: Que l'on compare tout ce qui y est dit avec toutes les autres traditions et mythes touchant un monde détruit et renouvelé; qu'on remonte encore, pour autant qu'il est possible, aux *ouvrages cyclopéens*, dont ce *masque de Méduse faisoit partie* (51), et le voile qui couvre *l'origine de toutes les croyances et de tous les cultes, sans exception*, sera levé en très grande partie pour quiconque voudra voir de ses propres yeux! Encore un dernier mot; un rêve, une chimère probablement!... soit, mais qu'on observe avec attention les médailles autonomes de *l'antiquissime Populonia.* D'un côté elles portent ordinairement *un masque, la langue tirée* (43) et sur le revers tantôt *deux ou trois astres*, ou un *croissant*, ou un *trident;* et *Mionnet, planche LXII*, en donne deux no. 9 et 10 avec ce *masque*, et ce qu'il prend, sur le revers de la seconde, pour *deux polypes avec une étoile!*... j'y vois, j'y rêve mon *astre serpent*, mon *combat dans le ciel*, ma *terre détruite, renouvelée, repeuplée*, en un mot mon histoire de *Méduse!!*... *Palæph. lib. II.*

17. *Page* 22, *ligne* 20. *l'homme n'est qu'un roseau etc.*

Le passage de Pascal d'où ces paroles sont empruntées est si beau, et se rattache de si près à plusieurs de mes observations, que je ne saurois me refuser au plaisir de le transcrire en entier: peut-être aidera-t-il à sauver au moins une page de cet Essai. Le voici: « *L'homme n'est qu'un roseau* le plus foible de la « nature; *mais c'est un roseau pensant.* Il ne faut « pas que l'univers entier s'arme pour l'écraser. Une « vapeur, une goutte d'eau suffit pour le tuer. Mais « quand l'univers l'écraseroit, l'homme seroit encore « plus noble que ce qui le tue, parce qu'il sait qu'il « meurt; et l'avantage que l'univers a sur lui, l'uni- « vers n'en sait rien. Ainsi *toute notre dignité con-* « *siste dans la pensée.* C'est de là qu'il faut nous « relever, non de l'espace et de la durée. Travail- « lons donc à bien penser: voilà le principe de la « morale. »

LIVRE SECOND.

18. *Page* 26, *ligne* 13. *Et Nemrod etc.*

Voyez *Génèse X.* 8, 9, 10. C'est à ce *puissant chasseur*, l'un des fondateurs des nouvelles sociétés, que semble se rapporter *une* des *sept compensations* accordées au genre humain après le déluge, *l'Arc infaillible.* Les six autres compensations sont: *la Lune* (16), *le Vin* (Genèse IX. 20, Hénoch X. 24), *le Cheval* (13, 51), *la vache* (51), *la Fortune?* et... *la femme* (Genèse I. 27, II 22)!...

Ceux qui confondent *Nemrod* avec *Bélus*, fils de Neptune (la mer) et de Libye (l'Afrique), le font encore comme sortir des ruines du globe pour les relever. De là les noms de *géant*, de *dieu* que lui donnent les LXX. et les interprètes. (43)

ARCHITECTURE.

19. *Page* 39, *ligne* 17. *du Tabernacle.*
Voyez Exode XXVI. 10, et XXVI. 29. *Tu doreras les ais d'or, etc.*

20. *Page* 13, *ligne* 17. *l'orgueil de Babel.*
Allusion à la fameuse Tour de ce nom, et dont, suivant les recherches les plus récentes, (1817—1827) il existeroit encore des ruines très reconnoissables à l'Ouest de Bagdad, dans une rase compagne entre le Tigre et l'Euphrate ?.... Ces ruines consistent, dit-on, en une espèce de monticule ou pyramide tronquée, *à noyau solide*, d'environ 138 pieds de haut, et présentant quatre faces bien orientées (105). La face tournée au sud est la plus élévée et la mieux conservée: on y distingue encore *quatre étages en retraite* des *sept* que, d'après le pourtour de la base, l'angle d'inclinaison des faces et l'élévation progressive des étages, ce monument peut en avoir eus. De là encore le cacul par approximation de la hauteur totale, qui n'a pas dû excéder de beaucoup celle de la grande Pyramide (105), surtout si l'on admet un sommet en plate-forme. Le revêtement est de briques cuites au four de trois pouces d'épaisseur sur quatorze en carré, portant chacune une *marque ou lettre cunéique* du coté qu'elles posent sur l'assise précédente. Après sept rangées de briques, il y en a constamment une de paille, mêlée de poix et de bitume. Je cite toutes ces circonstances, non comme concluantes en faveur de l'identité de ces ruines avec le monument en question, mais parce qu'elles s'accordent assez bien avec les traditions, et que d'ailleurs elles nous donnent une idée du matériel de pareilles constructions. Au reste, et ces Tours, et ces Pyramides, et ces *hauts-lieux*, se rattachent aux anciennes révolutions de notre globe (16). Des interprètes lisent (Gen. XI. 4.) *avant que nous ne soyons dispersés*, ce qui, selon eux, indique la crainte et l'attente d'un déluge, ou de toute autre grande catastrophe: ceux qui, au contraire, préfèrent *afin que nous ne soyons plus dispersés*, attribuent aux Noachides l'idée d'un point de ralliement après le déluge: celle aussi d'en transmettre le souvenir au moyen d'un *signe durable.* Telle que s'annonce encore la grande Pyramide, comme s'élevant du fond d'une antique mer disparue (16), on pourroit y reconnoître *l'un* de ces *trophées* (et sans contredit le plus *étonnant* de tous) par lesquels l'homme, sorti de sa lutte contre les forces de la nature, attestoit tout à la fois son néant et son orgueil, et quelquefois sa grandeur (56). Reste à fixer la date et les auteurs de ces constructions gigantesques. Les Pyramides parleront peut-être quelque jour. Enseveli sous ses ruines, le *signe de Babel* s'enveloppe de plus en plus jusque du *doute* même d'avoir jamais existé: et de la maniere que l'une des plus *singulières traditions* a été insérée dans le recueil de la Genèse, on seroit presque tenté de n'y voir avec un savant allemand, qu'une *satire* de quelque juif captif contre *l'antique orgueil* des oppresseurs de sa nation, en leur supposant la folle entreprise d'avoir voulu *escalader le Ciel !*

A tout ce que les anciens nous ont transmis touchant les *merveilles de Babylone*, il faut comparer tout ce que les voyageurs modernes nous disent de *ses ruines*, sans oublier le curieux *itinéraire de Benjamin de Tudèle*, rabin du douzième siécle, qui dit, en parlant de la *fameuse Tour qu'enfanta le siècle de la confusion des langues, qu'elle fut détruite de fond en comble par le feu du ciel.* Cédrénus avoit dit *par un coup de vent.*

21. *Page* 30, *ligne* 20. *si l'homme élève etc.*
Voyez cette même pensée, Job XXXIV. 14.

22. *Page* 30, *dernières lignes*, *sur l'Architecture Gothique.*
Je crains bien que, malgré tout ce qui a été dit et écrit sur *l'origine et les éléments de l'Architecture gothique*, on ne se trouve encore toujours dans le cas d'appliquer aux auteurs de tant d'ouvrages, ce que saint Augustin disoit de certains controversistes de son temps, *que se sont des hommes qui se tourmentent beaucoup pour ne* pas *trouver ce qu'ils cherchent.* Toutefois ces écrits ne sont pas sans intérêt: plusieurs se distinguent, soit par quelque hypothèse ingénieuse, soit par une rare érudition, et consultés avec impartialité et discernement en présence de quelque Cathédrale, embrassant plusieurs époques et plusieurs styles, telle par exemple que celle de Strasbourg, on parviendroit peut-être à des conclusions qui concilieroient tous les systèmes (32, 106).

J'avois écrit cette note, lû et parcouru *Hawkins*, *Hall*, *Gunn*, *Möller*, *Stieglitz* et beaucoup d'autres, lorsque l'excellent article de *l'Edimburg Review*, *march* 1829, *p.* 420, à l'occasion de *Britton's Architectural Antiquities*, me tomba entre les mains. Ce morceau marqué au coin de la plus saine critique, me semble avoir résolu la question. J'y renvoie avec complaisance les amateurs de la belle *Architecture réligieuse.* Dans le *tableau synoptique*, *page* 71 de mon *Essai*, je désigne en général les architectes trop peu connus de ce genre de construction par le nom patronimique *d'Erwin*: c'est celui du célèbre architecte qui présida vingt ans durant aux travaux de la Cathédrale de Strasbourg (57). Cet édifice commencé plus de deux siècles avant lui, 1015, lui dût son portail, plusieurs améliorations, en grande partie son clocher, et très probablement l'idée, sinon les dessins de tout ce qui ne fut terminé que longtemps après sa mort. *Erwin* étoit de Steinbach dans le duché de Bade, et mourut en 1318. L'Eglise de *S. Pancrace de Leyde* et la *Cathédrale d'Orléans* datent de l'époque de ce grand homme (32).

23. *Page 22, au bas de la page.*

Au bon-homme *La Fontaine*, comme admirateur de l'Architecture gothique, on peut joindre pour la même époque, le célèbre *chevalier Wren*, qui disoit si bien en parlant de cette espèce de construction, que *jamais on ne pouvoit produire de plus grands effets avec moins de moyens :* et toutefois ce même homme fut l'architecte de S. Paul de Londres ! ! . . .

Dans l'article de *l'Edimburg Review* cité dans la note précédente il est dit: *The works of Inigo Jones and sir Christofer Wren, entirely superseded and effaced all vestiges of the taste for gothic. It is true that the latter not only wrote upon the style he had exploded, but also erected the two western towers of Westminster Abbey : but it had been better for the beauty of that noble edifice, as well as for his own fame, if he had never attempted either.*

24. *Page* 34, *ligne* 7. *Chez le peuple Chinois etc.*

Personne, je crois, ne s'est encore occupé spécialement de *la construction chinoise.* Le Livre d'un certain *Chambers*, architecte anglois, sur ce sujet, ne m'est connu que par la mention qu'en font *le Roy, dans ses ruines de la Grèce*, et *de Pauw, dans ses recherches philosophiques sur les Egyptiens et les Chinois:* ce dernier n'attache même aucun prix à cette production. Quant à l'auteur du *Génie de l'Architecture* (*S. A. Cousin. Paris*, 1822) qui nous donne deux ou trois petites gravures d'édifices chinois avec leurs descriptions, il me permettra de ne point partager son opinion beaucoup trop favorable à ce genre de bâtissage. Je renvoie cependant à cet article de son bel ouvrage, ainsi qu'à la *relation de l'ambassade de Lord Macartney à Péking*, en 1793, où il est parlé plus d'une fois *de colonnes de bois peintes d'un beau rouge, et de tuiles cuites au four et vernissées d'un jaune imitant l'or. . . .*

25. *Page* 35, *ligne* 13. *Le temple de Neptune.*

Le seul exemple à citer d'un *temple dorique* dans toute sa noble sévérité, ne pouvoit être que le *grand temple de Pœstum*, qu'on croit avoir été consacré à Neptune, divinité tutélaire de l'ancienne *Posidonia* dans la Grande-Grèce. Je dis *dorique*, tout comme plus haut j'ai dit *gothique*, pour me servir de termes généralement entendus ; car si l'on faisoit remonter l'époque des *monuments de Pœstum* au-delà de l'établissement des colonies grecques en Italie, le *type* en pourroit bien être indigène ou étrusque, tel que le suppose le *P. Paoli*, à l'ouvrage duquel sur ces monuments je renvoie, ainsi qu'aux descriptions et gravures qu'en ont données *de la Gardette*, *Wilkins*, *Piranesi, etc.* (30, 95)

26. *Page* 36, *ligne* 10. *l'ensemble égyptien etc.*

On peut consulter le grand ouvrage de la *Description de l'Egypte*, *tome* IV, *page* 409, *et Atlas pl.* 52 *et* 53, sur le monument dont la petite gravure en bois présente, pour autant que j'en avois besoin, le caractère général. Le manque ou absence du *disque ailé dans la corniche* (16) ; et l'orientation vers le *sud*, au lieu de l'être vers le *levant*, de ce que l'on a pris pour la façade d'entrée, n'indiqueroient-ils pas plutôt un portique latéral ou avenue vers un temple, que le portique du temple même ? Quoiqu'il en soit, il n'existe peut-être pas dans toute l'Egypte de morceau d'architecture ni plus grandiose, ni d'une plus haute antiquité. Les colonnes rappellent celles de Thèbes : j'en donne le dessin et les proportions à part. (95)

27. *Page* 27, *ligne* 10. *et le Parthénon etc.*

Je n'embrasse point à l'égard de ce fameux temple de Minerve à Athènes, l'opinion de ceux qui en tournent *l'entrée principale vers l'orient*, à cause que le tympan de ce côté y figuroit *la naissance de la Déesse*, et le tympan de l'ouest *sa dispute avec Neptune pour le patronage de l'Attique.* Pauvre conclusion que cet ordre chronologique, là, où le sentiment et l'orgueil national devoient faire dire à tout athénien abordant l'édifice : *le temple de notre Déesse !*

Ailleurs j'ai fait connoître mes idées sur les sculptures mêmes des deux tympans : d'où peut-être quelque hypothèse entièrement neuve. La belle figure dite *l'Ilissus*, j'y vois celle du *dieu jour, se levant pour être témoin de la victoire de Minerve. La Leucothée* (toute enveloppée) de *Visconti*, devient une *Ilithyie*, à laquelle les athéniens avoient consacré un temple ; et *l'Hercule* du même antiquaire acquiert de nouvelles preuves contre ceux qui en font un *Thésée*, un *Bacchus*, et même un *Pan* (53, 63).

Au reste, plusieurs de ces figures sont tout ce que la Statuaire chez les Grecs a produit de plus parfait (63), mais en même temps de moins conforme au but. Appel ici à l'incomparable Egypte, qui seule connut les convenances de deux arts sociétaires (102).

28. *Page* 39, *ligne* 18. *en petits marbres etc.*

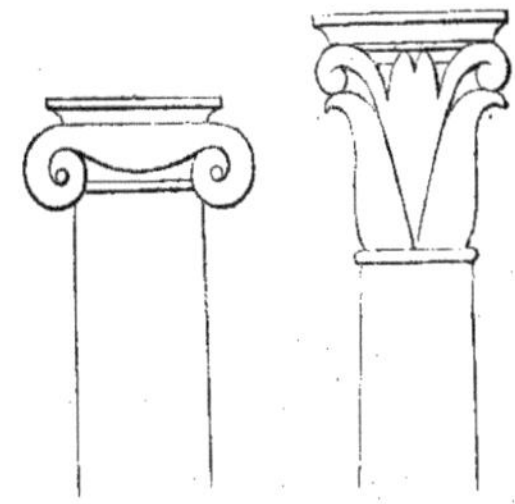

Rien de plus ridicule que le *Chapiteau ionique*,

soit qu'on le regarde comme modification de quelque chapiteau symbolique indien ou égyptien, soit qu'il rappelle *les cornes du bélier* ou *l'écorce roulée*; dans tous les cas rien de plus mesquin, de plus foible, ni de plus hétérogène que ce *chapiteau ionique*, et je plains un *Scamozzi* ou tout autre, s'efforçant de le rendre régulier sur toutes ses faces: honneur pour ma part à celui qui le fera disparoître entièrement de l'architecture. Quant au *chapiteau corinthien*, il a dumoins de l'ensemble, du volume, des rapports: toutefois la colonne corinthienne ne peut jamais figurer à l'extérieur d'un édifice, encore moins y former *ante* ou *pilastre* (30). Equarrir un cylindre évasé par le haut et entouré de feuillages, c'est bien le *nec plus ultra du nonsens* et du mauvais goût! Dommage que l'estimable architecte de *l'Hotel de ville d'Amsterdam* (57) soit tombé dans cette grave erreur: c'est que malheureusement il avoit vu le Panthéon et S. Pierre de Rome (29, 30, 102, 106).

Le seul, l'absolument unique usage à faire de *l'ordre corinthien* (à fut sans base), seroit dans une salle de bal circulaire, y formant *colonnade concentrique*, et soutenant une voûte en calotte de coupole.

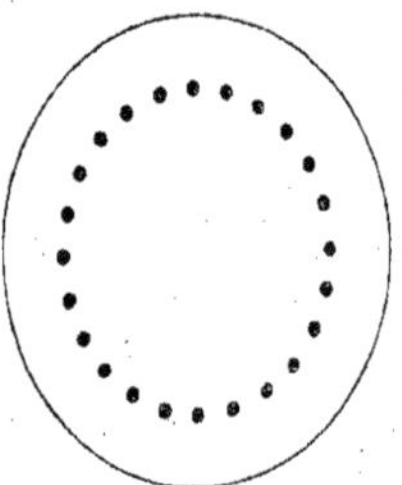

On pourroit *dorer* le chapiteau, et employer ou imiter pour le fut le *marbre veiné blanc et rouge.* Voyez le tableau des *signes* page 23. de l'Essai.

29. *Page* 39, *ligne* 27. *l'un des plus imposants monuments etc.*

Il est difficile, peut-être même impossible de décider désormais ce que fut le *Panthéon de Rome* dans son origine; car sa *rotonde* a fait visiblement pièce à part. Tel que ce temple est devenu actuellement à travers tantôt deux mille ans d'accroissements, de mutilations et de déguisements, c'est un modèle accompli d'inconvenances et de pièces de rapport. Il suffit d'ailleurs d'y lire réunis les noms et les insignes *d'Agrippa*, *de Septime-Sévère* et *d'Urbain* VIII!!!

30. *Page* 39, *ligne* 30. *le colosse avorton etc.*

Il faut être imbû de tous les préjugés populaires en fait d'art et de croyance, pour attacher le moindre interêt à cette église de *S. Pierre de Rome.* Une preuve de l'impression souverainement désagréable qu'elle m'a toujours faite, est le vœu tacite que, durant mon séjour à Rome, un léger tremblement de terre en abattît la coupole, pour entraîner ainsi sa ruine totale (49). On me fait rire lorsque, parlant de cette église, on répète après quelques italiens *che fa d'uopo vederla più volte per comprenderne le bellezze.* La belle chose que celle qu'on ne trouvera belle que le lendemain!

J'ai dit ci-dessus (28) que cette même église me paroissoit avoir influé sur un *Edifice* qui, malgré tous ses défauts, occupera toujours une premiere place parmi les constructions modernes depuis le seizième siècle. Nettoyons la façade de *l'Hotel de ville d'Amsterdam* de ses pilastres corinthiens, et la masse y gagnera; c'est que cette masse est imposante et régulièrement percée, et qu'avec la disparition des *pilastres à chapiteaux et bases*, disparoîtroit encore tout le choquant ou *non-sens* de différents étages, *implantant leurs solives et leurs planchers dans des colonnes ou pilastres.* Une règle inviolable dans la saine architecture, doit être celle de ne pas mettre l'intérieur et l'extérieur d'un édifice en contradiction (102). Je ne pense pas que l'Egypte fournisse comme la Grèce, un seul exemple d'un intérieur de temple à *deux étages ou rangées de colonnes*, lorsqu'une *seule colonne*, *partant de terre*, en indique extérieurement toute l'élévation.

ligne 36. *sa colonnade.*

Il ne manquoit pour faire de *l'église de S. Pierre de Rome* un concret de vilaine architecture que cette *vilaine colonnade.* Non content de ses *pinces de crabe*, le Bernin (49) y employa encore un *soi-disant vilain dorique*, dont la chapiteau à *tailloir carré* se refuse si complétement à porter une *architrave courbe!*

Une comparaison entre le couronnement d'une *Ante* et le *chapiteau d'une colonne*, l'un et l'autre de

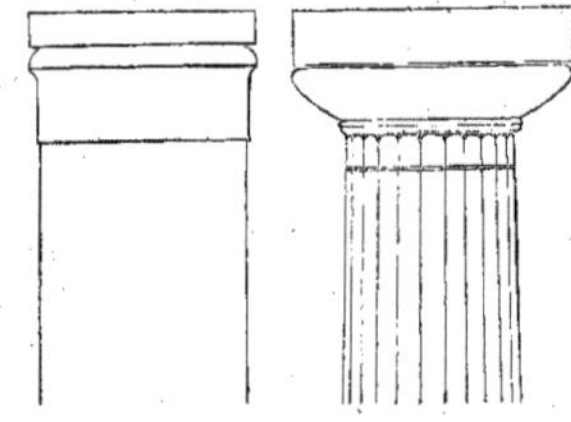

l'ordre *pæstum*, fera juger de ce qu'exige le sentiment du vrai dans la forme et dans l'emploi de ces deux membres, depuis si ridiculement méconnus et confondus par les modernes (28).

31. *Page* 39, *ligne* 37. *Une avenue de Sphinx.*

S'entend ici naturellement de quelque chose qui en imitât ou rappelât l'uniformité, le parallélisme et la direction en ligne droite.

On peut voir sur ces *avenues de Sphinx* la *description de l'Egypte*, *tom II page* 505 *et suiv.* Celle, entre autres, qui conduisoit de Karnak à Louqsor, dans un espace de deux mille mètres, ne renfermoit pas moins de six cents sphinx de chaque côté, toutes statues de proportions colossales, et les têtes tournées sur l'allée. (56)

32. *Page* 40, *ligne* 17. *l'Église de S. Pancrace.*

L'Église de *S. Pancrace de Leyde*, vulgairement *Hooglandsche-kerk*, ne reçut, ainsi que beaucoup d'églises de ce genre, jamais son achèvement. Il lui manque même son principal ornement, son grand Portail d'entrée. Nous ne possédons en entier que le Chœur et la Croisée ou transept. La Nef, à partir des quatre gros piliers du centre, n'ayant été conduite avec ses bas-côtés que jusqu'à la *sixieme arcade*, dont l'ogive et les nervures qui devoient la continuer, sont maintenant interrompues ou plutôt *étayées* par un mur, élévé à ce qu'il paroît provisoirement lors de la cessation de l'œuvre ou peu d'années après, et dans lequel mur, et sur l'axe de la Nef, on à pratiqué depuis (vers l'an 1620?) une grande porte de très mauvais goût, tenant lieu d'entrée principale à l'ouest.

En comparant le plan incomplet au plan complet

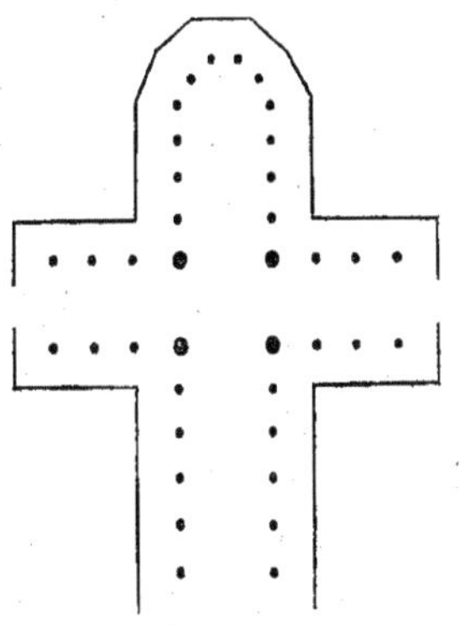

de quelques autres églises de la même époque (1200-1350), où le Chœur égale en longueur la Nef, on seroit porté à y reconnoître la même intention; et dans ce cas la *sixième arcade*, restée imparfaite, auroit été la *première* en entrant dans l'Église par le grand portique. Quoiqu'il en soit, *croix gréco-mixte* ou *croix latine*, le plan est simple, très régulier, et la Croisée non moins sensible à l'extérieur qu'à l'intérieur. Considération qui me semble de rigueur dans cette espèce de construction religieuse (30, 112, 113), et dont toutefois on n'a pas beaucoup d'exemples.

Ailleurs je parle en détail de ce monument remarquable, conduit en l'état où nous le voyons encore aujourd'hui dans le court espace d'un peu plus de trente années, à dater de la pose des fondements en 1281 jusqu'à la consécration en 1315; ce qui prouve fort en faveur d'un seul et même plan, conçu et dirigé par un seul et même architecte ou d'après ses dessins. De là cet ensemble homogène, malgré plus d'un reste de *style bysantin* faisant place au *gothique pur* de la belle époque des églises de Strasbourg, de Rheims, de Cologne, de Fribourg etc. (22, 93). On en pourra juger par les grandes gravures que je publie de temps en temps, et qui seront accompagnées d'une description historique et critique. Ce que pour le moment je vais ajouter ici dans cette note, ne regardera que les deux *Portails latéraux*, d'où peut-être quelque *donnée* favorable à mon hypothèse sur les *signes inconditionnels* de l'Architecture religieuse.

Ces deux *Portails latéraux*, l'un au sud, l'autre au nord de la Croisée, se répètent à peu de chose près. Ils se composent chacun d'un mur élevé jusqu'au comble terminé en pointe, et flanqué de deux *antes* octogones, isolées depuis leurs bases sur cinq de leurs faces, et se terminant aux deux tiers de leur hauteur en tourelles cylindriques à toiture en cône. Une très grande fenêtre occupe l'espace milieu entre ces *antes*, et se trouve ingénieusement liée à la porte au-dessous, moyennant le *grand meneau*, naissant comme une tige de l'archivolte qui couronne cette *porte à plein-cintre*, pour se développer sous l'ogive de la croisée en guise de branchages: ce qui ne forme, pour ainsi dire, qu'une *seule et même ligne dominante*, et imprime réellement à ces deux Portails ce caractère distinctif et si frappant, en ce qu'ils nous retracent vaguement *la face de l'homme*, *avec ses organes en directions convergentes:*

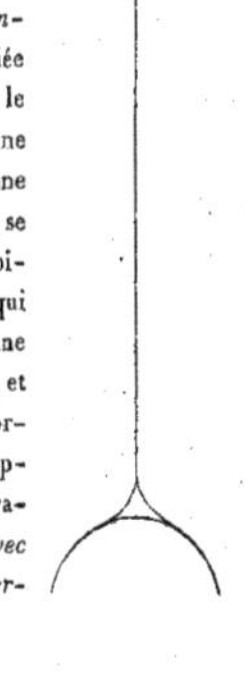

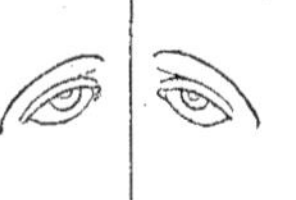

Quant aux proportions de ces deux Portails, en voici je pense les éléments principaux.

La largeur d'un angle à l'autre du mur, prise deux fois, donne, à partir du sol, la hauteur de la façade jusques, et y compris une corniche, supportant une balustrade à arcades à jour, derrière laquelle s'élève en retraite de deux à trois pieds le tympan proprement dit. On a donc d'abord

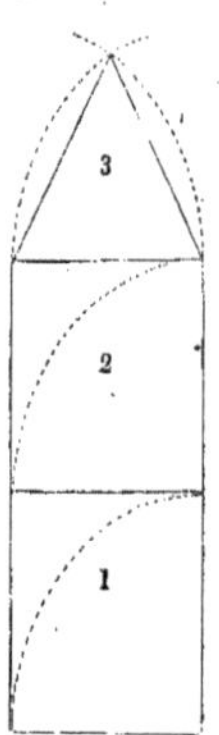

un *parallélogramme* composé de deux carrés en élévation, et surmonté d'un triangle équilatéral dont la base est donnée. Rien de plus simple que cet ensemble général.

Admetant ensuite qu'avec *le triangle* et *le carré*, ce sont encore les *quantités trois et quatre*, en tant que *raisons* ou rapports d'étendue et de nombres, qui constituent très probablement l'une des bases fondamentales de ce genre de construction, rien de plus naturel alors que de supposer pour notre façade, ou plutôt d'y retrouver et reconnôitre le deux divisions suivantes;

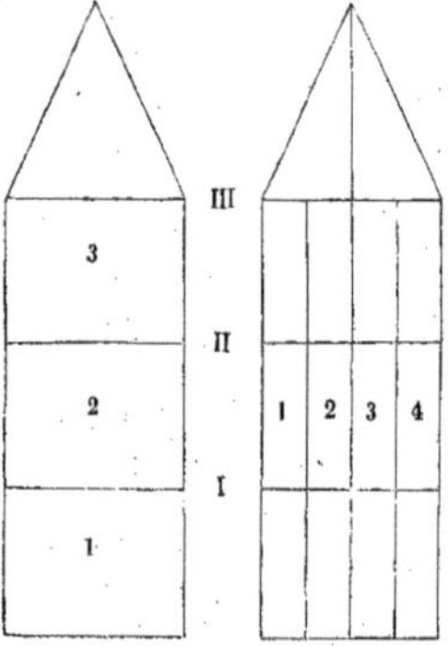

l'une qui partage *la hauteur du parallélogramme en trois parties égales*, l'autre qui le partage *verticalement en quatre*, d'où comme autant de sub-divisions ou *cases parallélogrammes rectangles*, provoquant et déterminant bien réellement la forme, les

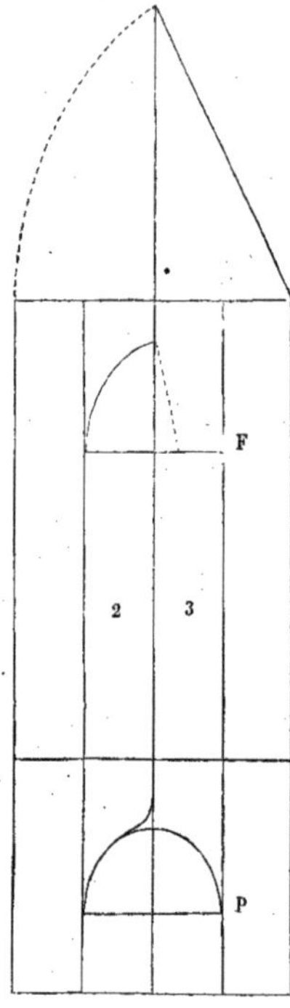

dimensions et jusqu'aux détails de cette grande et belle *fénêtre ogive* à pieds droits *partant de terre*, pour ne former avec la porte qu'elle surmonte, qu'une continuation et développement de droites et de courbes, dont rien n'interrompt l'élégante et noble simplicité...... Les grandes planches n°. IV et V de l'Atlas présentent ce beau Portail (celui du nord) extérieurement et intérieurement avec une scrupuleuse exactitude. J'y renvoie. L'échelle en mètres en donne les mesures, et pour ce qui regarde les *ogives* ou *courbes*, et en particulier celles qui couronnent la grande fenêtre, je les ai trouvées généralement obtenues par la rencontre de deux segments de cercle, tracés alternativement avec un rayon égal aux *deux-tiers* de la distance des pieds droits; ce qui donne peut-être la double courbe ou *catenaire* la plus propre à toute *fenêtre gothique à meneaux se dévelop-*

pant en branchages découpés. On peut consulter les détails gravés en grand, *planche VI*.

Je termine cette longue note par une observation qui pourroit presque faire penser que dans notre Église de Saint-Pancrace, le plan du Chœur a subi quelques changements postérieurs aux *deux Portails*. C'est que *l'abside* (*apsis*) ou *chevet* (voyez le plan) y présente la forme *heptagone* ou à sept côtés: caractère du *gothique pur*, tandis que dans le style roman ou byzantin, dont toute l'Eglise, compris même les deux Portails, conserve beaucoup de restes, le Chœur ne se termine jamais qu'en *rond-point*. Quant à ce *biais* qui tourne l'axe du Chœur, tantôt à droite, tantôt à gauche de celui de la Nef, et que l'on dit faire allusion à *l'inclinaison de la tête de Jésus au moment d'expirer sur la croix*, il existe aussi dans notre Église, et même assez sensiblement; mais il n'y sera, comme dans d'autres églises de ce genre, que le résultat de l'obligation d'aller trouver *l'orient juste*, toutes les fois que l'axe de la Nef eut pu s'en écarter.

Défigurer le *tracé* d'un beau plan pour une particularité sans conséquence, seroit donc chose ridicule; aussi ai-je négligé ce *biais* dans le plan en grand que je donne de cette Église, *pl. III*. Il suffit d'en avertir.

STATUAIRE.

33. *Page 42, ligne 1. Le corps d'Osiris.*

Diodore de Sicile, liv. I, rapporte « qu'Isis voulant « laisser ignorer à Typhon le lieu où elle avoit dé- « posé le corps de son mari, fit faire *des figures de « cire, représentant un homme qu'on avoit embaumé*. « Ayant fait venir les prêtres de chaque tribu, elle « leur remit une de ces figures, en leur faisant prêter « serment qu'ils ne feroient connoître à personne le « dépôt qu'elle alloit leur confier, et ensuite elle as- « sura à chacun d'eux en particulier que c'étoit lui « qui avoit le véritable corps d'Osiris."

34. *Page 42, ligne 4. le Dhermé.*

Les Hindoux, dont l'âge présent date de leur fameux *berger noir* (neuvième incarnation de Vishnu sous le nom de Chrisna ou Quinchina), racontent que son corps, au moment d'obtenir les honneurs du bûcher, fut emporté par les flots de la mer, qu'ensuite ayant été rejeté sur le rivage et transporté dans un édifice voisin, on l'y trouva trois mois après changé en *statue de pierre, sans bras et les yeux fermés*.

On donna, dit-on, à cette figure le nom de *Dhermé* ou *Dherma*. Or *Dherma-raja*, (roi de Justice) est un des noms par lesquels les Hindoux désignent *Yama*, divinité présidant dans les régions inférieures au jugement des morts. Si donc on pouvoit faire dériver *l'Hermès* des Grecs du *Dhermé* des Hindoux, son rapport au culte des morts ne présenteroit aucune difficulté. Au reste que par le mot même de *Hermès* les écrivains grecs ont entendu toute figure pareille à celle décrite dans la métamorphose susdite de Vishnu, se prouve par Strabon et par Dion-Cassius qui tous deux donnent ce nom à un *jeune-homme né sans bras*, qui se trouvoit parmi les présents envoyés par un roi des Indes à Auguste.

Voyez Strabon liv. XV. c. 1. § 52, Dion-Cassius LIV. 9, et les notes 35, 37 *et* 38.

35. *Page 42, ligne 9, en dédale.*

Ce nom grec δαίδαλα (dédales) fut donné aux plus anciennes statues qui, au rapport de Diodore de Sicile liv. III, étoient des *représentations d'homme avec les yeux fermés et les bras collés au corps selon leur longueur*. Voyez aussi Pausanias, IX. 3.

La gravure en bois donne une de ses figures sous ses trois principaux aspects. Quant à la valeur des différentes dénominations de *style attique*, *éginétique*, *étrusque*, par lesquelles on désigne tout ce qui nous reste, soit de réellement original ou de copie ou d'imitation des productions de la plus ancienne statuaire en Grèce et en Italie, je pense qu'il est fort inutile de s'en occuper sérieusement. Qu'importe en effet de pareilles recherches dans les arts! et puis le singulier mérite que celui de nous ramener savamment, c'est-à-dire souvent très ennuyeusement à la complète ignorance de la chose dont il est question. Abandonnons désormais au hazard toutes les découvertes qui ne nous rendent ni meilleurs ni plus habiles, et de ce genre sont surtout celles qui se rapportent à l'histoire et aux époques de l'Art. Qu'il nous suffise donc de ne signaler dans ces anciennes productions d'une statuaire encore *sans nom*, que le passage très reconnoissable de *l'expression de la mort et de l'inertie à celle de la vie et du mouvement*, expression que l'on crut ne pouvoir mieux rendre qu'en accusant fortement les articulations ou ressorts de la machine humaine; qu'en gonflant les veines par où coule avec le sang la vie, et qu'en ouvrant forcément l'œil terne du cadavre pour lui imprimer, ainsi qu'aux deux coins de la bouche, une direction inverse de celle que leur imprimoit la mort. De là ces poses et ces mouvements forcés; ce saillant des os et des veines, et ce regard enfin si bête, qui nous rappelle confusément l'étonnement fixe et stupide du réveil.

Transition infiniment remarquable de ce style à celui des sculptures du Parthénon (27, 53), me paroissent les figures trouvées dans l'île d'Ægine, et aujourd'hui la possession du roi de Bavière. Je n'en puis juger, il est vrai, que par les plâtres tirés sur les originaux *restaurés*, mais ce que j'y reconnois d'indubitablement antique suffit pour me faire dire toutes les fois que je les contemple; *C'est ici qu'est la véritable école grecque du statuaire; qu'il s'empare de cette charpente, de ce revêtement; qu'il les porte au décuple des dimensions humaines, et m'en crée un Géant assis dans les plaines de Thèbes à côté du Memmon*, et il m'aura offert le correctif que, dans le texte page 50, je propose pour la statuaire égyptienne.

36. *Page 42, ligne dernière, Corps inanimé et paîtri de boue.*

« L'Eternel Dieu avoit formé l'homme de la pous« sière de la terre et il avoit soufflé dans ses narines « un souffle vivifiant pour lui donner la respiration « de la vie." (Gen. III. 7. Hésiode X. 60-70.)

Et selon la bible hollandaise de Van der Palm :

En de Heere God formeerde den mensch (uit het) *stof der aarde, en blies in zijne neusgaten den adem des levens: alzoo werd de mensch tot eene levendige ziel.*

37. *Page 43, ligne 16. Les figures informes et gigantesques de l'île de Pâques.*

La petite île de Pâques, située par les 27° 6' latitude sud, et les 268° 19' longitude de Ténériffe, présente les débris d'une ancienne terre ou montagne volcanique. Découverte déjà, dit-on, en 1686, elle fut retrouvée en 1722 par l'amiral hollandois *Roggeveen*, qui le premier a fait mention des monuments singuliers existants sur la côte orientale. Ce sont suivant les relations beaucoup plus récentes et mieux détaillées de Cook et de Lapérouse, de véritables *Hermès*, c'est-à-dire de grosses pierres en forme de gaine, surmontées d'une tête humaine (34, 108). Il y en a plusieurs et de différente grandeur. Quelques uns encore debout, d'autres renversés. Les mesures prises leur donnent de quinze à trente-sept pieds anglais et au-delà de haut, sur dix à douze pieds de large aux épaules et à la base. Les *cylindres* que supportent les têtes, ont été posés après coup et sont tous peints en *rouge* (65, c). La pierre employée est volcanique, *mais d'une espèce qui ne se retrouve plus dans l'île (?). L'exécution, quoique grossière, n'est pas mauvaise, et ne peut appartenir qu' à une population antérieure, dont celle qui existe aujourd'hui n'est que la postérité fort dégénérée.* On remarque surtout les oreilles longues outre mesure et rappelant le type indien (43, *b*). Les noms par lesquels les insulaires désignent et ces statues et le lieu qu'elles occupent, reviendroient en définitive à vouloir signifier, *c'est ici le lieu de repos du chef.*

Parmi les nombreux matériaux rassemblés pour ma Méduse (16), je n'ai pas oublié les recherches sur le *modius* ou *calathus*, que portent en tête plusieurs divinités d'origine asiatique, et que je retrouve encore ici dans les cylindres précités. Ne seroit-ce pas là ce *boisseau*, ce *gomer*, depuis consacré (*Exode XVI*, 32-36), et que portoit avec lui un peuple errant pour le transport d'une nourriture rare et éphémère : et l'histoire du peuple d'Israël dans le désert, ne seroit-elle en effet que l'histoire allégorique de l'homme échappé des ruines du monde ? Que de matériaux je possède qui m'en convainquent ! et qui sait quels souvenirs d'un monde détruit et renouvelé se rattachent à ces monuments si singuliers de l'île de Pâques ? (16, 20, 43, 96, 97, 104).

Remarquons encore ici fort à propos que parmi les antiquités américaines que l'on découvre de temps à autre, et que l'on suppose appartenir à un peuple antérieur et qui a disparu, se rencontrent assez souvent de petites figures humaines en terre cuite, et d'un travail très grossier, n'offrant *qu'un torse informe sans bras, surmonté d'une tête.* (34)

38. *Page 43, ligne 24. Une loi de Solon.*

J'aurois dû dire *une loi additionnelle* à celle que Solon avoit faite *contre la violation des tombeaux.* Voyez les paroles mêmes de Cicéron à la fin de son second livre *des Lois*. Cette nouvelle loi tendoit à *reprimer le luxe des tombeaux*, consistant à ce qui paroît en des ornements superflus, y compris *l'image ou Hermès du défunt* (?) *Pausan. III.* 12.

Si l'on peut ajouter foi à *Zarato*, écrivain espagnol du seizième siècle, l'usage existoit au Pérou de placer sur les tombeaux des grands du pays des images qui les représentoient.

39. *Page 43, ligne 33. Rien de plus contraire.*

L'on voit que je suis loin d'embrasser l'opinion de Winkelman sur un premier emploi de la statuaire. Voici comment s'exprime à ce sujet l'historien de l'Art, Liv: 1. c. 1. § 6.

« Comme les premières statues paroissent avoir re« présenté les images de la divinité, il résulte que « l'invention de l'Art remonte plus ou moins haut se« lon l'antiquité des nations, et selon l'introduction du « culte. De sorte qu'il est très probable que les Chal« déens et les Egyptiens ont commencé longtemps « avant les Grecs à représenter par des objets sensi« bles, les hautes intelligences qui leur inspiroient de « la vénération."

Écoutons maintenant l'auteur du *livre de la Sagesse*, *chap. XIV*, 13 et suiv.

Les idoles, dit-il, *n'ont point été du commencement : c'est la vanité de l'homme qui les a introduites dans le monde. Car quelque père étant amèrement tourmenté de la mort de son fils, qui lui avoit été ôté soudain, fit faire son image, et onora comme divinité celui qu'il avoit pleuré comme créature ; et l'ouvrier, voulant peut-être complaire* (au père), *s'est efforcé de représenter la similitude* (du fils) *excellemment.*

Cédrénus, ou l'auteur qu'il copie, établit cette différence entre les *idoles* (εἴδωλα) et les *images* ou *simulacres* (ἰνδάλματα), qu'une *idole* est le signe d'une chose qui n'existe pas et ne sauroit jamais exister ici bas, tels que les Sphinx, les Centaures et autres êtres composés semblables ; que *simulacre*, au contraire, est la représentation d'êtres ou objets existants. D'après cette définition, la Statuaire, *fille d'une idée simple*, seroit encore toujours plus ancienne que le culte, qui n'est jamais que le résultat d'idées complexes, hétérogènes, contradictoires, absurdes.....

40. *Page* 44, *ligne* 7. *Le signe qu'il se choisit.*

C'est le fameux *Lingam*, symbole inséparable du culte de Siva (51). Les traditions indiennes disent qu'un saint Géant ou Rajah, nommé *Vanajourem*, qui ne pouvoit se former une idée d'un Être suprême et créateur, choisit *une de ces figures* pour lui offrir ses adorations : il ne mangeoit qu'après avoir fait sa prière à *mille Lingams* qu'il façonnoit de ses mains, et jetoit ensuite dans les eaux sacrées du Gange. *Voyez dans le Hindu Panthéon d'Edw. Moor, le chapitre intitulé* Linga-Yoni, *page* 382.

L'idole de Lampsaque.

Je renvoie à l'ouvrage extrêmement curieux *sur le culte du Phallus chez les anciens et les modernes, par J. A. D.* (Dulaure) *Paris* 1805 in 8°. Le livre anglois de *Knight* sur le même sujet : *An account of the Worship of Priapus etc. London* 1786 *in* 4.° ne m'est point connu : c'est, je crois, *Dupuis* qui le cite dans son *origine des cultes*, où lui-même parle plus d'une fois des *divinités génitrices*.

Allusion frappante à ce culte si répandu chez les anciens, sont encore les *deux colonnes d'airain* dressées au porche du temple de Salomon (1. *Rois VII.* 15—22), et dont les noms *Jachir et Boaz* (force et vigueur) rappellent si bien leur emprunt des *deux phallus* consacrés à Bacchus et à Astarté dans le grand temple de la Déesse syrienne à Hiérapolis. *Voyez Lucien de Syria Dea* § 16.

41. *Page* 44, *ligne* 25. *Le Jupiter olympien — l'Apollon d'Amyclée.*

Pour le Jupiter voyez la note 52 ci-dessous.

Quant à l'Apollon d'Amyclée ce n'étoit qu'une colonne ou gaine de bronze à tête humaine, deux mains et deux pieds. Ce fut pour cette espèce d'Hermès, antérieur à la 50° olympiade (600. av. J. C.), qu'un certain Bathyclès, qui travailloit durant la 57° ou 58°, fit, dit-on, un trône pour lequel le roi Crésus fournit l'or. *Paus. liv. III.* § 18.

42. *Page* 45, *au bas. Non à ses dieux.*

Voici les paroles d'Hérodote traduites par *Larcher, liv. II,* § 142.

« Jusqu'à cet endroit de mon histoire, les Égyp-« tiens et leurs prêtres m'ont fait voir que depuis « leur premier roi (Ménès) jusqu'au prêtre de Vul-« cain (Séthos), qui régna le dernier (avant les douze « rois), il y a eu trois cent quarante et une généra-« tions, et pendant cette longue suite de générations, « autant de grands-prêtres et autant de rois. Or trois « cents générations font dix-mille ans ; car trois gé-« nérations font cent ans : et les quarante et une gé-« nérations qui restent au-delà des trois cents, font « mille trois cent soixante ans. Ils ajoutent que *du-« rant ces onze mille trois cent soixante ans, aucun « dieu ne s'étoit manifesté sous une forme humaine, et « qu'on n'avoit rien vu de pareil ni dans les temps an-« térieurs à cette époque, ni parmi les autres rois qui « ont régné en Egypte dans les temps postérieurs.* » (39)

43. *Page* 46, *gravure d'un Colosse assis.*

Cette figure n'est pas une imitation fidelle ou restaurée de quelque Colosse égyptien encore existant soit en entier, soit en partie. C'est un ensemble emprunté de ce qui nous reste des Colosses du Memnonium (96), de Louqsor et d'Ibsamboul (97). Ces derniers au nombre de quatre placés au-devant du grand temple taillé dans le roc, sont peut-être ce qu'il y a de mieux conservé, et de plus étonnant dans ce genre. Ils présentent les plus fortes dimensions connues jusqu'ici, ne le cédant qu'à celles du grand Sphinx (100). La largeur d'une épaule à l'autre est de plus de vingt-cinq pieds anglois ; ce qui d'après les proportions généralement observées, donneroit à la figure debout au-delà de soixante-quinze pieds de france. Dans la note 46 ci-dessous, on trouvera mes idées sur *l'échelle ou règle de proportions* dont paroissent s'être servi les statuaires égyptiens dans la configuration de leurs Colosses.

Outre les raisons de convenance alléguées dans le texte touchant l'origine et l'emploi des Colosses en Égypte, j'y indique encore (page 48) les traditions d'une race de Géants qui, à une époque très reculée auroient passé sur notre globe en y laissant une foule de souvenirs inexplicables sans eux (16, 104, 105). Habitants, par exemple, de cet *Astre serpent*, (la planète saturne) qui froissa notre terre (16), le choc les y précipita. *Enfants de Dieu, Titans, Néphilim, Anges* comme *tombés du ciel*, de leur commerce avec les filles des hommes (*autochtones*) naquit une race nouvelle, mixte ; race d'hommes puissants, *géants selon la chair*, que leurs mœurs et leurs besoins rendirent tout à la fois et les fléaux de la terre et leurs propres destructeurs (*Genèse III.* 1. *VI.* 4, *Hénoch VII, VIII, IX, XC, CV, Hésiode Théog.* 207) : race engloutie enfin sous les eaux du déluge (*Sapience XIV.* 6, *Ecclésiastique XVI.* 8), ou n'échappant en partie à la destruction générale que pour transmettre à travers quelques descendants rares et dégénérés le souvenir et la preuve de leur existence : *car Og, roi de Basan* (longtemps après le déluge) *étoit demeuré seul reste des géants. Voici son lit qui est un lit de fer : sa longueur est de neuf coudées, et sa largeur de quatre coudées selon les coudées d'un homme.* (Deut. III. 11. Nombres XIII. 29. 1 Sam. XVIII. 4.)

Disons maintenant quelque chose d'un Colosse infiniment remarquable qui se voit dans la Presqu'île occidentale de l'Inde au royaume de Mysore, en ne l'envisageant toutefois ici que sous un rapport réel ou imaginaire avec les traditions susdites. Le voici.

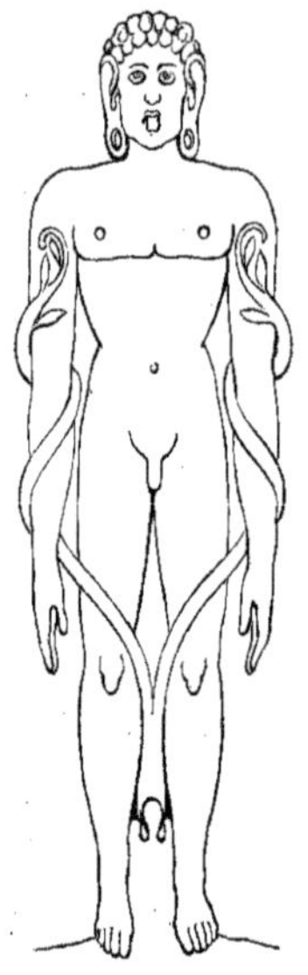

Ce Colosse haut de plus de soixante-dix pieds anglois est d'abord un *véritable roc transformé en Géant*, et les histoires des Géants et des montagnes se confondent dans les Indes.

Suivent *les bras d'une longueur démesurée.* Les bras sont la force et la puissance de l'homme. De là les *Hécatonchires* ou Géants et divinités à *cent bras.* Dans l'intérieur de *kool-island* (Australie) existe une race d'hommes que les habitants des côtes appellent *hommes sauvages : leurs bras sont d'une longueur presque égale à celle du corps.* Cette race présenteroit-elle avec l'Orang les derniers restes d'une race *Gigantomixte*, et l'Australie premier théatre de leur existence (104), peupla-t-elle autrefois l'Éthiopie et l'Archipel indien? Esaü, Jacob se disputant le droit d'aînesse, et ce premier, *Géant tout velû*, defait et supplanté par l'autre, *Géant tout noir*, ont-ils trait à ces *luttes et combats de Géants et de singes* dont parlent les traditions indiennes; et le nom *d'Israël*, par lequel la plus ancienne des langues désignoit *la planète Saturne*, passa-t-il de cette manière tôt ou tard des vaincus à quelque horde ou race victorieuse? *V. Genèse XXV.* 21–34, *XXXII.* 24–30, *Cédrénus, An du monde* CIↃCICCIↃLLLLXXII. *Eusèbe præp. Evang. Hérodote II.* § 82.

Observons que dans la plus ancienne statuaire *la longueur disproportionnée des bras* est un des caractères distinctifs.

La longueur des oreilles. Les *Enotocœtes* (race d'Indiens d'une taille et d'une force prodigieuses) *avoient des oreilles qui alloient jusqu'aux pieds* (Strabon XV). Remarquons que les statues indiennes ont toutes de fort grandes oreilles percées descendant sur les épaules (37). Dans les statues égyptiennes les oreilles sont également fort grandes, mais au lieu de descendre, montent fort haut. Dira-t-on que l'Éléphant a fourni le type des unes, et le Lion celui des autres? que l'on se rappelle ce que je dis du tatouage au commencement du second livre de cet Essai.

La langue sortie de la bouche. Cette particularité n'appartient point, à vrai dire, au Colosse en question, mais bien à un second Colosse, d'ailleurs parfaitement semblable hors le dimensions moins fortes. *Sortir la langue (alélé) le plus qu'on peut de la bouche*, est dans l'océan austral un *lazzi de guerre* rappelant le ἀλαλὴ des Grecs et la grimace des têtes de Méduse (16); et cette tête ou masque de Méduse se rattache encore tellement à l'histoire des Géants, qu'il suffit ici pour le moment de quelques analogies pour s'en convaincre.

Guilla, Oulé, sont dans la mer du Sud deux noms de la Lune. *Goula-ho* y est celui du génie de la mort sous la forme d'un Géant énorme. *Goula* étoit le nom du triple masque colossal que l'on promenoit autrefois dans Tunis la dixième nuit avant le Baïram; allusion frappante aux trois Gorgones ou phases de la Lune. *Al-gol* est le nom arabe de la constellation de la tête de Méduse, dite *tête du Démon* par les Hébreux; et *la pleine Lune* est encore aujourd'hui en beaucoup d'endroits d'Afrique, l'époque de désastres, de fléaux, de révolutions sur la terre et dans le ciel, de massacres, de combats d'anges, de chûte d'étoiles..... (Exode XII, 22–30, Isaie XIV, 12). *Alors*, disent les Arabes, *la Lune ouvre la bouche, et celui qui la regarde est changé en pierre.* Les Géants fesant la guerre aux dieux, lancèrent différentes choses contre eux: *parût tout-à-coup une tête qui bondissoit et jetoit des cris affreux*, attirant à elle les hommes avec les arbres qu'ils tenoient embrassés: c'étoit, disent les traditions de la nouvelle Zélande, *la Lune apparoissant pour la première fois* (16, 105), et dont les premières influences terrifiantes et dévastatrices pourroient bien alors figurer dans le fameux *chapelet du terrible Bheiréva ou Siva*, composé de véritables têtes de Méduse.

Reste *le tronc d'arbre avec ses rameaux.* Ce n'est point ici le Lotus et je n'ose y voir le lunatique Asclépias. Si c'étoit par hazard *le lierre?* qui sait où nous pourroit conduire ce symbole, dont le nom indien *Eva*, si semblable à celui de *Héva* ou *Chéva* (os, ossement) dans l'Océan Austral, rappelleroit une application commune à la formation de la femme (18), et à son étroite union avec l'homme (*Genèse I*, 27, *II.* 21—24, *III.* 22). A quelques colosses des environs les Musulmans donnent le nom d'Adam et Eve. Or Adam, *le Bud'ha* de l'île de Ceylan, étoit un géant, témoin l'empreinte de son pied. Que si l'on aimoit mieux voir dans cet arbre, *l'arbre sacerdotal, le peuplier consacré à Bud'ha*, il pourroit rappeler le passage suivant du *livre d'Hénoch LXVI*, 1, 2. « Les Anges (dit Dieu annonçant le Déluge) secoueront « les arbres, mais je mettrai ma main dessus. La « semence de vie doit en naître, et la terre séchée « ne demeurera pas stérile. »

Mais qu'est-ce enfin que ce Colosse?..... *Voyez le Hindu Panthéon d'Edw. Moor, pag.* 253.

44. *Page* 47, *ligne* 10. *Le Cabire, les Théraphim.*
Rien de plus propre peut-être à nous donner une juste idée de la valeur de ces *misérables sculpteries*, dites *Teraphim*, *Lares*, *Cabires*, *etc.*, que l'anecdote de Rachel si singulièrement avisée pour les soustraire aux recherches de son père, à qui elle les avoit dérobées (*Genèse XXXI* 19—39). Ailleurs je reviens sur cet article. (103).

45. *Page* 48, *ligne* 11. *l'Hercule farnèse.*
Singulière fatalité attachée à un nom! De trois individus qui dans l'antiquité connue, portèrent celui de *Glycon*, l'un est l'auteur de cette *statue d'Hercule :* les deux autres un Athlète et un Médecin estropiant et empoisonnant leurs gens!

46. *Page* 49, *ligne* 12. *Ces proportions.*
De toutes les espèces d'unités pour en former un *étalon métrique*, c'est *la longueur de son propre pied* que l'homme me semble avoir dû adopter d'abord. C'est par le changement de place, dont le pied est l'instrument, que l'homme connoit les distances, et les premières mesures ont été naturellement *mesures d'intervalle.* Avec le pied servit encore bientôt la main, l'avant bras; de là les mesures en *pieds*, en *palmes*, en *coudées;* et la Statuaire alors qu'arrivée jusqu'à vouloir se prescrire des *règles et des mesures fixes* dans son imitation de la figure humaine, aura eu recours à des étalons généralement adoptés et connus, et de plus fesant partie de l'objet même à mesurer. C'est donc par le *pied de l'homme* que l'homme lui-même aura été mesuré, et reconnu contenir en hauteur *six longueurs de pied*, depuis le plan sur lequel il pose jusqu'au sommet de la tête.

Et en effet, les mesures prises sur différents Colosses égyptiens (car point d'autre autorité en statuaire) donnent en général *six longueurs de pied* à un Colosse debout, et *cinq* à un Colosse assis. Voyons à partir de cette donnée, ce qui résulteroit de cette première division qui pourroit bien avoir fait naître la *division sénaire*, appliquée encore à la coudée, et que l'on sait être la base du système métrique égyptien.

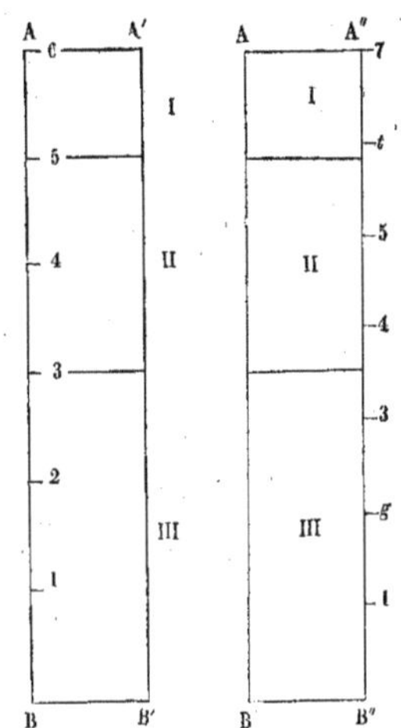

Soit A B l'Axe de l'homme debout divisé en *six parties égales*, représentant chacune une longueur de pied. Il en résulte tout de suite une autre division non moins aisée que fort remarquable, puisque par une progression, dite bien ou mal *arithmétique*, elle partage toute la hauteur de l'homme en trois parties distinctes qui sont entre elles comme 1, 2, 3. *Un premier sixième*, à partir du haut de l'axe A', donnera l'espace qu'occupe la tête et le cou jusqu'à la ligne des épaules : *les deux sixièmes suivants* seront pour le torse depuis la ligne des épaules jusqu'au départ des cuisses (point milieu de toute la hauteur de l'homme); enfin les *trois autres sixièmes* ou *demi-axe*, serviront à déterminer la longueur de toute la partie inférieure du corps, comprenant les cuisses et les jambes.

Après cette seconde division si naturelle et commandée, pour ainsi dire, par la conscience même de notre organisation, il ne restoit au statuaire qu'à séparer métriquement la tête du cou et les jambes des cuisses. La boite osseuse de la tête et les articulations du genou, si sensibles à la vue et au toucher, déterminèrent bientôt sur l'axe A" B" deux points *t*, *g*, qui coïncident avec une nouvelle division de la hauteur de l'homme en *sept parties égales*, c'est-à-dire que la tête depuis le menton jusqu'au sommet de la tête, se trouve occuper *un septième*, et les jambes depuis la plante des pieds jusqu'au milieu du genou *deux septièmes*, d'où la division de l'axe A" B" en *sept longueurs ou hauteurs de tête;* division connue et d'application encore dans le système ou canon égyptien, ainsi qu'il paroit par le rapport dans leurs Colosses de la tête au pied comme *six à sept.*

Les principales mesures de long de l'axe étant donc données, soit par celles du pied, soit par celles de la tête, d'accord avec quelques unes des grandes divisions sensibles de la charpente osseuse; et l'expérience ayant appris que les bras et les mains (membres appartenant au torse) étendus horizontalement donnent

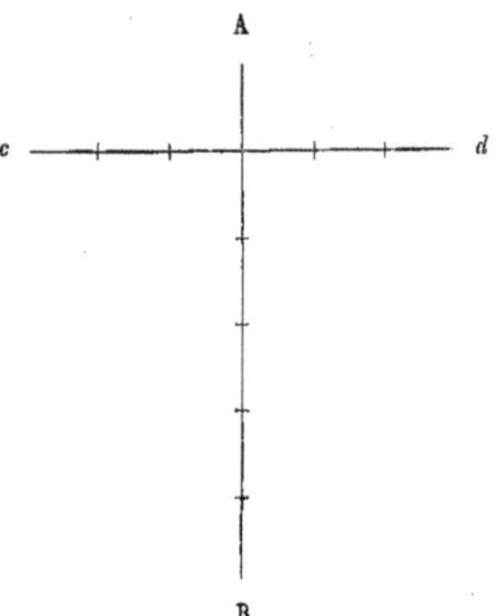

six longueurs de pied, c'est-à-dire une étendue *c d*, égale à toute la hauteur ou axe de l'homme A B, l'Art parvint bientôt à en déduire, et au moyen de procédés semblables, les mesures également fixes pour les membres ou parties du corps, se développant en largeur de part et d'autre de l'axe: et de là la largeur déterminée d'une épaule à l'autre, celle des hanches, des genoux, etc.

Je me figure donc que pour établir ces rapports entre *les longueurs connues* des membres en hauteur, et leur *largeur* ou *grosseur* à déterminer encore, on se sera tout simplement servi du *champ-à-carreaux* que voici,

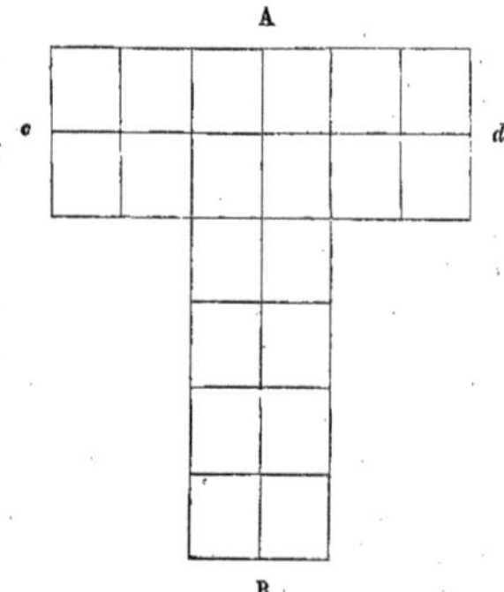

et à travers lesquels carreaux, construits ici d'après la division de l'axe A B en *six longueurs de pied*, on aura tracé *la figure humaine debout*, dans tout le développement de ses membres, pour en saisir comme d'un seul coup-d'œil les différentes parties dans leurs *proportions respectives et relatives.*

Et voilà que s'expliqueroit alors tout un passage de Diodore de Sicile, où cet auteur (*lib* 1 *ad fin*) parlant de la façon d'opérer des statuaires égyptiens, toute différente selon lui de celle des statuaires grecs, en ce *qu'ils ne jugeoient pas comme ceux-ci par le simple coup-d'œil, mais mesuraient toutes les parties du corps humain les unes par les autres, depuis les moindres jusqu'aux plus grandes*, ajoute qu'à cet effet ils avoient divisé toute la hauteur de l'homme en *Vingt et une parties et un quart.* N'importe ici pour le moment du nombre des divisions: il suffit d'observer que Diodore, fesant spécialement l'application de cette division à une véritable *construction de Colosses par assises ou blocs travaillés séparément, et même encore par différents artistes*, n'a pu parler que d'une modification quelconque du *champ-à-carreaux* que je viens de produire: *champ* divisé et construit alors non plus par longueurs de pied ou de tête, mais selon quelqu'autre étalon, donnant, soit par lui-même comme unité, ou par ses divisions un plus grand nombre de carreaux *le long, et de part et d'autre de l'axe*, et par là une plus grande facilité à y inscrire, et avec plus de précision les différentes parties du corps humain *depuis les moindres jusqu'aux plus grandes;* et en effet, plus d'une découverte faite en Égypte prouve l'existence et l'emploi de ces *champs-à-carreaux et de réduction*, dont une figure humaine, tracée dessus *debout*, occupe ordinairement entre *les vingt et une et vingt-deux divisions ou carreaux:* ce qui s'accorde très bien avec les paroles de Diodore.

L'existence de ces *champs-à-carreaux* prouvée, peu importeroit de leurs divisions, soit en pieds ou en têtes ou de toute autre manière, n'étoit que le nombre de *Vingt et une parties et un quart* (εἰς ἓν καὶ εἴκοσι μέρη καὶ προσέτι τέταρτον) si expressément indiqué par le texte grec, n'excitât tant soit peu la curiosité: car *pourquoi ce nombre impair et cette fraction?* Voici ce qui m'a semblé conduire à la solution du problême.

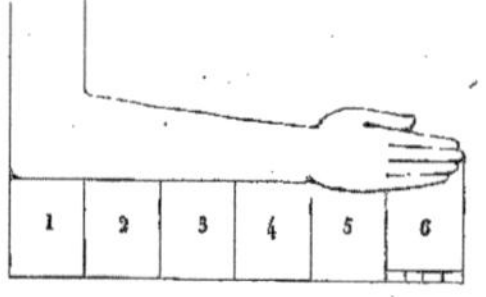

La *Coudée* étoit, comme on sait *l'étalon* le plus en usage en Égypte, et dès les temps les plus reculés. Sans rechercher ici sa véritable valeur qui a varié à différentes époques, toujours est-il que c'est une mesure empruntée de l'homme, et représentant *l'espace compris entre le coude et l'extrémité du médius;* et qu'il est plus que probable que dans l'origine elle a été la véritable mesure de cette partie du corps de l'homme *d'alors*, n'importe ici *géant* ou *nain*. Il suffit d'admettre que cette coudée se trouvoit pour lors en proportion relative avec la hauteur de cet homme, telle que généralement elle s'y rencontre encore aujourd'hui dans tout homme bien conformé. Or il arrive dans ce cas que l'homme contient en hauteur, depuis le plan des pieds jusqu'au sommet de la tête *quatre de ses propres coudées*, et selon la division de cette coudée en palmes et en doigts *vingt-quatre palmes* ou *quatre-vingt-seize* doigts, autant de divisions propres à en former un *champ-à-carreaux*. Toutefois ce n'est point d'une pareille division que parle Diodore: il dit formellement *Vingt et une divisions et un quart.*

Il existoit une Coudée dite *sacrée* et qui comptoit *un palme ou quatre doigts* de plus, c'est-à-dire que chaque palme se trouvoit avoir *un sixième* de plus; de sorte qu'appliquée à la hauteur de la figure humaine, cette *coudée sacrée* n'y aura été contenue que *trois fois, plus deux palmes et demi*, et qu'un *champ-à-carreaux* construit d'après ces nouveaux palmes n'aura donné que *vingt carreaux et demi:* ce qui n'est pas non plus la division de Diodore.

Dirons-nous donc qu'il ait existé encore une *troisième coudée* entre celle dite *sacrée* et l'ancienne *virile*, ou bien qu'une erreur de copiste se soit glissée dans le texte grec? Peut-être que des mesures exactes sur les débris de la statue d'Osymandyas, dont le *pied* (qui existe en grande partie) portoit au rapport de Diodore *sept coudées*, conduiroit à quelque résultat. Mesuré en millimètres, *ce pied* doit en avoir compté environ 3700, donnant ainsi à la figure, supposée *debout*, une hauteur totale de 22200 millimètres ou six longueurs de pied, et le *dodécuple* tout juste de la hauteur moyenne de l'homme, évaluée à 1849 ou 1850^{m}, d'où par réduction proportionnelle du Colosse à cette *stature réelle de l'homme*, divisée *en vingt et une parties* (comme autant de palmes d'un peu plus de 88 millimètres chacun) une *coudée réelle de 528 à 529 millimètres*, plus petite que la *sacrée*, qui comptoit 539 millimètres, et plus forte que l'ancienne *virile* qui n'en comptoit que 462. Ainsi s'expliqueroit, sauf la juste fraction d'un *quart* (que fourniroit peut-être un calcul plus minutieux), l'échelle de Diodore (96).

Dans une séance de l'institut royal des Pays-Bas en Novembre 1825, j'avois déjà émis quelques considérations sur cette *division de l'axe de l'homme en vingt et une partie et un quart*, et ma lecture étoit accompagnée de plusieurs tracés en grand, comme autant de *données* servant de points de départ et de comparaison. J'en reproduis ici en petit trois ou quatre des principales.

Première donnée. *Rapport du pied et de la tête à la véritable coudée de l'homme, entrant quatre fois dans sa hauteur totale:*

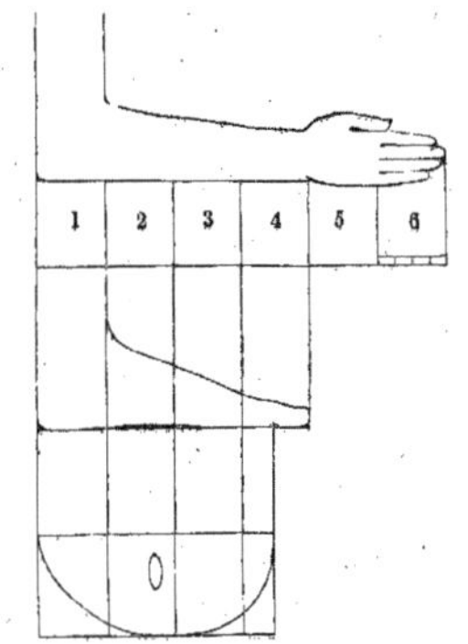

d'où le rapport du pied à la *coudée virile*, comme 4 à 6 ou 2 à 3, et celui de la tête à cette même coudée comme environ 7 à 12: rapports généralement fournis, et constatant ainsi la *division de l'axe de l'homme en six longueurs de pied ou sept hauteurs de tête:* la tête étant au pied comme 6 à 7.

Seconde donnée. *Tableau synoptique comparatif, présentant les trois divisions de l'axe de l'homme en six pieds, en sept têtes et en quatre coudées, selon l'ancienne coudée dite virile:*

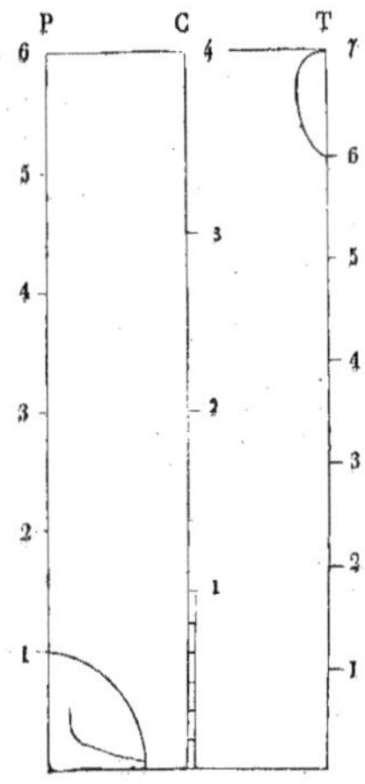

d'où trois différents *champs-à-carreaux* à construire

pour y tracer plus ou moins heureusement la figure humaine debout.

Troisième donnée. *Champ-à-carreaux construit selon l'échelle de Diodore en vingt et une divisions et un quart en hauteur, avec une figure égyptienne tracée à travers: plus, de part et d'autre, comme échelles de comparaison, d'un côté celle en six pieds, de l'autre celle en quatre coudées ou vingt-quatre palmes.*

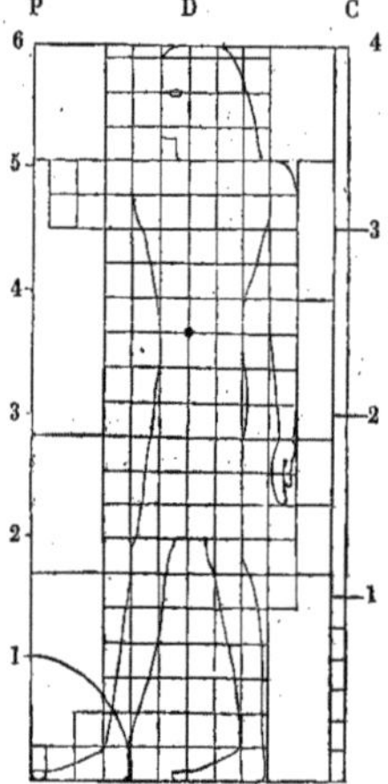

Nul doute maintenant qu'au moyen de ces *trois données*, présentées aussi sensiblement, on ne parvienne, outre à la connaissance des véritables proportions de la figure égyptienne, encore à d'autres résultats plus ou moins intéressants, tel, entre autres, que celui qui me semble expliquer déjà pourquoi la fameuse *statue du Memnon* (96), restaurée, comme on sait, par assises, l'a été au nombre de *quatre*, à partir de la ceinture (niveau du coude) jusqu'à la ligne des clavicules. Ne seroient-ce pas là *quatre* des *vingt et une divisions ou palmes* de l'échelle de Diodore, marqués sur le *champ-à-carreaux* entre la quatorzième et la dix-huitième divisions? La tête et le cou sont d'un seul bloc, tant à cause, je pense, de leur moindre volume ou épaisseur en tout sens, qu'à cause des détails de la face et de la coeffure n'admettant point de joints; s'entend toujours ici d'un Colosse travaillé ou restauré par blocs séparés, mode d'opérer sur lequel il est singulier de voir tant s'appuyer Diodore, vû que tous les Colosses égyptiens existants encore en entier ou en partie sont monolithes, et que tel a été encore cette *statue de Memnon*, dont la restauration ne date que fort postérieurement à Diodore (96).

En résumé. Trois ou quatre échelles ont pu servir de *canon* à la statuaire égyptienne, celle en six pieds ou sept têtes, celle en quatre coudées ou vingt-quatre palmes, et enfin celle en vingt et une divisions et un quart; et observons que cette dernière, résultat, comme je le pense, de l'application d'une coudée de 528 à 529 millimètres à la hauteur effective de l'homme, est, malgré sa division tout à fait *conventionnelle*, néanmoins la *seule* qui détermine d'une manière aussi aisée que fort approximative l'emplacement sur l'axe d'un *point* infiniment intéressant, qui varie dans la nature, et que ne donne point à connoître la charpente osseuse; d'un *point* duquel, avec *deux autres points*, dépend toute la beauté du *torse viril*; que même on ne sauroit se figurer sans leur indication: *l'Ombilic et les deux mammelons.*

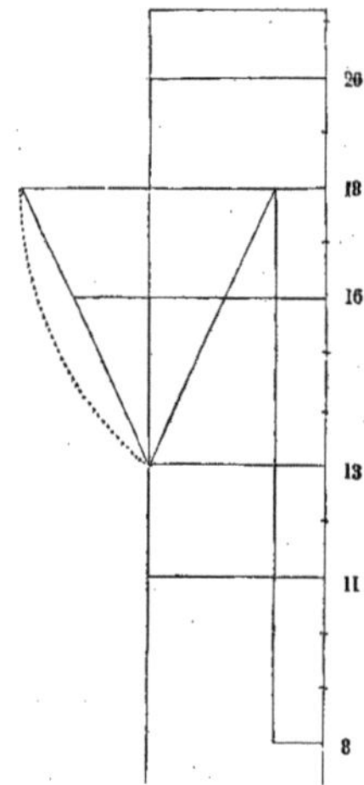

Sommet, dans l'échelle de Diodore, *d'un triangle équilatéral, dont la ligne des épaules ou clavicules est la base, l'Ombilic, placé sur l'axe à la* 13.ᵉ *division, détermine réellement tout à la fois, et la plus grande largeur d'une épaule à l'autre à la* 18.ᵉ *division, et l'emplacement des deux mammelons le long des cotés du triangle à la* 16.ᵉ, et cela si heureusement qu'il suffit du sentiment du statuaire pour l'adopter comme règle fixe.

Malheureusement l'état de dégradation complète du Colosse de Memnon (96), la dissémination des débris de celui d'Osymandyas, et le manque de mesures exactes en tous sens de ceux d'Ibsamboul (97), ne me permettent pas d'établir jusqu'à quel point ce *triangle* s'y seroit vérifié. D'ailleurs ces Colosses sont tous assis, et cette pose comprime nécessairement l'Ombilic:

je ne parle que de la figure égyptienne debout, et c'est encore sous ce rapport que je recommande au statuaire *l'échelle ou tableau comparatif suivant*, où j'indique, pour autant qu'il m'a été possible jusqu'à-présent, *les rapports proportionnels des principaux membres* de chacun des trois Colosses mentionnés, pour ensuite comparer ces colosses entre'eux. Le *palme ou sixième partie de la coudée* sert de mesure d'unité.

	MEM.	OSY.	IBS.
Coudée	6.	6.	6.
Pied	4.	4.	$3\frac{5}{6}$.
Tête	?	?	?
Largeur d'une épaule à l'autre.	$7\frac{1}{4}$.	$6\frac{8}{10}$.	7.
De l'épaule au coude	4.	$3\frac{8}{10}$.	$4\frac{1}{2}$.
De la ligne des épaules à l'ombilic.	?	?	?
Longueur de la jambe du plan jusqu'au dessus du genou	$7\frac{1}{12}$.	?	7?
Hauteur totale de la figure assise.	$19\frac{5}{6}$.	20?	$19\frac{1}{6}$.
Hauteur présumée de la figure debout	$23\frac{4}{5}$.	24?	23 ?

C'est surtout le *pied comme deux tiers de la coudée, et son rapport à la tête* qui me semblent d'une grande importance dans la statuaire.

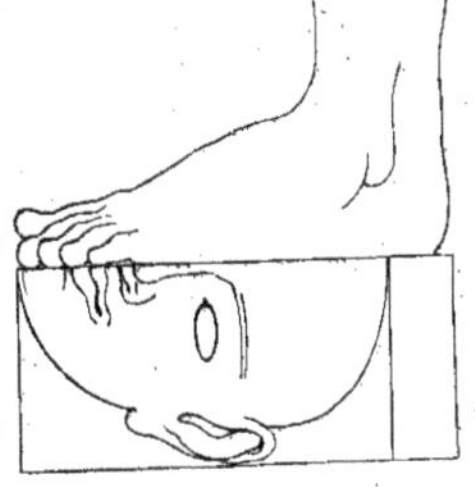

47. *et* 48. Ces deux notes ont été *supprimées ou fondues dans la suivante*.

49. *Page* 49, *ligne* 22—33. *Michel-Ange — Le Bernin.*

Le Bernin est dit avoir été comme Michel-Ange, architecte, statuaire et peintre. Statuaires l'un et l'autre, ils se ressemblent dans leur art comme quelquefois Racine et Æschyle dans le leur. *L'Esther et la Bérénice* du tragique français sont au *Prométhée* du tragique grec, ce qu'est la *Ste Thérèse et la Daphné* du Bernin au *Moïse* de Michel-Ange (54, 67, 107). Comme peintre le Bernin ne m'est point connu, mais sa *Croix illuminée* qu'il projeta pour l'église de S. Pierre de Rome (109), prouve qu'il ne lui manquoit pas le sentiment de la véritable peinture. Ce sentiment ne fut pas le partage de Michel-Ange; mais extraordinaire et *insolent* en tout, il sut encore, *lui seul*, se servir de couleurs et de pinceaux pour forcer la peinture à devenir, contre son essence, *toute monumentale* (67, 72, 78). Quant au titre d'architecte, ce seroit souiller les annales du plus noble des arts que d'y insérer le nom du Bernin (30), et si nous refusons également ce titre à Michel-Ange, c'est qu'au lieu de nous entasser *un Ossa sur Pélion*, tel qu'il en eut été capable, ce grand homme se contenta d'emprunter une méchante idée au Bramante, en plaçant d'après lui *une vilaine calotte de nuit toute trouée sur l'ouverture d'une chaise percée en forme de croix grecque, depuis changée en croix latine.*

On connoit le jugement de Winkelmann sur les écarts des deux artistes en question; *Bernini*, dit-il, *ergrifft eben den weg, welcher jenen* (Michel-Ange) *wie in unwegsame orte und zu steilen klippen brachte, und diesen hingegen in sumpfe und lachen verfurhete.* Paroles d'une singulière énergie, et que j'ai citées dans mon texte.

50. *Page* 50, *gravures en bois.*

Ce sont: l'une une imitation libre et restaurée du buste colossal dit *du jeune Memnon*, que Belzoni transporta avec tant de zèle et de persévérance de Thèbes au Caire, d'où ce fragment passa en Angleterre. (*Voyez voyages et découvertes de Belzoni en Egypte, et la description du Musée Britannique de Londres*). L'autre gravure est la tête ou masque de l'un des deux superbes *Lions égyptiens* de la montée du Capitole à Rome. La gravure de la page suivante 51 présente l'animal entier vu de profil. Ces deux Lions d'excellent style et d'une savante exécution sont de grandeur naturelle et d'une pierre dite bien ou mal *basalte*, c'est-à-dire un granite à taches noires de schorel.

Dans le troisième livre *et dans l'appendice* je reviens sur ces Lions.

51. *Page* 51, *ligne* 7. *Le Nandi.*

Le *Nandi* ou grand Taureau blanc des Hindoux, C'est la monture de leur dieu Siva et se place ordinairement à l'entrée de sa pagode sur une estrade au centre d'une espèce de portique. Souvent un *Lingam* est placé devant lui (40); preuve que ce *Taureau* figure parmi les symboles de la génération ou reproduction des êtres. Un des caractères du *Nandi* est le rayon épineux sur la partie antérieure de l'échine qui rappelle la nageoire dorsale des poissons: aussi le disoit-on né de la mer. Les monnoies du Mogol portent un semblable taureau, mais debout et comme supportant le disque du soleil.

Dans le jardin de l'Institut royal à Amsterdam se voit la statue d'un *Nandi*. Elle provient de l'île de

Java, et j'en donne ici l'ensemble avec l'indication des principaux détails.

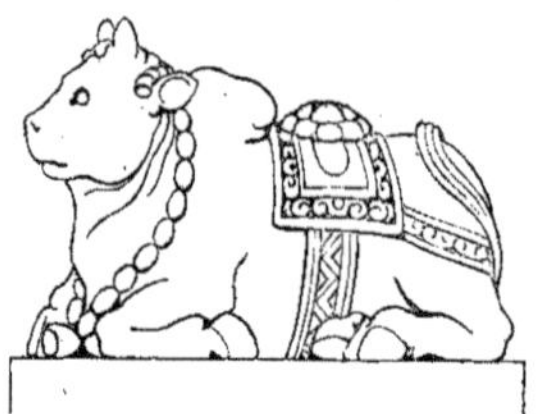

Je profite de cette note pour produire l'une des plus singulières représentations de Taureau que l'antiquité nous ait transmises dans celles dites *los Toros de guizzando* en Espagne, et qui, au dire des habitants des environs, *sont là de tout temps*, c'est-à-dire depuis les dernières grandes révolutions de notre globe et l'apparition de la Lune, à laquelle se rapportent toutes ces images et traditions de taureaux, de génisses et de gros bétail dont l'antiquité est pleine. (16, 18, 43, 103, 104, 105.)

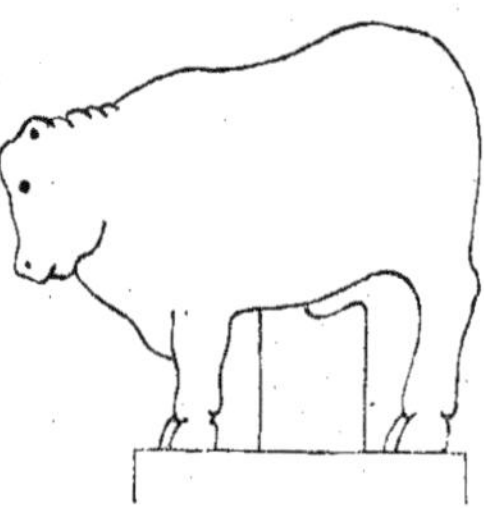

52. *Page* 53, *ligne* 44. *Le Jupiter olympien.*

Lucien se moquant, dans son *Jupiter le tragique*, des dieux que se font les hommes, introduit les idoles ou statues qui les représentent, prenant rang selon la matière dont elles sont façonnées: *La jolie chose* (fait-il dire à Mercure) *de voir Minerve*, *Apollon*, *Vénus et tous les autres dieux de la Grèce passer après ceux des Barbares! car les premiers n'ont tout au plus qu'une feuille d'or ou quelque filet sur l'ivoire, et sont de bois au-dedans, pleins de mouches et d'araignées, au lieu que les autres sont d'or massif.*

On diroit du Jupiter olympien qu'il parle! Qui voudroit, au reste, connoître tout ce qui concerne cette *fameuse poupée*, peut consulter le grand ouvrage de Quatremère de Quincy *sur la statuaire chryso-éléphantine*. Voyez aussi sur une statue d'Osiris, composée de différents métaux, *Clément alex. ad gent.*

53. *Page* 52, *ligne* 23. *Un Phidias.*

Dans une explication mss. des sculptures du Parthénon (27), j'émets mon opinion sur ce statuaire pour moi toujours encore *problématique*. Ici je ne l'envisage que comme *le facturier* du Jupiter olympien.

A côté des noms de *Phidias* et d'*Alcamènes* son disciple, je place dans le texte celui de *Pausias de Sicyone*, quoique postérieur de plus d'un siècle, mais c'est qu'il excella surtout à colorier l'ivoire, et qu'il s'agit ici de ce métier d'enlumineur.

54. *Page* 52, *ligne* 3. *Michel-Ange etc.*

Blaise de Vigenère dans ces notes à la fin de sa traduction des *Tableaux de Philostrate* dit, p. 855, en parlant de la difficulté de tailler le marbre: *A ce propos je puis dire avoir vu Michel l'Ange, bien qu'aagé de plus de soixante ans, et encore non des plus robustes, abattre plus d'écailles d'un très dur marbre en un quart d'heure, que trois jeunes tailleurs de pierre n'eussent pu faire en trois ou quatre; chose presqu'incroyable qui ne le verroit, et alloit d'une telle impétuosité et furie, que je pensois que tout l'ouvrage dust aller en pièces, abattant par terre d'un seul coup de gros morceaux de trois ou quatre doigts d'espoisseur, si ric à ric de sa marque que s'il eust passé outre tant soit peu plus ne falloit, il y avoit danger de perdre tout, parce que cela ne se peut plus reparer par après, n'y replastrer comme des images d'argile ou de stucq.*

55. *Page* 53, *ligne* 9. *le Torse.*

J'eusse passé sous silence dans ces notes *ce fragment si connu* n'étoit qu'il existe quelque part une *restauration en dessin de ma façon*. Ce dessin porte mon nom. C'est un *Pan ou Marsyas à pieds de bouc, jouant du chalumeau*, et fesant groupe ou non avec le jeune Olympe, selon qu'on auroit voulu reconnoître ou non dans cette restauration, le *groupe* dont parle *Pline* 35. 5, et que nous rappelle probablement une des *peintures d'Herculaneum*, Tom. I. pl. 16. Le Pan ou Marsyas n'y a point, il est vrai, des pieds de bouc, mais le moyen d'expliquer autrement la forme si retrécie des cuisses vers le genou, et la courbe si singulière de la cuisse droite avec le pli au-dessous. Singulière bavue encore que celle qui a fait prendre la peau d'animal sur laquelle la figure est assise pour une peau de lion. C'est la tête d'une panthère ou tigre, dont les restes sont encore très reconnoissables sur la cuisse gauche. Une tête de lion seroit proportionnellement beaucoup plus grosse.

56. *Note supprimée et fondue dans l'appendice.*

57. *Page 53, ligne 22. Un Erwin.*

Voyez la note 22 et le *tableau synoptique* page 71 du texte, et puisqu'il s'agit d'un grand architecte, je me plais à citer encore ici le célèbre *Jacques van Campen*, à qui l'on doit l'Hôtel de ville d'Amsterdam, le plus bel édifice des temps modernes (28). *Van Campen* étoit de Harlem, fut lié d'amitié avec Rubens, visita l'Italie, et mourut en 1658. *voyez les grandes planches de l'Atlas n° II et III.*

58. *Page 53, ligne 27. Rhyparographies.*

Voyez les notes 68 et 69 ci-dessous.

59. *Page 53, ligne 29. N'enseignoient rien.*

Voyez l'Epitre entière de Sénéque : c'est la 88e.

60. *Page 54, ligne 3-6. l'Ancien des jours.*

Nom donné à Dieu dans le *livre d'Hénoch* (16). Voyez les visions qui y sont décrites aux chap. XV et XLVIII (20, 72). Ce livre cru perdu a été retrouvé en Abyssinie vers la fin du dernier siècle.

La divinité de Saïs.

C'est la grande image voilée d'Isis dont parle Plutarque dans son *traité d'Isis et Osiris* (104). Voyez aussi *le Thimée de Proclus.*

61. 62. *Notes supprimées. Voyez n° 98 ci-dessous.*

63. *Page 55. Gravure.*

Je renvoie pour tout ce qui regarde cette belle Statue (dont je ne produis ici à dessein que l'ensemble général) aux différentes gravures et descriptions qui en ont été données depuis Winkelmann, *Monumenti inediti n.° 68*, jusqu'à Bouillon dans son *Musée d'antiques*, où cette figure, sauf les proportions trop grêles, est le mieux offerte, l'étant comme elle le doit être *juste de face.* La gravure du *Musée Pio-Clémentin*, tom. II. pl. 41, fera sentir cette nécessité.

Tout en conservant dans mon texte à cette Statue le nom de *Bacchus indien ou hébon ou barbu*, qu'on lui donne depuis l'explication de Visconti, je me plais quelquefois à y reconnoître, soit un *Esculape*, d'après la description que nous donne Calistrate d'une figure de ce dieu dans son *Catalogue de statues n.° 10*, soit un *Platon* en costume oriental, rappelant sa statue avec l'inscription suivante : *Mithridate persan, fils de Rhodobate a dédié aux Muses cette statue de Platon, qui est l'ouvrage de Silanion.*

Silanion travailloit dans la CXIVe. olympiade. *Voyez Diog. Laert. vie de Platon, III. 25.*

PEINTURE.

64. *Page 57, ligne 1. Tous nous naissons peintres.*

Un dialogue extrêmement curieux dans le sens de ces paroles, se trouve dans la *vie d'Apollonius de Thyane*, attribuée à Philostrate, *Liv II. chap. 22.* J'y renvoie, mais ne puis me refuser au plaisir d'en donner au moins ici l'extrait suivant, librement traduit de l'original :

Apollonius.

Dites-moi, Damis, estimez-vous que la Peinture soit quelque chose ?

Damis. Oui certes, si au moins la réalité elle-même est je ne sais quoi.

Apollonius.

Et que fait donc cet Art ?

Damis. Nous le voyons qui mélange toutes les couleurs, comme le rouge et le blanc, le jaune et le bleu, l'orangé et le vert...

Apollonius.

Mais encore ce sera pour quelque fin ?

Damis. Et n'est-ce pas pour nous offrir la ressemblance de différents objets, tel qu'un homme, un cheval, un navire ?

Apollonius.

C'est donc une imitation que la Peinture?

Damis. Et que seroit-elle autre chose ?

Apollonius.

Mais qu'est-ce donc ce que nous voyons quelquefois en l'air, quand les nuées viennent à se distraire les unes des autres en forme de Centaures, de Sphinx, et autres monstres semblables ? Dirons-nous que c'est là encore l'ouvrage de quelqu'un qui veut imiter telle ou telle chose ?

Damis. Il me semble ainsi.

Apollonius.

Dieu donc est peintre ! et laissant là le gouvernement du monde, il s'amuse *à pourtraire* ses fantaisies comme font les enfants sur le sable.

Damis. Ne plaise à ce dieu que je l'entende ainsi !

Apollonius.

Vous voudrez donc dire plutôt que ces figures ne sont la ressemblance d'aucune chose ; que c'est le hazard qui les produit en portant çà et là ces nuées, mais que nous qui avons reçu de la Nature un principe et un instinct d'imitation, nous figurons et imaginons de pareilles choses en nous-mêmes.

Damis. Il le faut croire au moins.

Apollonius.

L'Art donc imitateur sera double. D'abord en ne se figurant les choses qu'en esprit seulement ; et c'est là une faculté commune à tous les hommes : ensuite en les retraçant et les représentant encore visiblement de la main ; et c'est là l'art de la peinture ; voire la Peinture proprement dite.

Damis. Il n'y a plus rien à répliquer.

Apollonius.

Ce qu'il faut entendre également de la Plastique ; car vous m'avouerez la Peinture ne pas consister uniquement dans l'emploi des couleurs, puisqu'aux plus anciens peintres une seule couleur suffisoit ; que souvent même ils se contentoient d'un simple tracé, et que néanmoins la marque naïve de la chose s'y discernoit complétement. C'est ainsi que la tête d'un Ethiopien encore que tracée d'un crayon rouge ou blanc ne laissera pas de paroître toute noire aux yeux des regardants ; car son nez camus, ses cheveux crépus, ses grosses lèvres viendront à noircir et à montrer pour un vrai Éthiopien ce qui cependant n'en est qu'une imitation fort imparfaite.... Disons donc, que pour juger d'un tableau, nous avons besoin de cette faculté innée qui d'avance nous fait concevoir en esprit la façon de l'objet ou de l'animal imité par l'Art, et qu'il veut nous faire reconnoître.......

65. *Page* 37, *ligne* 11. *Ainsi naquirent.*

L'idée que la Peinture doit son origine à l'écriture symbolique ou hiéroglyphique est fort ancienne, et me paroît tellement d'accord avec la marche de l'esprit humain, qu'il est étonnant de voir quelques savants la revendiquer comme leur appartenant, et la débiter comme neuve.

Une idée qui pourroit l'être davantage, est celle qui regarde *la couleur constante* donnée aux figures hiéroglyphiques chez les Egyptiens : couleur toujours *symbolique*, lors même qu'elle semble s'accorder avec celle de l'objet représenté ; d'où plus d'une conjecture sur la *valeur morale des couleurs.* Je ne dirai cependant ici qu'un mot, comme en passant, des *trois couleurs* les plus frappantes que l'ancienne Égypte me paroît avoir en consacrées à ses trois plus grandes divinités ; *au Soleil, à la Lune et au Nil*, révérées, confondues et déguisées sous mille noms et attributs.

Au Soleil (Osiris) première et grande divinité *mâle*, appartient la *couleur rouge*, image *du feu lumière.* De là cette couleur donnée au *disque*, signe figuratif du Soleil, et au *Lion* son signe symbolique (12) ; et à mille objets déduits de ces deux espèces de signes (37, 99).

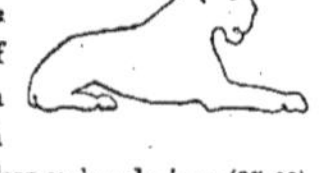

A la Lune (Isis) épouse et sœur d'Osiris, et Astre d'un moindre éclat la *couleur jaune* : le *disque* son signe figuratif, et le *serpent dressé*, un de ces nombreux symboles, sont peints de cette couleur. C'est comme *déesse de la mort*, qu'Isis *thermuthis ou némésis* (16, 43, 103) envoyoit cette espèce de serpent contre les méchants. *Nombres* XXI. 6.

S'expliquent maintenant par leurs *types* les *chairs rouges et jaunes*, départies entre les figures d'hommes et de femmes sur les peintures égyptiennes.

Au Nil, réfléchissant comme élement humide le ciel, convient la *couleur bleue* : d'où le *zig-zag* ⩘⩘⩘⩘⩘ et le *serpent ondulant* (signes figuratifs et symboliques du mouvement des Eaux) toujours tracés en *bleu.* Tous les oiseaux hiéroglyphes sont également *bleus*, peut-être à titre d'habitants des airs. Quant au *Vautour femelle*, symbole de *maternité ou fécondité surnaturelles*, j'y vois quelques rapports avec *le Nil* (105). Au reste ce *Vautour* (*mère vierge*) n'expliqueroit-il pas *le manteau bleu* que les peintres donnent traditionnellement à la Vierge Marie ? *texte p.* 63.

A propos de conjectures, en voici une sur *le Scarabée* qui joue un si grand rôle parmi les hiéroglyphes. Tel que je le donne ici, on le voit fréquemment *au chevet* de la caisse de la momie, et *répété* sur le cartonnage de la momie proprement dite. Cette observation n'est pas indifférente. Les premiers Crétiens disoient que pour avoir des songes de bon augure, il falloit avoir *Jésus à l'orient ou au-dessus de la tête* ; or le *Scarabée*, selon S. Ambroise, étoit pour ces premiers Chrétiens le *symbole de leur Christ.* Pourquoi ? il n'en dit rien. Mais le *Scarabée* étant *le signe de la virilité*, à cause de l'espèce dite *toute mâle*, il étoit encore *le fils engendré d'un seul, le fils bien-aimé, l'unique, le monde*, choses toutes applicables à *Jésus*, et s'exprimant toutes en *langue cophte* par des mots dont l'initiale est une lettre équivalant le χ des Grecs, monogramme connu du Christ ?

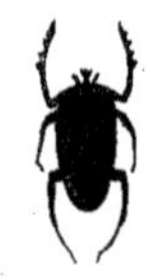

Encore un mot. C'est par le *Scarabée à tête humaine et les ailes éployées* que je m'explique les *Chérubims de l'Arche*, travaillés, non en ronde bosse, mais *en relief au marteau* dans l'épaisseur même du couvercle. *Exode* XXV. 18. *Flav. Joseph. Antiq.* III. 6. (44).

66. *Voyez note précédente comme renvoi des n°. 3 et 12.*

67. *Page* 58, *ligne* 4. *La chapelle Sixtine.*

L'impression que l'on éprouve à la vue des gigantesques peintures de cette Chapelle, est celle que produit sur nous tout objet ou masse énorme, entre lesquels et nous-mêmes nous ne saurions établir un rapport quelconque (105). Et, en effet, que nous dit cette voûte immense avec ses géants assis ou suspendus, et ce *jugement* qui ne nous en laisse prononcer aucun ? Rien, absolument rien ; mais si ces fameuses peintures nous ferment la bouche et le cœur ; si elles nous rendent immobiles et *di smalto* comme le dit Dante de la tête de Médose, c'est qu'elles excercent sur nous cette puissance absolue qui n'a aucun compte à rendre de ses opérations indéfinissables pour nous !

Disons ici en passant que par une de ces combinaisons fortuites, mais néanmoins quelquefois si remarquables, cette *Chapelle sixtine* fut commencée en 1474, la même année que naquit Michel-Ange, préparant, pour ainsi dire, à l'Enfant qui venoit de naître le futur théâtre de sa plus grande gloire. Michel-Ange avoit trente-huit ans quand il peignit la voûte, et plus de soixante quand il fit son *jugement universel.*

La voûte ne lui couta que vingt mois de travail: le *jugement* six ans, mais par intervalles. On connoît sa réponse à ceux qui lui proposoient de peindre cette dernière composition, non en fresque comme la voûte, mais à l'huile, *qu'il ne vouloit pas se servir d'un procédé de vieille femme.* Aussi repoussa-t-il toujours de l'Art tout ce qui n'y tend qu'à d'inutiles embellissements, *come quegli*, observe le Vasari, *che forse non volea abassare quel suo grande ingegno in simili cose* (49, 72, 78).

68. *Page* 58, *ligne* 7. *Ces boutiques etc.*

Pline *liv.* 35. c. 10. dit d'un certain *Pyreicus* qu'il peignoit des *boutiques de barbiers*, *de cordonniers*, *des intérieurs de cuisine*, *etc*, d'où lui vint le surnom de *Rhyparographe* (peintre de choses viles). C'est à de pareils artistes, et à ceux qui malheureusement les admirent, que s'appliquent si bien ces paroles de Platon et de Cicéron: *il ne se peut pas*, dit le premier (Ælien 11, 27), *que ceux qui s'occupent de pareilles inepties ne soient complétement incapables de concevoir quelque chose de grand et digne d'admiration*, et Cicéron (paradoxe V) *s'étonne que des hommes*, *des êtres sensés se laissent captiver par des choses qui à peine méritent d'amuser un instant des enfants.* Qu'il fait bien encore ici à mon sujet le reproche suivant de Maxime de Tyr à ceux qui se disant philosophes, n'en ont cependant pas les mœurs: *vous avez beau me dire que vous êtes Spartiate*, *si vous admirez la thiare des Mèdes*, *la table des Barbares et le chant des Perses*, *vous êtes devenu vous-même un Perse et un Barbare !*

69. *Page* 58, *ligne* 12. *La découverte des statues antiques.* — *La réformation.*

Par un de ces contrastes frappants qui marquent dans les annales de l'esprit humain, l'on vit presque à une même époque une moitié du monde chrétien placer les divinités payennes, *sorties de terre*, à côté de ses propres idoles, tandis qu'une autre moitié s'honoroit du titre d'*iconoclastes.* L'Art devint payen, sensuel en Italie: athée, matériel, crapuleux dans les pays protestants (109).

70. *Page* 59, *ligne* 13. *Le Campo-santo de Pise.*

Édifice bien connu que les citoyens de Pise, d'après l'idée de leur Archevêque Lanfranchi firent élever près du Dôme pour servir aux fidelles de lieu de sépulture (106). L'architecte en fut Jean de Pise, fils de Nicolas, qui le termina vers l'an 1283. C'est un vaste terrein, entouré d'une galerie couverte, formant un parallélogramme et soutenu par des arcades à plein-cintre. Les murs intérieurs sont ornés de peintures exécutées par les plus anciens peintres d'Italie depuis *Giotto* jusqu'à *Gozzoli* 1300—1450. Nous leur devons nos paradigmes d'une *peinture schématique et religieuse;* voyez les notes 71, 74, 79, 83, 84 et 86.

71. *Page* 59, *ligne* 14. *L'ancienne école d'Italie.*

Voici les noms et la date de quelques uns des peintres de l'ancienne école d'Italie, dont il est fait mention dans le texte, ou dont on a emprunté quelque figure.

1°: *Giotto ou Ambrogiotto*, né en 1276 tout près de Florence, mort en 1336 ou 1340, a peint dans le Campo-santo de Pise (vers 1310) *l'histoire de Job*, en deux grands tableaux (109). *L'Ange debout* de la page 62 du texte, fait partie d'une gloire de Dieu dans le premier de ces tableaux (78, 79, 83). *Giotto* est regardé comme chef d'une école qui porte son nom.

2°. *Buonamico Christofano dit Buffalmacco* de Florence, né en 1262, mort vers 1340. On lui attribue dans le Campo-santo le grand tableau du *Calvaire*, dont j'ai emprunté *les trois Anges volant autour de la Croix*, et *l'épisode du mauvais larron*, pages 64 et 67 du texte. Voyez notes 83 et 86.

3°. *Pietro Cavallini ou Nicolò Pietro*, élève de *Giotto*, travailla avec son maître à la chélèbre mosaïque dite la *Navicella* qui se voit sous le portique de S. Pierre de Rome (30). On ignore la date de sa naissance et de sa mort. Je le cite à cause du *Calvaire susdit* dont un critique de nos jours le fait auteur (83, 84).

4°. *Simon Memmi de Sienne*, né en 1285, mort en 1335. C'est à ce peintre d'un très grand mérite qu'appartient, sélon le Vasari, la *figure du Christ transfiguré* de la page 64 du texte (79). J'ignore sur quel fondement on attribue depuis quelque temps les peintures du Campo-santo, dans l'une desquelles (*la vision de S. Rainier*) se trouve cette figure, à un certain *Antonio dit le vénitien* quoique né à Florence, ou il exerçoit aussi la médicine vers l'an 1350. Au reste pour juger du mérite de *Memmi* on n'a qu'à voir la célèbre *chapelle dite des espagnols* dans le monastère de S. Maria-novella à Florence, que souvent j'ai visitée le crayon à la main.

5°. *Andrea da Cione Orgagna*, peintre, sculpteur et architecte florentin, né en 1325, mort en 1389. C'est dans le grand tableau du *jugement universel* peint au Campo-santo que se trouve *la belle figure d'Ange*, dont il est parlé à la fin de l'article sur la Peinture, page 69 du texte. *voyez aussi la note* 86.

Bernard Orgagna, frère du précédent, aida son frère, mais travailla aussi seul (85).

Ces cinq ou six artistes appartiennent à la toute ancienne école Italienne. *Massaccio* et *Masolini* en fondèrent, dit-on, une nouvelle? J'ignore à laquelle des deux faire appartenir *Fra Giovanni da Fiésole*, que je cite page 62 du texte et dans le *tableau synoptique* page 71, mais ce peintre y mérite la place que je lui donne à côté de l'immortel *Albert Durer*, le plus grand peut-être de tous les peintres. *Fra-Giovanni* né en 1387, mourut en 1455; *Albert Durer* né en 1471, mourut en 1528, et c'est à cette dernière époque que je fixe l'extinction de la *peinture religieuse*.

72. *Page* 59, *ligne* 17. *Le Père éternel*.

A la seule idée d'une représentation par la Statuaire ou par la Peinture du *Père éternel*, nous avons entendu crier des protestants à la *profanation*. Ce n'est pas là le mot : le mot propre est le mot anglois *non-sense*. Ce n'est pas que la figure d'un beau vieillard à longue barbe blanche, et couvert d'un ample manteau, symbolisant *l'Ancien des jours* (60), soit une image *anti-biblique*, puisque les éléments en sont fournis par cette Bible même dans plusieurs de ses pages les plus révérées, mais le *non-sense* consiste en ce que le peintre *limite sensiblement* l'image restée vague et indéterminée chez le poète : à cela près *la profanation et le non-sense* sont les mêmes. Si donc la Peinture, dans sa représentation de *l'Etre suprême*, trouvoit moyen de se rapprocher de ce vague de la Poésie, elle seroit tout aussi innocente et coupable que cette dernière ; et voilà ce que je pense pouvoir signaler dans ce *Père éternel de Raphael*, sauf les restrictions sous-entendues dans le texte par *l'à-peu-près*. Prenons l'idée générale, mais donnons à la figure des proportions colossales ; que la tête (et quelle tête !) et les deux bras étendus d'un bout à l'autre du tableau soient seuls visibles ; que les mains par conséquent semblent atteindre les limites qui vont séparer *l'être du néant* en y refoulant les tourbillons du chaos ; que ces tourbillons serpentent encore autour de la figure et en dessinent vaguement les parties à deviner : de là alors ce vague de formes et de couleurs pour *Ce qui n'en a, ni ne sauroit en avoir de déterminées ou de mesurables*, et le tableau sera poésie, et poésie de la Bible, et le protestant le plus rigide ne sauroit sans inconséquence condamner dans un art, ce qu'il souffre, bien plus, ce qu'il admire et révère dans un autre, dont les images sont souvent mille fois plus matérielles, pour ne pas dire quelquefois indécentes et vraiment profanes. (*Exode* XXXIII. 23).

Ajoutons toutefois que ce n'est que dans l'unique cas, où comme ici, Dieu pourroit être offert complétement isolé de toute comparaison avec la *matière formelle*, que l'on peut tolérer une pareille image et une hardiesse permise au seul génie ; car je condamnerai toujours, non comme protestant, mais comme être raisonnable, toute représentation de la *Divinité limitée dans l'espace*. Il n'en résulte avec un Raphaël qu'une figure de vieillard semblable à celles d'un Noé, d'un Abraham, d'un Moïse ; et avec un Michel-Ange, qu'un *être*, qu'un *animal indéfinissable*, tel qu'il nous faut signaler son *Dieu créant le soleil et la lune*, dans la voûte de la chapelle Sixtine (67).

73. *Page* 59, *ligne* 18. *L'Archange S. Michel.*

Pour que ce tableau de *l'Archange Saint-Michel terrassant le démon*, méritât le premier rang entre tous ceux que Raphaël a jamais conçus et exécutés lui-même ; il faudroit :

Que l'Archange, au lieu de n'être matériellement qu'un guerrier armé de toutes pièces, un Persée, un Bellérophon, les ailes aux pieds ou au dos, nous eut offert un *Être surnaturel*, légèrement vêtu et la seule droite armée d'une lance.

Qu'au lieu d'un paysage (ridicule hors d'œuvre), un fond de rochers et de tourbillons de flamme et de fumée, eut vaguement indiqué l'abîme où le démon est précipité.

Enfin que sous des dimensions au moins le double de celles qu'il présente actuellement, ce tableau en forme de vitrail d'église, eut été peint en fresque ou sur verre, au lieu de l'être à l'huile et sur bois.

Tel qu'il existe, ce tableau sera cependant toujours l'un des plus beaux essais d'une *peinture toute schématique*. Raphaël le peignit en 1517, trois ou quatre ans avant sa mort : c'est son chant de Cygne (78).

74. *Page* 59, *ligne* 21. *Des Galathées etc.*

Rien ne prouve mieux la fatale influence de *l'étude de l'antique* sur Raphaël que toute cette galerie Ghisi (aujourd'hui petit Farnèse) où il peignit *la fable de Psyché ;* et le passage suivant d'une lettre à son ami le comte Castiglioni témoigne de l'état de fluctuation où l'avoit mis cette étude, qui porte à un malheureux choix de sujets, et à la représentation de *nudités* tant à éviter dans la véritable peinture. Voici le passage où il s'agit de *la Galathée toute nue portée sur les eaux*, et faisant partie des peintures de la dite galerie Ghisi : *Della Galatea mi terrei un gran maestro, se vi fossero la metà delle tante cose che V. S. mi scrive : ma nelle sue parole riconosco l'amore che mi porta, e le dico che per dipingere una bella, mi bisogneria vedere più belle, con questa condizione che V. S. si trovasse meco a fare scelta del meglio. Ma essendo carestia e di buoni giudici e di belle donne, io mi servo di certa idea che mi vienne alla mente. Se questa ha in sè alcuna eccellenza di arte, io non so, ben m'affatico d'averla.*

Qui reconnoît à ce langage l'aimable Raphaël débutant à l'âge de dix-sept ans par d'innocents plagiats à la bonne école ! Son premier tableau fut *un Crucifix entre deux anges* (83).

75. *Page* 59, *ligne* 27. *Peinture sur vitraux.*

Personne, je pense, qui ne convienne avec moi que de tous les procédés en Peinture, ce ne soit celui *sur verre* qui réponde le mieux à l'essence d'un art exclusivement *l'expression visible de la pensée ;* mais personne aussi qui ne regrette avec moi dans ce *procédé* le sacrifice de la pureté et de la légèreté des contours à la nécessité de fixer les carreaux de verre par des tringles et des soudures, morcelant le tableau, et détruisant ainsi l'effet *d'immatérialité* que produiroit sans cela ce genre de peinture. S'agiroit donc de trouver un moyen de rémédier à ce défaut; et voici ce que j'ai imaginé.

Je divise comme dans l'ancien procédé la totalité du Vitrail par *barres de fer;* mais présentant, au lieu de directions horizontales et verticales (se coupant à angles droits) des *obliques formant un grillage régulier à losanges plus ou moins grandes selon le besoin.* Chaque losange contiendra un verre d'un seul morceau, offrant cette partie du tableau qu'indiqueroit la superposition du grillage.

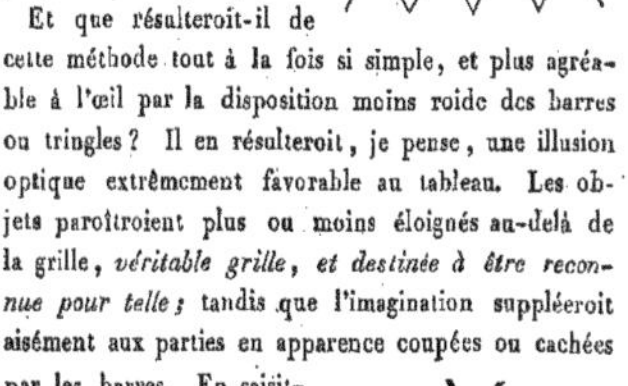

Et que résulteroit-il de cette méthode tout à la fois si simple, et plus agréable à l'œil par la disposition moins roide des barres ou tringles? Il en résulteroit, je pense, une illusion optique extrêmement favorable au tableau. Les objets paroîtroient plus ou moins éloignés au-delà de la grille, *véritable grille, et destinée à être reconnue pour telle;* tandis que l'imagination suppléeroit aisément aux parties en apparence coupées ou cachées par les barres. En saisit-on moins bien l'ensemble, la forme, et jusqu'aux moindres détails de l'oiseau pour n'être vu qu'à travers le treillis de sa cage? Et la jeune religieuse se montrant au parloir derrière la grille qui la sépare du monde, en est-elle moins reconnoissable et moins intéressante aux yeux de ceux qui la visitent? Et puis combien ne seroit-il pas aisé au peintre de disposer de telle manière les objets de son tableau, ou la division des losanges, que toutes les parties qu'il lui importeroit le plus de faire valoir fussent conservées en leur entier, tel que le visage, les mains, etc.; abandonnant le reste au jeu de l'imagination? Il y auroit un véritable grillage à jour, et un ciel peuplé d'êtres aëriens et immatériels perçus à travers.

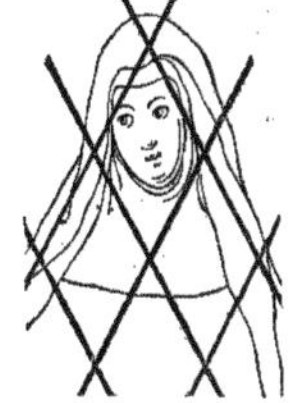

Disons maintenant un mot des couleurs à employer dans la peinture sur verre: elles se réduisent aux suivantes.

Le Blanc. Destiné à ne servir absolument que pour les seules draperies, et ces draperies ne revêtant jamais que des esprits purs, il importeroit d'imaginer un *blanc le plus pur possible* (109). Dans quelques vitraux *les vêtements blancs* sont faits avec l'oxide d'étain: dans d'autres le verre est laissé à nu: le premier procédé est de beaucoup préférable. *v. texte p.* 63.

Le Jaune. Celui qui n'auroit pas assez d'éclat pour figurer *l'or* ne peut-être employé. Le plus brillant s'obtient, dit-on, par l'oxide d'argent (?).

Le Rouge. Ne devant jamais servir qu'à tracer *le sang le plus pur* (celui de Jésus), mon *rouge* ne peut être que *l'incarnat* dans tout son éclat: nuance extrêmement difficile à obtenir (109). L'oxide de fer en paroît être l'élément fondamental.

Le Bleu. C'est *l'azur ou bleu-sapphir* (le cobalt oxidé) qu'il faut, représentant *le ciel ou firmament* sur lequel se détachent les figures. Comme cette couleur, ainsi que le *jaune*, ne s'obtient que dans la pâte, il n'y a qu'à trouver un *bleu d'apprêt* le plus approchant possible pour les losanges que ce *bleu cobalt* ne rempliroit pas entièrement.

L'orangé, le violet et *le vert*, teintes interdites, à moins qu'elles ne figurent *celles de l'arc-en-ciel.*

De ce que je viens de dire il résulte que la peinture sur verre, complétement étrangère à toute expression de *matérialité*, n'admet aucune indication prononcée d'ombres, et que *les chairs* n'y peuvent être peintes que comme *signes colorés* de la forme humaine. Une carnation pâle et presque toute unie suffit. C'est la peinture chinoise, sauf les modifications prescrites par le sentiment, qui peut servir de type à celle sur verre. *Le visage de l'homme*, dit le Chinois, *n'a point un de ses côtés d'une couleur différente de l'autre;* et il a raison! Couleurs entières, pures, brillantes; voilà celles qu'il faut (108, 109). Point de raccourcis, ou le moins possible. Les raccourcis sont la perspective du corps humain, et le *matérialisent:* il ne faut dans la peinture sur verre que *les uniques signes rendant la pensée visible.*

Une figure où se pourroit déployer tout le luxe et tout le brillant des couleurs, en même temps que le grillage y pourroit tenir lieu de tracé, seroit celle-ci:

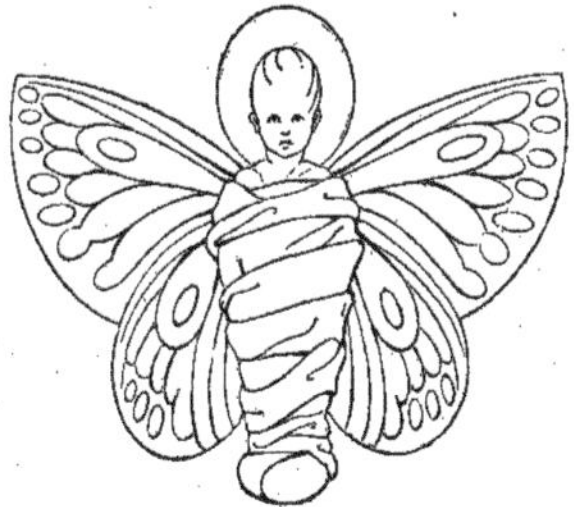

Symbole encore *de la vie à venir*, cette figure rappelleroit ces jolies paroles de Dante:

. . . . *Vermi siam*
Nati a formar l'angelica farfalla.

76. *Page* 60, *ligne* 9. *Le Lion.*

Un unique sujet se présente à mon imagination où *le Lion*, avec encore deux autres grands animaux, rentreroit dans le domaine de la peinture, et pourroit faire groupe avec *l'Aigle* et le *Cheval*, les seuls au reste du ressort de cet Art. Voici le thème : *Dieu crée les animaux.*

Du haut d'un immense tableau en largeur, part *un trait de feu*, sillonnant la nue et allant frapper la terre. Au centre, et du sein de cette terre entr'ouverte s'élance un superbe *Cheval blanc.* A ses côtés *le roi des animaux* se fait passage au travers de débris de rochers, et au-dessus de leurs têtes plane *le grand'Aigle femelle.* Tous trois fixent le regard sur le *rayon-parole* qui vient de leur donner *l'être.* Sur le devant du tableau, et parmi des flots d'écume, *le Colosse des mers* soulève sa tête énorme; tandis que, *seul* entre tous ces animaux, *l'hydre-serpent*, fuyant la voix de son Créateur, cherche à s'envelopper des profondes ténèbres qui forment le fond de cette vaste composition.

Tel, en effet, j'ai conçu et tracé moi-même ce sujet, le second des *neuf grands cartons*, servant, avec d'autres plus petits, de *renvois* dans mes lectures sur la *Bible de Raphaël.* Ces neuf plus marquants sont :

1. *Dieu débrouillant le Chaos.* Tel que d'après la note 72 ci-dessus je conçois ce sujet.

2. *Dieu créant les Animaux.* Sujet de la présente note. (10, 12, 13, 18)

3. *Adam et Eve exclus du Paradis.* C'est sous ce titre que j'accorde la Genèse, Milton, le sentiment et l'art. Ce sujet d'ailleurs *l'unique du vieux testament* qui admet la représentation de la femme.

4. *Le Déluge ou les Géants exterminés*, selon les paroles de *la Sapience* XIV. 6. Thème entièrement neuf. (16, 43.)

5. *et* 6. *Moïse sur Sinaï, et le Ciel et l'Enfer se disputant son corps.* Deux sujets éminemment poétiques. (78)

7. 8. 9. Enfin *Jésus comme le plus haut idéal du Héros moral* dans les trois époques de sa lutte contre le monde : *le combat*, *le sacrifice et le triomphe ;* ou, comme s'exprime l'Évangile, *sa tentation au désert, sa mort sur la croix, et son ascension ou transfiguration.* (78)

77. *Page* 61, *ligne* 2. *D'une Bacchante.*

A cette sorte de femmes convient l'habillement offrant *les nuances du jaune au rouge.* Apollonius de Thyane (IV, 21) reprochant aux Athéniens leurs danses lascives, s'écrie : *d'où avez-vous cette robe jaune et vermeille et ces teintures de safran?* Les histrions et les danseuses portoient de semblables robes. On les désignoit par les noms de *crocota* ou *crocotata* du crocus ou safran dont on les teignoit (3). *Voyez Peintures d'Herculanum*, *tom. II. pl.* 17.

78. *Page* 61, *ligne* 17. *Son Christ transfiguré.*

C'est au déclin d'un talent peut-être toujours étranger à la haute poésie de l'art, que Raphaël s'empara du plus magnifique et poétique sujet qui existe pour la peinture. Incapable alors plus que jamais de concevoir un pareil idéal, il eut recours à une réminiscence qui ne lui enfanta qu'une fausse analogie. Parmi les études que jeune il avoit faites d'après l'ancienne École italienne (71), et dont on sait que plus d'une fois il se servit avec plus ou moins de succès, paroît s'être trouvé aussi la figure d'un Christ, non *transfiguré* comme il en avoit besoin, mais *montant au ciel* (une ascension). Cette figure d'un fort ancien

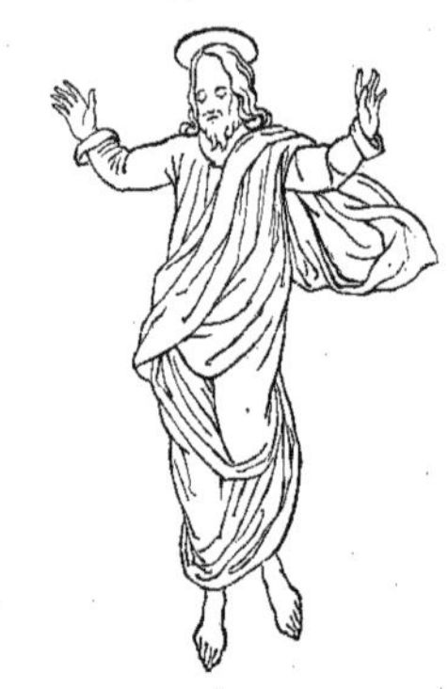

maître du quatorzième siècle, et qui se voit encore dans *le cimetière de S. Miniato al monte*, près de Florence, présente fort à propos le *signe du mouvement*, *de l'essor.* Toutefois sans le moindre égard à la différence qu'il y a entre *l'expression d'une ascension dans le temps*, et *une manifestation calme, solennelle, immobile dans l'espace*, Raphaël appropria son plagiat à sa nouvelle création, et commit un *contre-sens* impardonnable. Qu'on relise maintenant mon Article sur la Peinture, en me permettant encore les observations suivantes sur Raphaël, *héritier, mais non propagateur des véritables signes de son Art.*

Raphaël fut noble et pur, mais ne s'éleva jamais au-dessus de la belle humanité (73). *Noble*, il a peint à merveille le sage et les patriarches. *Pur et sensible*, il a peint la jeune mère caressant le fruit de chastes amours ; mais il n'a su rendre, ni les inspirations et les fureurs prophétiques d'un Moïse, d'un Isaïe, ni *la pudeur d'une Vierge se voyant mère par un inconcevable enfantement.* Ses Anges sont beaux, mais ne sont que d'agréables adolescents sans vices, tel que son Joseph devant Pharaon, et ne ressemblent déjà plus à ceux de l'ancienne école, et surtout à ceux de l'incomparable *Fra-Giovanni*, si *angélique* lui-même (71, 79, 83). Raphaël le cède donc à ce dernier et à l'ancienne école pour ses Anges et ses Vierges, comme il le cède à Michel-Ange pour ses prophètes (49, 67), et à Léonard da Vinci pour *l'idéal d'un Christ* (71, 109) : mais qui sera celui qui nous offrira enfin *un véritable Christ transfiguré*, pour être dans quelque édifice religieux *le plus sublime emblème des rapports de l'homme avec son Dieu !* J'en parlois dans la partie du troisième Livre restée *mss.*[e]

79. *Page* 62. *Gravures en bois.*
Voyez la note 71 ci-dessus et la précédente.

80. *Page* 63, *ligne* 40. *L'apothéose de Henri IV.*
Ce sujet fait partie du grand tableau de *la Régence de Marie de Médicis*, l'un de ceux que Rubens peignit dans *la galerie du Luxembourg* à Paris. J'ai toujours pensé que c'est cette *galerie* qu'il falloit citer pour donner une juste idée du véritable talent de son auteur. On y trouve réunis les deux genres favoris de Rubens, *l'allégorie* et *le portrait*, où il excella, parce qu'il étoit peintre d'appareil, courtisan et même diplomate. Rubens est *le sophiste de la peinture*, et les paroles de S. Augustin sur les vertus des payens, que ce ne sont que de *splendides péchés* (splendida peccata), ont été appliquées avec bien plus de justesse par Richardson le père aux productions du chef de l'École flamande. (84)

81. *Page* 63, *ligne* 47. *L'extrême onction.*
A l'exception de deux ou trois grands tableaux d'église et d'un plafond, Le Poussin n'a peint que des *tableaux de chevalet*, et toutefois il mérite le titre de peintre, et même de très grand peintre. C'est que plusieurs de ses petits tableaux nous réfléchissent sa belle ame, ses mœurs douces et pures, son honnête et indépendante pauvreté. Celui qui pensa le tableau du *testament d'Eudamidas* est pardonnable de ne l'avoir exécuté qu'en petit, à l'huile, et courbé devant un chevalet. Si sa main s'avilissoit à *un metier de vieille femme* (67), son ame s'ennoblissoit en s'identifiant avec le sujet dont elle étoit occupée. C'est cette ame qui agrandissoit à ses yeux *ces petites poupées*, et il a compté sur quelques ames comme la sienne, et seules dignes d'interpréter et d'apprécier ses conceptions. Dans le texte j'ai émis ma pensée sur le tableau de *l'Eudamidas* et sur celui de *l'extrême onction*, en les considérant sous le rapport de leur *valeur linéaire*. Ce sont deux de ses ouvrages les plus marquants. Quant à ses *bergers d'Arcadie et à son Déluge*, il seroit à désirer que, semblables aux tableaux des anciens, il ne nous en restât que l'indication du sujet. Notre imagination se les eut composés pour elle-même, et l'intention si touchante et si sublime de leur auteur n'eut pas été faussée par l'insuffisance de ses moyens, ou pour mieux dire, de ceux de l'art même.

82. *Page* 64, *ligne* 13. *Rembrandt.*
Un, deux et trois ! Léonard da Vinci, Albert-Durer et Rembrandt ! Non ! tournez, déplacez, mêlez, confondez les chiffres, les rangs, les noms ; faites-en *un seul, un tout-unique*, et vous aurez *le Dieu de la peinture !* (88, 108)
L'École angloise tend à reconnoître *ce dieu.*

83. *Page* 64, *Gravure en bois.*
Le tableau d'où cet épisode est tiré représente *le Calvaire* avec grand nombre de figures. C'est une des grandes fresques du Campo-santo de Pise, attribuée par Vasari à *Buffalmacco* (71), et depuis à un certain *Pietro d'Orvieto ou Niccolò Pietro*, le même peut-être que *Pietro Cavallini*, élève de *Giotto* (71). « *Dipinse questi* (dit Vasari) *a fresco nella Chiesa di S. Francesco di Assisi, una Crocifissione con uomini a cavallo armati in varie foggie. In aria fece alcuni Angioli, che fermati in su l'ali in diverse attitudini, piangono dirottamente, e stringendosi alcuni le mani al petto, altri incrocciandole, ed altri battendosi le palme, mostrano avere estremo dolore della morte del figliuolo di Dio.*" On diroit du tableau de Campo-santo qu'il s'agit, n'étoit que dans celui décrit par Vasari, *les Anges à partir des hanches s'y terminent comme en une trainée de nuée.* Le même biographe rapporte ailleurs qu'un autre peintre avoit eu la même idée par la raison, disoit-il, *que les Anges ayant des ailes n'ont pas besoin de pieds ;* et, en effet, l'indication trop apparente des pieds est une des causes pourquoi généralement les Anges, et autres êtres célestes de Raphaël se rattachent trop à la terre (72, 73, 78). L'ancienne école leur donnoit de longues robes qui cachoient ou enveloppoient cette partie, par-trop terrestre et matérielle (79, 86).

84. *Page* 67. *Gravure en bois.*
Cet épisode du *mauvais larron* est encore emprunté du même tableau que l'épisode précédent : par conséquent même doute sur l'auteur (71, 83). J'ai supprimé le bourreau occupé à rompre les os au coupable. Rubens s'est rappelé cette scène. (80)

85. *Page* 68, *ligne* 24. *Un Démon.*
C'est dans *la Vision du jeune Alberucci*, où Dante auroit puisé l'idée de son poëme, que se trouve au chapitre 18.e un fort long récit, amenant pour conclusion *qu'une seule bonne action efface bien des péchés devant Dieu.* C'est l'histoire d'un vieux richard, dont l'Ange gardien sauve l'ame des griffes du Démon de la manière citée en abrégé dans le texte.

86. *Page* 69. *Gravure en bois.*
Cette belle figure d'Ange occupe le milieu du grand tableau, représentant *le Jugement Universel*, qui lui-même forme comme la moitié de l'immense fresque où ce sujet se trouve réuni à celui de *l'Enfer.* Deux productions extrêmement remarquables des *deux frères Orgagna* (*Andrea et Bernardo*) dans le Campo-

santo de Pise (71). *Notre Ange*, qui est l'ouvrage du premier, avoit été regardé jusqu'ici comme une figure *toute problématique*. On voit l'explication que je lui donne dans le texte. J'ajoute encore ici en faveur de mon opinion que son auteur aimoit passionnément la poésie, qu'il la cultivoit lui-même, et que surtout il admiroit celle de Dante, et y puisa, ainsi que son frère *Bernardo*, plusieurs idées; *l'Enfer* de ce dernièr est entièrement emprunté de celui de Dante: aussi Lanzi dit-il très énergiquement *danteggiarono i due fratelli.*

Voici maintenant le passage du poëte amenant la belle et touchante comparaison dont je fais l'application à notre Ange.

« S. Pierre révolté de l'horrible corruption de la cour „ de Rome, s'écrie *enflammé* d'une sainte indignation, „ et en présence de tout le Ciel:

.... Se io mi trascoloro,
Non ti maravigliar: che, dicend'io,
Vedrai trascolorar tutti costoro.
Quegli, ch'usurpa in terra il luogo mio,
Il luogo mio, il luogo mio, che vaca
Nella presenza del Figliuol di Dio,
Fatto ha del cimiterio mio cloaca
Del sangue e della puzza, onde'l perverso,
Che cadde di quassù, laggiù si placa.
Di quel color, che per lo Sole avverso
Nube dipinge da sera e da mane,
Vid'io allora tutto'l ciel cosperso.
E, come donna onesta che permane
Di se secura, e per l'altrui fallanza,
Pure ascoltando timida si fane,
Così Beatrice trasmutò sembianza:
E tale eclissi credo che'n ciel fue
Quando patì la suprema possanza. »

87. *Page* 70. *Figure d'Aigle.*

« Aigle, dis-moi, pourquoi tu voles sur ce sépulcre, et à quelle demeure de l'Empirée tu vas?

Je suis l'ame de Platon qui s'élève au ciel, tandis que le pays d'Athènes conserve mon corps. »

LIVRE TROISIÈME.

88. *Page* 74, *ligne* 18. *N'importe le signe.*

Voyez-vous *ce siège vide* sur lequel deux hommes jettent les yeux, frappés d'un grand étonnement? C'est que *celui qui occupoit ce siège*, assis avec eux à une même table, vient de disparoître tout-à-coup, et d'une manière toute surnaturelle. Ce n'étoit donc point un simple mortel. *Non sans doute*, s'écrient-ils tous deux, *Celui qui venoit de rompre et de bénir ce pain devant nous, c'étoit notre maître chéri; c'étoit le divin Jésus!*... et Rembrandt, en nous offrant ainsi, à nous Chrétiens, *la scène des disciples d'Émaüs*, fut sublime, parce qu'il trouva le *signe*, *l'unique signe*, propre à féconder la pensée, et à lui faire enfanter l'image la plus parfaite de Jésus, en ne l'offrant point aux yeux du corps. (82)

89. *Page* 74, *ligne* 34. *Son ordre Pæstum.*

C'est ainsi qu'on désigne la colonne ou plutôt le genre entier de construction, dont on a fait usage pour les temples de *Pæstum* dans la Grande-Grèce, et notamment pour le plus grand de ces temples, consacré, dit-on, à Neptune (25). Quelques antiquaires en fixent l'époque, qu'ils appellent la seconde de l'architecture grecque, entre le règne de Cypsèle et la guerre des Perses, c'est-à-dire entre la 30.e et la 75.e olympiade (658—476 avant notre Ère).

90. 91. 92. 93. *Notes supprimées.*

94. *Page* 75, *ligne* 24. *Ce sont les métopes.*

Les Grecs ainsi que leurs devanciers les Indiens et les Égyptiens *colorioient* les différents membres de leur architecture; les *simuloient* même quelquefois par ce moyen (100, 106)!!

95. *Page* 75, *ligne* 34. *Hermopolis.*

Voici *la colonne Hermopolis* promise (26). Elle porte

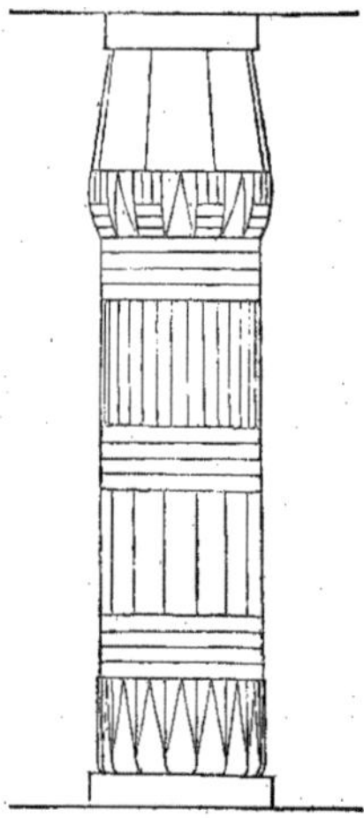

environ 14 mètres de hauteur sur un diamètre de près de 3, et est bâtie par assises égales au nombre de 25, y compris la base et le dé. Le chapiteau rappelle le bouton de Lotus tronqué. Mes observations sur cette colonne font partie du troisième livre.

96. *Page 75, ligne 35. Le Colosse de Thèbes.*

Ce Colosse, l'un des deux qui se voient encore dans les plaines de Thèbes, à fait partie ainsi que tous les colosses en Égypte de quelque grand édifice. Dans la note 46 ci-dessus, j'ai dit un mot de sa restauration : *restauration* assez intéressante, je pense, pour en désirer des notions et des mesures plus précises. Est-ce la main des hommes ou celle du temps ; la folle rage d'un Cambyse ou un tremblement de terre qui abattit la moitié de cette Statue? Rien que doute ou silence sur ce sujet. Même doute et silence encore sur les auteurs et l'époque de la restauration, que je crois cependant avoir été commandée par l'Empereur Adrien, quoique seulement mise à exécution plus de cinquante ans après. Au reste, il en pourroit bien être du nom de *Memnon* donné à ce Colosse, comme de celui de *Pasquin* donné à la statue mutilée une fois dans le voisinage du véritable Pasquin!

97. *Page 75 ligne 36. La merveille etc.*

« Le grand temple d'Ibsamboul vaut à lui seul le voyage de Nubie. — Le travail que cette excavation a couté effraie l'imagination. — La façade est décorée de quatre Colosses assis, n'ayant pas moins de soixante-un pieds de hauteur. — Tous quatre d'un magnifique travail : la matière en est un roc blanchâtre." (43, 46)

Paroles de Belsoni, Stratton, Gaud, Champollion, etc.

98. *Page 75, ligne dernière. D'une Pyramide.*

Mon intention étoit de dire quelque chose des Pyramides dans l'une ou l'autre de ces notes ; mais ces *gigantesques monuments* me semblent tellement se rattacher aux anciennes révolutions de notre globe, que j'en ai fait un objet particulier de recherches qui se trouvent parmi celles pour ma *Méduse* (16, 20, 37, 43, 105). Il ne s'y agit toutefois que de la *seule grande Pyramide* que je crois avoir précédé de plusieurs siècles toutes les autres, et n'être elle-même *construction* qu'en partie. Son noyau est la roche vive, où se trouvoit déjà la grotte dite *chambre de la reine*, et la galerie horizontale qui y conduit ; l'une et l'autre *antiquissimes* excavations naturelles aidées de l'art. J'adopte l'intention des *quatre triangles équilatéraux* élévés sur les quatre côtés orientés d'un plan parfaitement carré ; d'où, par l'inclinaison des faces vers l'axe, une hauteur perpendiculaire pour la Pyramide égale à la moitié de la diagonale de la base, ou au rayon de la sphère dans laquelle la Pyramide, répétée encore souterrainement en sens inverse sur la même base, se trouveroit inscrite ; car j'en suppose réellement l'idée, qui peut avoir fourni au Dante celle de *son Enfer et de son Purgatoire*. J'admets encore l'intention de pouvoir agrandir et exhausser la Pyramide à volonté ; et de là qu'elle est restée *sans revêtement*. Enfin les galeries reprises ou continuées sous un *même angle d'inclinaison*, ne me semblent que le résultat d'une *première galerie ou direction* déterminant sur l'axe, par quelque *point sensible*, *le centre de gravité de la Pyramide*. Centre qui se doit reconnoître aujourd'hui dans le *point milieu du pavé de la chambre dite du Roi*, et qui, d'après l'intention des fondateurs, devoit se répéter encore vingt fois au-dessus sur le même axe par vingt nouvelles galeries, conduisant à vingt nouveaux *sanctuaires*, l'un au-dessus de l'autre, et se rapprochant ainsi sans cesse de ce Ciel, où cette Pyramide (pour moi *la véritable Tour de Babel*) devoit porter sa tête! (16, 20)

99. *Page 76, ligne 1. Ces Sphinx.*

Deux mots sur *le grand Sphinx* parce que j'y renvoie dans *l'Appendice* du troisième livre.

Son noyau est la roche vive. Pour ce qui manquoit on y a suppléé par une véritable construction. La tête surtout présente des indices *d'assises* d'autant plus remarquables, qu'elles me semblent s'accorder avec une échelle de proportions par divisions égales, prises ici en *nombre double*, à cause de l'énormité du Colosse (46). C'est un *Andro-Sphinx* ou Sphinx mâle : aussi porte-t-il encore les traces du *ciment rouge* dont il a été recouvert (65).

Rien jusqu'ici que des mesures sans résultat ; même après les découvertes de *Caviglia* en 1819. D'après les proportions que j'ai observées sur quelques statues de Sphinx, *la hauteur totale*, depuis le ventre ou socle jusqu'au sommet de la tête, est à *la longueur totale* (y compris les pates de devant étendues) assez généralement comme 7 à 12 ; d'où, en admettant avec les savants de l'expédition pour notre Colosse une hauteur d'environ 24 mètres (75 pieds), on auroit à peu près 40 ou 41 mètres (130 pieds) pour la longueur totale ; ce qui diffère des proportions indiquées par Pline, mieux d'accord avec celles des simples Lions égyptiens. *Voyez Appendice du troisième livre, Pl. B. de l'Atlas, et les notes n°. 31 et 50.*

100. *Page 76, ligne 3. Disconvenance etc.*

Admirons encore ici l'Égypte jusques dans ses écarts. En sillonnant comme elle a fait les murs extérieurs et les différents membres de ses édifices de milliers de figures, et en les relevant encore des couleurs les plus éclatantes, elle n'a fait, pour ainsi dire, que se créer une nouvelle espèce de *matériaux bariolés*. Il n'y a là ni sculpture ni peinture comme *telles*, et l'unité architectonique est conservée (94).

101. *Page 76, ligne 7. L'Édifice, etc.*

Voulez-vous qu'un Édifice produise à un premier aspect la plus forte impression possible? Ménagez pour le Spectateur un premier point de vue le plus rapproché possible de cet Édifice.

Par cette plus courte distance possible vous rendez en quelque sorte la comparaison *palpable* entre l'homme et la construction ou masse qu'il contemple, en même temps que par les effets alors bien prononcés pour lui des jours et des ombres sur les différents membres (supposés les *signes caractéristiques* de l'Édifice), vous en assurez l'interprétation soudaine.

Mais le moyen d'embrasser alors d'un seul coup d'œil toute l'étendue d'un Édifice soit en hauteur, soit en largeur !

Je réponds :

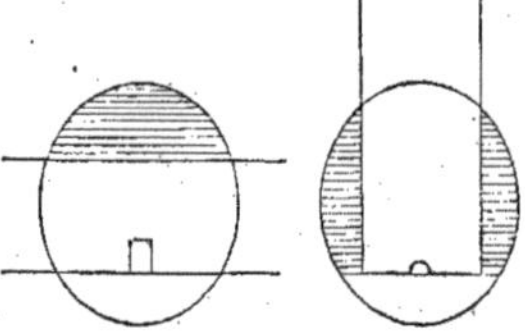

Soient deux Constructions, l'une *à directions horizontales*, l'autre *à directions ascendantes*, je dis qu'il suffira de toute *l'élévation* de la première, ou de toute *la largeur* de la seconde, pour en faire le *rayon ou demi-diamètre* de la base du cône dont l'œil sera le sommet sous un angle de 40° à 45°. L'axe du cône mesurant alors horizontalement la plus courte distance possible de l'œil à l'Édifice.

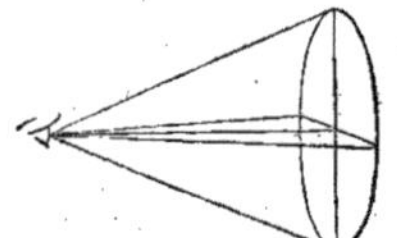

Cette *hauteur* ou cette *largeur* reconnues *inscrites dans l'aire de la vision*, abandonnons le reste à l'imagination. C'est elle, n'en doutons point, qui, selon le genre de Construction, continuera et prolongera *au delà de cette aire*, et comme à volonté, *les horizontales ou les ascendantes* en apparence interrompues par la circonférence. Ajoutons à ce jeu si fécond, et si favorable à l'éloquence de ces deux espèces de constructions, *les nouvelles aires* qu'autour de la première, et avec la rapidité de l'éclair, décrit *l'axe de la vision*, inscrivant chacune de nouvelles perceptions (se réunissant aux précédentes non encore effacées sur la rétine) et l'on obtient *un ensemble de perceptions* égal à celui que sous un même angle optique, d'après les règles si erronées de toute perspective pratique, on ne pourroit obtenir qu'à une distance, le double de celle que je viens d'indiquer.

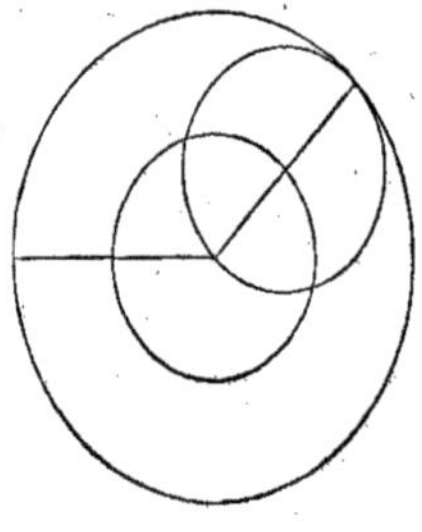

Toutes les Notes après la 101e, *depuis et compris la* 102e, *jusqu'à la* 115e *inclusivement, ont été momentanément supprimées avec le texte du troisième Livre, auquel elles se rapportoient.*

ARTICLE ADDITIONNEL

EN FORME DE NOTE AUX PAROLES DU TEXTE LIVRE II, PAGE 34, LIGNE 1 ET 2.

Cet accord moral, etc.

Après tout ce que j'ai dit dans le texte, et rappelé souvent dans les notes, touchant *la valeur morale des signes linéaires et colorés* dans leur application aux grands phénomènes de la nature, et aux productions classiques de l'Art, j'aurois dû peut-être abandonner au Lecteur *les moindres conclusions à déduire de mon principe.* Toutefois comme ces conclusions peuvent se présenter confusément à l'esprit, et que plusieurs de nos idées sont dépendantes de l'éducation et des usages reçus dans tel ou tel pays, j'ai pensé qu'on ne me sauroit pas mauvais gré de présenter moi-même *ces toutes dernières applications de ma théorie* avec quelque ordre, en les rangeant comme sous deux classes distinctes, embrassant ensemble *toute la façon d'être* de l'homme actuel vivant en société, c'est-à-dire dans un *état* dit bien ou mal *correctif* d'un état primitif ou de nature. Ces deux classes ou divisions sont :

1°. *Le costume de l'Homme*, ou le résultat de son industrie à se vêtir.

2°. *L'habitation de l'Homme*, ou le résultat de son industrie à s'abriter.

Compensations si l'on veut, l'une et l'autre, des refus de la nature à son égard, ou de son déplacement par rapport à Elle : compensations plus ou moins impérieuses sur toute la surface du globe, et d'abord grossièrement obtenues selon le climat et les productions ; modifiées ensuite par les découvertes, les besoins croissants et les opinions ; et qu'*enfin* nous aimerions à voir harmonier le plus possible avec l'existence et la dignité de l'Homme, comme être tout à la fois organique, intellectuel et moral. Nous dirons donc :

§ I.

Toute société élevée au rang de Nation, se compose *d'un ou de plusieurs Chefs ou Représentants d'elle-même*, *d'Agriculteurs*, *de Magistrats*, *de Négociants*, *d'Artisans*, *de Savants*, *de Guerriers.* Chacun de ces différents membres de l'État doit paroître en public revêtu du *signe de sa dignité ou profession.* Quel sera ce *signe?*

Toute société où *la Femme*, comme dit Montesquieu, *est libre par les lois et captive par les mœurs*, là, cette femme peut paroître en public, d'abord comme *fille*, ensuite comme *épouse*, *mère et veuve.* Quel sera le *signe* ou vêtement convenable à chacune ?

Commençons par *le costume de l'Homme.*

L'état d'ordre, de paix et d'équité, étant le but de tout contrat social, *Celui* à qui l'on en confie la suprême surveillance, ne peut, sans une contradiction manifestement choquante, se revêtir d'autres marques que de celles qui *symbolisent inconditionnellement le calme, l'esprit d'ordre et d'union ;* et toutefois jusqu'ici tous les souverains de l'Europe moderne affectent de ne se montrer à leurs peuples que revêtus de l'habit militaire ; que l'épée au côté.

A ce costume, reste barbare de despotisme et d'institutions féodales, pourquoi ne pas subsistuer enfin *le seul costume* que sanctionne la raison et le sentiment ? *La robe ample et traînante*, *à larges manches et d'un blanc éclatant.* Voilà quant à la forme générale et à la couleur, le seul habillement qui convient à *Celui* qui représenteroit en public toute une Nation, et non point l'habillement qui n'en représente qu'une seule caste, et encore celle qui n'y figure que la force armée, *la raison du plus fort !* Dans l'Essai même j'avois déjà relevé les paroles de Platon que *le vêtement tout blanc convient à l'homme pacifique et lumineux*, et n'est-ce point à un tel homme que seul appartient raisonnablement le droit et l'honneur de se voir placé à la tête d'une société d'hommes moralement libres !

La barrette ducale de velours bleu-turquin, et que ceindra sur le front une lame d'or en forme de diadème, ornera la tête du chef de l'État.

Observons que jamais la couleur rouge n'entrera dans les insignes du Prince. Signe coloré de mouvement et d'éclat, le *rouge* nous rappelleroit par-trop cette pourpre fatale des conquérants et des triomphateurs, et avec elle les Alexandre et les César !

Les Hommes d'état, *ministres*, *magistrats*, *membres des tribunaux*, porteront tous indifféremment *la robe ou toge blanche* comme le chef, mais moins ample et d'une étoffe ou laine moins précieuse. Leur bonnet sera velours *bleu* tout uni.

Aux Négociants, *et aux Hommes* exclusivement adonnés à ce que le commerce, les sciences et les arts ont de plus utile et de plus noble, et par conséquent d'exclusivement moral, j'assigne en public *la courte toge noire* et la barrette velours de même couleur.

Aux Laboureurs et aux Artisans la coupe d'habit la plus favorable aux mouvements libres des membres, selon le genre de travail ou métier, et de là alors l'accusation toujours mâle, mais décente du nu. La *couleur grise* plus ou moins foncée, rappelant celle du sol et se confondant avec la poussière, conviendroit à cette classe si utile de la société, dont elle doit composer la très grande majorité.

Et puisque malheureusement il faut une force armée; qu'il en faut souvent une de terre et une de mer, c'est encore la coupe d'habit la plus propre au maniement de l'arme particuliere à chaque corps, et la couleur la plus analogue ou identique à cette arme qui doivent prévaloir dans le choix d'un *uniforme*. Et comme la caste militaire est la seule où une distinction entre les individus qui la composent est admissible, parce qu'elle est indispensable au maintien de la discipline, je pense que, sauf quelques modifications en faveur de plus de *sévérité mâle*, cette distinction est actuellement assez bien déterminée: seulement je dirai qu'au lieu d'y employer *l'or*, c'est *l'argent* qu'il faut. Le guerrier le plus brave ne doit cesser d'envisager ses actions les plus éclatantes que comme autant d'actes d'une douloureuse nécessité. Les Hébreux appelloient leur dieu destructeur, *le Dieu des armées célestes*, c'est-à-dire *des astres de la nuit de fatale influence, et ne jetant d'éclat que parmi les ténèbres*. La casaque courte et le pantalon serré *tout noirs, relevés d'argent selon les grades*, me semblent l'uniforme à préférer. Le *noir et l'argent* rappellent *l'acier*, si éloquent aux temps de la chevalerie, et que dans plusieurs cas on pourroit employer encore.

Une musique guerrière est un besoin. C'est tantôt le cri de la patrie en danger et l'appel aux armes; tantôt le chant de victoire et de délivrance. Sous l'un et sous l'autre rapport, ce sont les couleurs et les marques les plus voyantes qui distingueront *le trompette*, messager de guerre ou de victoire. Le *rouge* et *l'or* lui seront prodigués. Le *rouge*, on le sait, est le *signe coloré* de toute impression soudaine et frappante; et lorsque l'aveugle Saunderson définissoit *la couleur rouge* par l'épithète de *trompette des yeux*, et que le sourd de Massières appeloit *le son de la trompette, la couleur rouge de l'ouïe*, l'un et l'autre n'écoutoient que l'arrêt infaillible du sentiment.

Ce même sentiment ne peut déployer sur le champ de bataille d'autres *couleurs* que le *drapeau blanc*, flottant dans les airs, tantôt à la tête, tantôt au milieu des combattants. Rien de moins propre à être vu de loin et à fixer les yeux même de près, que ces petites figures armoriques perchées au haut d'un manche à balai! Que si l'on s'étonnoit de me voir assigner *la couleur blanche, signe coloré de calme, d'ordre, d'équilibre* à un objet agité continuellement çà et là, je réponds que le drapeau, *signal d'ordre et de ralliement*, rentre plus qu'on ne pense dans mon principe. C'est sur mer encore que le *pavillon blanc* fait un bel effet, et se voit à une très grande distance. Au milieu du champ pourroient figurer, mais jamais qu'en *or*, les armoiries de l'État, qui se répéteroient encore, mais blazonnées et écartelées sur la cotte d'armes du *porte-étendard*.

Je viens de signaler principalement l'Homme par son enveloppe la plus apparente: reste à dire un mot de son vêtement de dessous. Rien de plus simple que la forme des pièces dont se doive composer *ce dessous*. La saine raison et la décence modifieront ce qu'exigent à cet égard le climat, l'âge et le rang. Cachées en tout ou en partie par la robe ou toge, ou entièrement libres (comme dans la caste militaire et ouvrière), ce sont les *jambes* jusqu'au-dessus du genou dont il importe d'accuser et de conserver *le galbe;* que donc un pantalon plus ou moins serré, et de couleur constamment *noire, ou grise, ou blanche*, selon les castes, aille, à partir du plus haut de la ceinture, se rattacher comme d'un seul jet à la demi-bottine ou chaussure proprement dite; et que celle-ci d'un *cuir noir et le plus luisant possible*, revête le pied comme d'un *acier poli et à ressorts*, et ajoute ainsi tout à la fois à la grace mâle et à *l'aplomb* de la pose et de la marche de l'Homme.

Ici pourroit se terminer mon apperçu sur le costume de l'Homme, n'étoit qu'à la honte de son espèce, il lui faille rappeler le don que la Nature lui a fait *d'une barbe*. On diroit que par intervalles l'Homme craint de passer pour *tel*, et de devoir agir en conséquence. Sous le titre *d'histoire de la barbe* on feroit peut-être l'histoire de l'Homme même, et l'on y verroit que, vertueux ou méchant, magnanime ou cruel, homme d'état, guerrier ou toute autre chose, c'est aux époques qu'il portoit la barbe, qu'il a été l'un ou l'autre avec une énergie qui lui manquoit privé de cet ornement. Sans barbe il se mêle toujours à ses qualités bonnes ou mauvaises quelque chose d'efféminé. Dans les contrées où *la barbe est une chose sacrée*, l'Homme n'a jamais subi le joug ni la domination de la femme. Cette observation n'est pas indifférente en politique, et semble avoir échappé à Pierre le grand.

Passons au *Costume de la Femme.*

Ce que je vais en dire regardera principalement la Femme des premières classes de la société. Rien de plus aisé cependant que d'en faire encore l'application aux moindres classes. Il ne s'agit que de bien saisir l'esprit de la chose. *La femme ne peut jamais être que femme;* c'est-à-dire que depuis celle qui se dit l'épouse du prince, jusqu'à celle qui ne l'est que du moindre artisan, son *unique titre* à paroître en public est ce titre de *compagne unique et légitime d'un seul homme, de mère de ses enfants, et de veuve après sa mort.* Ces trois différentes modifications d'une seule et même destination, demandent quelques signes extérieurs qui nous les manifestent: il y va de l'ordre dans la société, et du bien être de la femme elle-même.

A la jeune Épouse, passage de l'état de fille à celui de mère, on pourroit permettre encore dans les premiers mois du mariage, la *robe ou tunique blanche* ne descendant que jusqu'aux pieds; le grand chapeau de paille (*paméla*), les fleurs et les rubans, mais offrant alors, au lieu des nuances du blanc au rouge, un *mélange de blanc et de bleu*. La chaussure jusque là nanquin pâle, sera *couleur violette*.

A l'Épouse bientôt mère, à celle déjà mère, *l'ample robe talaire d'un bel azur d'outremer*. Plus de chapeau qu'à la campagne, mais la *coeffe et le voile blancs*. Elle ne sortira plus sans être voilée. La femme mariée est réputée ne devoir plus fixer d'autres regards que ceux de son mari et de ses enfants. Sa chaussure sera en étoffe ou velours *bleu*. Ce costume lui convient comme épouse et mère jeune ou vieille.

A la Veuve, même robe talaire, mais plus traînante et de couleur *toute noire*. La coeffe blanche et le voile de *crêpe noir*. La chaussure en drap ou velours noir. Que si *la veuve* se remarie, elle reprend du costume d'épouse *la robe bleue*, mais conserve le *voile noir*, changeant toutefois le crêpe *en gaze noire*.

Observons ici en passant que la Veuve qui chez les Romains ne se remarioit point, recevoit une couronne dans le temple de *la Pudeur*. Il en étoit encore fait mention sur son tombeau, en ajoutant à son nom l'épithète de *Univira* (femme d'un seul mari): preuve au reste, de la rareté du fait. Une *colombe noire* symbolisoit, dit-on, chez les Égyptiens la jeune veuve. On pourroit emprunter quelque petit ornement de tête ou de cou à cet emblême: de même qu'un *épi de blé en or*, ou *une fleur de lis en argent*, orneroient fort à propos dans quelques occasions les cheveux de la jeune mère épouse ou veuve.

Quant à la femme d'un certain âge non mariée, je ne puis que la supposer vivant retirée, ou s'occupant à des choses étrangères à son sexe et à sa destination; et dès lors elle ne sauroit paroître en public comme *femme*, ni exiger les égards qu'aucun titre ne commande.

Que la Femme elle-même réfléchisse sur ce que je viens de dire, et si elle est vraiment pénétrée du sentiment de ses devoirs et de sa dignité, elle ne verra dans ma *pragmatique* qu'un moyen le plus simple et le plus propre pour que, sans être connue, on se conduise toujours convenablement et décemment à son égard. L'Homme bien élévé, outre qu'il ne pourra plus se méprendre, ainsi qu'il arrive à chaque instant, sur le titre à donner à la femme qu'il voit pour une première fois, se trouvera encore dans le cas de dire ou de taire à propos les choses en sa présence, selon qu'il la reconnoît ou mariée ou non, ou veuve. Que d'égards, que de ménagements, que de discours bien amenés, là, où maintenant faute *de signes parlants*, il n'y a que doute, incertitude, hésitation, et le plus prudemment *silence !*

De toutes les *modes de femme* depuis le temps des Croisades jusqu'à nos jours, il n'en est point qui me plaise *généralement* davantage que celle de la moitié du dix-septième siècle. La *taille* un peu moins longue et moins serrée, et le costume que nous a transmis le pinceau *de Terburg* et le burin *de Bosse* est tout à la fois élégant, noble et décent. Figurons-nous une *sainte Thérèse* et une *de la Vallière* s'emparant de ce costume, l'une pour plaire à son Dieu, l'autre pour plaire à son roi; toutes deux comme à l'unique objet de toute leur pensée; s'imaginer le posséder cet objet tout entier, et ensuite réduites à en pleurer les froideurs, l'absence et la perte, et nous aurons et *les couleurs, et les étoffes, et les modifications* que ces deux modèles de profonde et parfaite sensibilité eussent apportées et appliquées à la coupe d'habit proposée, pour la faire servir tour à tour, et d'éloquent interprète et d'envoloppe mystérieuse au langage et mouvements cachés du cœur! Je n'ai plus rien à ajouter.

Pour ce qui concerne les Enfants des deux sexes jusqu'à leur entrée dans le monde, ils n'auront que le costume le plus favorable au développement de leur physique. C'est aux parents, aux Instituteurs à soigner la génération naissante, et à lui inspirer de bonne heure l'habitude et le goût de tout ce qui est raisonnable et décent, et de lui servir d'exemple.

§ 2.

Un second résultat de l'industrie de l'Homme à défaut de rapport direct avec la Nature, est *l'Art de la construction ou celui de se mettre à l'abri.*

Le but que se propose l'homme dans le choix ou dans la construction d'une habitation, est d'y être, selon le climat et selon son état, ses occupations et ses besoins, le plus convenablement à couvert et à son aise; de là la distribution des différentes pièces, leur grandeur, leur jour: le tout subordonné à la première condition de toute construction, à la *solidité*, et à une solidité non seulement réelle, mais encore apparente à l'œil: le sentiment l'exige.

Les matériaux généralement employés à toute construction, sont *la pierre vive ou dure, les briques cuites au four, le bois et le fer.*

Tout ce qui est pierre dure ne doit jamais cesser de le paroître. Il en est de même des briques, du bois et du fer; et c'est dans le soin ridicule que l'on met à masquer, à plâtrer, à colorier ces différents matériaux, et à les faire passer souvent les uns pour les autres que l'on doit chercher la cause de l'effet désagréable que produisent la plupart de nos maisons, et par suite des rues entières: en un mot souvent toute une ville.

Je sais très bien que nos *petites briques rouges* sont ou ne peut plus choquantes à la vue, et qu'ainsi je dois pardonner à l'idée de les plâtrer. Mais pourquoi ne pas en faire de beaucoup plus grandes et d'une teinte moins foncée; et au lieu d'en indiquer si mal à propos les assises trop rapprochées par des filets de chaux blanche, trouver moyen par la forme même de la brique, (un peu creuse sur les deux faces) de les entr'unir sans qu'il paroisse tant, ou d'y employer un ciment de la même couleur.

On voit les *vantaux* des portes et tout ce qui est *boiserie* dans une maison, prendre toutes les couleurs les plus étrangères à la nature du bois. Ce contre-sens semble prévaloir de plus en plus.

Les grilles et balustrades en barres de fer se peignent tantôt en *blanc*, tantôt en *vert*. Destinés à servir de clôture, de *garde-fous* ou de points d'appui, on leur en ôte toute l'apparence en les assimilant aux choses les plus frêles et les plus fragiles: on diroit *des tiges de tournesol ou des tuyaux de faïence!* Que s'il faut dans quelques pays préserver le fer de la rouille, rien de plus aisé ni de plus propre qu'une couche de *vernis noir* qui lui conserve au moins sa couleur naturelle.

Ce que je dis des *grilles de clôture* en général s'applique encore en particulier aux *meneaux* des fenêtres. Plus on trouvera moyen de conserver à la fenêtre son intention de *baie ou simple passage du jour*, sans l'obstruer par des barres en bois (et encore toujours en directions se coupant à angles droits et peintes de blanc), plus on fera sentir cet heureux effet que produit dans une façade *un plein et un vide* bien ménagés; le *plein* devant l'emporter toujours de beaucoup sur le *vide*; d'où des fenêtres beaucoup plus petites qu'on ne les fait ordinairement, et des *traverses* qui leur conservent l'intention de baie. Voyez ce qu'a perdu le superbe Hôtel de ville d'Amsterdam depuis que, servant de palais-royal, on y a subsistué à l'ancien vitrage en plomb les vilaines et lourdes croisées dites à l'angloise!

Le Comble ou toiture est la conservation de tout édifice. Sa forme dépend du climat. Comme platte-forme on n'en voit rien. D'abord que le toit s'élève en prisme ou pointe, sa couleur n'est plus indifférente. C'est à *l'ardoise* et aux tuiles de cette couleur qu'il faut donner la préférence. Que l'on pense seulement au vilain effet que font les tuiles rouges, n'imitant aucun comble dans la nature; et combien crûment encore elles se détachent en toute saison contre un ciel serein ou nébuleux!

Terminons par dire un mot sur l'intérieur et les décors d'un appartement.

Les tapis de pied doivent sans trop rappeler le sol ou gazon, en avoir pour élément la couleur: *le noir cendré ou le vert.* Toute autre couleur répugne à l'idée de poser mollement le pied. *Les tapis dits de Turquie* sont d'un goût barbare; toutefois ne présentant aucun dessin déterminé, c'est leur bariolage et leur caprice même qui en est la défense. C'est comme un champ semé de toutes les fleurs et de toutes les feuilles du printemps et de l'automne. Le pied foule mais ne heurte point; car rien de plus absurde pour les tapis et les tapisseries que ces reliefs feints et ces compartiments à jours et à ombres; c'est mettre les sens en contradiction, et les obliger à se donner le démenti les uns les autres.

Les rideaux des fenêtres et du lit seront d'un vert foncé tirant sur le bleu. La Nature a fait le feuillage de couleur verte, la *seule*, comme nous l'avons observé, qui ne blesse jamais le sentiment dans quelque assiette que se trouve l'âme. Les rideaux sont le feuillage domestique, et ceux du lit *voilant tant de mystères de la naissance et de la mort de l'homme*, ne les symboliseront jamais mieux que par *la couleur des lieux* qui les voilèrent une première fois!

Les siéges de tapisserie seront en *velours noir.* Il leur faut la couleur la moins voyante et l'étoffe la plus épaisse.

Les vases, *les coupes*, *toute vaisselle* empruntant ses formes de *la coquille*, en pourroit encore souvent adopter les nuances variées. Cependant tout ce qui dans cette vaisselle ne sera ni en or, ni en argent, ni en cristal, me semble de préférence devoir offrir *la couleur blanche toute pure*, relévée tout au plus d'un petit bord en or. La peinture sur porcelaine est encore au nombre de ces mille et un écarts de l'industrie humaine, en complète contradiction avec le sentiment du beau et du vrai.

Un tout dernier mot. *Les barques et les voitures* comme demeures ambulantes et transitoires de l'homme peuvent admettre un *alliage de couleurs* selon la forme, la matière et l'usage des différentes parties qui en composent l'ensemble. Plus *la barque*, grande ou petite, nous rappellera des éléments propres à surnager, plus elle répondra à son *type primitif*, l'arbre creusé et le canot du sauvage. *Le char ou coche ouvert* pourroit imiter pour la forme et pour la couleur *la grande Conque marine* avec son brillant et transparent *nacarat.* Le train supposé toujours de fer, en doit conserver constamment la couleur, et ce ne sera que pour *la Vélocifère*, que peint en *rouge éclatant*, ce train nous y rappellera fort à propos *les brulantes roues* du poëte latin.

EXPLICATION

ET RENVOI DES QUINZE PLANCHES DE L'ATLAS.

PLANCHE I. LE PRINCIPE.

C'est-à-dire offrant aux yeux *l'idée ou Notion primitive* dont l'Essai n'est que le développement.

Texte page 23. *Notes n°.* 2, 3, 15, 65, 75, 77.

PL. II. PORTIQUE DE L'ANCIEN HÔTEL DE VILLE D'AMSTERDAM.

Après les excavations dans la roche vive, il n'est pas de meilleur type pour une *Construction toute terrestre ou politique*, que cette entrée mâle et solide du plus bel Édifice des temps modernes.

L'élévation et le plan de ce Portique (renfermant le fameux tribunal comme *sanctuaire de la Loi*) feront juger quelles inspirations je leur dois pour le projet que présente la Planche suivante.

Texte p. 73—78. *Notes* 27, 28, 57, 97.

PL. III. COUPE D'UNE CONSTRUCTION POLITIQUE.

Comparez cette Planche avec la précédente: regardez attentivement le plan géométral où la coupe est indiquée le long du petit axe orienté S. N., et l'on pourra se former une juste idée de ce projet d'une *Construction politique*, où la Statuaire comme *art sociétaire* vient intérieurement au secours de l'Architecture.

Texte p. 73—78. *Notes* 27. *Planche* VIII.

PL. IV. PORTAIL SEPTENTRIONAL DE S. PANCRACE DE LEYDE.

Cette *quatrième planche* ainsi que *la sixième* accompagneront encore avec trois autres, qui ne font point partie de cet Atlas, un texte historique et descriptif de la dite Église de S. Pancrace.

Texte p. 4. *Notes* 22, 32.

PL. V. PILIER OU PIED DROIT D'UNE CROISÉE OGIVE.

C'est un projet de mon invention pour faire valoir exclusivement toute l'éloquence d'une *grande croisée ogive au milieu d'un Édifice religieux.* Le plan du pilier même et celui en petit de l'intérieur, aideront à me faire comprendre à défaut du texte supprimé du troisième Livre, auquel se rapportoit cette gravure.

Texte p. 73—78. *Notes* 22, 32.

PL. VI. GRANDE FENÊTRE SUD DE S. PANCRACE.

Diffère pour les détails de celle du Portail nord. *Voyez Planche* IV.

PL. VII. MOMIE ÉGYPTIENNE.

L'original de cette *Caisse de momie* se conserve au Musée d'Antiquités de Leyde. C'étoit dans le texte supprimé du troisième livre qu'il en étoit fait mention comme *type de l'image hermès du grand homme.*

Texte p. 41. *Notes* 33, 34, 37, 39. *Planche* VIII.

PL. VIII. HERMÈS DE GUILLAUME I.

Image portrait du grand homme servant d'exemple de ce que j'entends par la Statuaire comme *art sociétaire*, travaillant de concert avec l'Architecture dans l'intérieur de sa Construction politique, pour en compléter l'éloquence. Gravure destinée pour le troisième livre.

Texte p. 73—78. *Appendice. Notes* 39. *Planches* III *et* VII.

PL. IX. FIGURE DE DÉESSE ÉGYPTIENNE.

Je ne donne ici cette *figure*, qui se rencontre si fréquemment sur les monuments égyptiens, que comme *un paradigme de la soi-disant peinture ou plastique coloriée des Anciens.* Les caractères hiéroglyphiques au-dessous n'ont rien de commun avec elle.

Texte p. 57. *Notes* 65, 100.

PL. X. L'ANGE DU DERNIER JOUR.

Tout ce qui concerne cette *belle figure*, peinte en fresque au Campo-santo de Pise, a été dit dans le texte et dans les notes. J'ajouterai seulement ici en faveur de la présente gravure, qu'elle a été exécutée d'après un calque sur l'original fait par le chevalier Lazinio fils, à la demande de mon frère le chev. J. E. Humbert actuellement en Italie (1832).

Texte p. 68—70. *Notes* 70, 71, 86.

PL. XI. PEINTURE SUR VERRE.

C'est dans la seule intention de donner le plus fidèlement possible un paradigme de *ce genre de peinture*, que j'ai fait choix de la présente figure d'Ange, dessinée et coloriée par moi-même sur les lieux, d'après l'un des grands vitraux peints vers 1555 dans l'ancienne Cathédrale d'Amsterdam. Je réponds en conséquence de l'exacte indication des tringles et des rainures de plomb, fixant et liant les différents morceaux de verre entre eux: le tout selon l'ancien procédé.

Texte p. 59. *Notes* 75.

PL. XII. LA CROIX.

Projet d'un *vitrail peint* où toutes les divisions du chassis en fer pourroient servir de tracé du tableau, et lui conserver néanmoins toute son unité.

Texte p. 59. *Notes* 49, 75.

A. B. C. PLANCHES SUPPLÉMENTAIRES.

Ces trois planches se rapportent à l'Appendice du *troisième livre, où il s'agit de la Statuaire comme Art absolu.*

Pl. A. *Le Colosse ou Géant de la côte* vu de la mer du Nord à une distance d'environ deux mille mètres dans la direction nord-est, formant angle de 22° 3′ avec l'axe du monument orienté OSO-ENE: l'œil du Spectateur supposé à une élévation de huit à dix mètres au-dessus du niveau de la mer.

Pl. B. *Le Colosse sous ses trois principaux aspects*, avec son plan, son orientation et ses mesures.

Pl. C. *Cours de la branche du Rhin se perdant dans les sables*, avec l'indication de l'emplacement et orientation du Colosse. Le Méridien pris ici pour *premier Méridien* est à 21° 3′ 15″ E. de celui de Ténériffe.

Texte p. 53. *Appendice. Notes* 16, 20, 50, 51, 99.

RÉVISION

DE L'ESSAI SUR

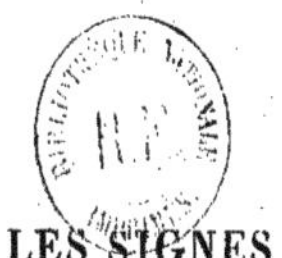

LES SIGNES INCONDITIONNELS DANS L'ART.

(*Publié* 1827—1832.)

AVEC UN TABLEAU SYNOPTIQUE.

Le soussigné, Auteur de l'Essai sur les Signes inconditionnels dans l'Art, vient d'en déposer à la Bibliothèque de l'Institut Royal des Pays-Bas, un Exemplaire entièrement revu et corrigé de sa propre main. C'est d'après cet Exemplaire, destiné à servir en temps et lieu d'unique copie pour une nouvelle Edition complète, qu'en attendant la présente Révision a été rédigée, renvoyant sous la forme d'Errata à l'ancien Imprimé. De cette manière on pourra voir dès à présent quelles sont les principales corrections que l'Auteur s'est proposé de faire à son ouvrage, et en quoi surtout une nouvelle Edition se distingueroit essentiellement de l'actuelle. Par corrections, au reste, on ne doit pas entendre ici toutes celles comprises ordinairement sous cette dénomination dans un Errata. Il ne va s'agir que de véritables amendements. Les fautes dites d'orthographe, de ponctuation, et même de langue, alors qu'elles n'altèrent en rien le sens, ont été presque toutes passées sous silence; et cela pour deux bonnes raisons; l'une, que souvent il auroit fallu toute une circonscription pour ce qui dans l'Exemplaire corrigé n'a couté qu'un trait de plume; l'autre, qu'on ne suppose pas de lecteur, qui, remarquant ces fautes, ne soit alors fort en état de les redresser lui-même.

LEYDE, *Septembre 1839.*

D. P. G. Humbert de Superville

RÉVISION.

TEXTE.

Page 4.

La figure y doit être remplacée par une autre un peu plus petite, et où la *normale* sera indiquée comme partant du centre du globe.

Lignes 8, 14, 16 et 19. mal ponctuées.

Page 5.

Ligne 1e, qui semble diviser *lisez:* supposé diviser le corps humain etc.

La figure de l'ovale fera place à une autre, plus purement et plus correctement tracée, et les deux dernières lignes de cette page seront transportées au haut de la page suivante.

Page 6.

Cette page, la seule de tout le Texte différemment interlignée, à cause du placement des figures, sera changée ainsi qu'il suit, pour ne plus faire disparate.

Les trois ovales du milieu remplaceront au haut de la page, et après les deux lignes prises sur la page précédente, les deux ovales actuels qui restent supprimés : suivra alors le texte, mais qu'on lira ainsi :

« Dans l'un et dans l'autre cas, la direction des organes, au lieu d'être une et simple, c'est-à-dire horizontale, se compose pour chaque organe double, ou supposé tel, de *deux obliques*, qui ont leur point de départ ou de tendance sur l'axe, en *un point dessous* ou *dessus* celui de l'intersection horizontale. A la première de ces deux variétés (celle à notre gauche) j'attache l'acception de *directions obliques expansives;* à la seconde (à notre droite) celle de *directions obliques convergentes*, et la suite en fera connoître les raisons. »

« Quelle est maintenant l'impression qui résulte d'une indication d'organes la plus élémentaire qu'il soit possible, dans le sens des trois directions précitées ? »

. . . .

Se placent alors comme maintenant les trois ovales en question, et au-dessous le même texte, mais imprimé suivant l'interlignement adopté, et purifié de quelques fautes de ponctuation.

Page 7.

Ligne 1e, *lisez:* affranchie de toute condition *à priori.*

La tête de la Vénus demande quelques corrections : les yeux sont trop ouverts et trop grands.

Page 9.

Ligne 4, *lisez:* et pareil arrêt, c'est une symbolique absolue et primitive des couleurs qui le sanctionne. *Voyez révision des Notes N.*° 65.

Ligne 13, argentine *lisez:* argentée

Page 12.

La petite tête du Chat ne vaut rien : il lui manque l'expression *chattemitte* qu'une nouvelle gravure lui donnera.

Page 13.

Ni la tête ou face du Lion, ni son tracé élémentaire ne répondent au but. Ces deux figures seront remplacées par deux autres.

Page 15.

Ligne 6, *lisez:* Prompt à croître, le Pin d'Italie, etc.

Page 17.

Ligne 10. *Reste le Coursier couleur d'ébène etc.*

Dommage, me disois-je il y a quelque temps, qu'au lieu de chevaux, ce soient des mulets qu'Homère a attelés au char funèbre d'Hector; et tout à coup encore, et au contraire de ce que je dis ici dans le texte, *ces chevaux* que j'y aurois voulus, je me les y figurois *tout blancs.....* Etoit-ce parce que cette *couleur blanche convient mieux à ceux qui ne sont plus, et le noir à ceux qui les pleurent?.....* De là peut-être alors une distinction toute neuve, et propre à produire un grand effet dans quelque convoi funèbre d'appareil, surtout s'il avoit lieu de nuit...

Sont supprimées comme répétition inutile les deux figures de cette page 17.

Page 20.

Ligne 16. *Qu'il y a donc loin etc.*

On pourrait observer encore ici combien perdroit l'Arc-en-ciel à être vu dans sa totalité, c'est-à-dire comme circonférence entière; combien encore à ne lui voir même que dépasser l'hémicycle. Plus d'élément d'infini dans la courbe qui se resserre. Quels disques de feux et de lumière, le Soleil et la Lune, au moment de leur lever, ne nous semblent-ils pas annoncer? Dans mon *grand Carton du Déluge* (note 76), l'énorme Comète, instrument de la vengeance divine, y semble comme longer l'horison, les deux tiers cachés dessous.

Page 21.

Ligne 11, *lisez ainsi tout cet article du Triangle:*

« Toujours empirique encore, mais de toutes les figures rectilignes la plus simple, le Triangle aura une valeur réellement aesthétique, alors que par sa base parallèle au plan d'horison, et présentant deux côtés égaux, il devient pour nous l'expression d'une *convergence de points extrêmes et terrestres, vers un point unique dans le Ciel.* »

« Renversé par rapport à nous, le Triangle ne peut se concevoir séparé des idées de mouvement, d'instabilité, d'essor, qu'y réveillent *les deux expansives formant l'angle au Nadir.*

Page 22.

Supprimez les lignes 4 *et* 5, *et lisez ligne* 19: cette parole si simple et si sublime, commencée à leur base et terminée à leur cime, *l'homme n'est etc.*

Page 27.

Ligne 1e *du texte, lisez:* C'est un aveu qui répugne à notre amour pour l'Architecture etc.

Ligne 7. métamorphosé *lisez:* transformé

Page 28.

Ligne 17, *lisez:* On l'a dit, et ce sont les paroles d'un écrivain célèbre, que *de tous les arts etc.*

Ligne 21. une nature transplantée, *lisez:* une seconde nature.

Ligne 24. qu'en se créant etc., *lisez:* qu'en rivalisant, pour ainsi dire, avec la nature elle-même, faisant même etc.

Page 29.

Ligne 3. conceptions *lisez:* créations

Ligne 4. *lisez:* Qu'on ne s'y trompe point: tout *but final* ou déterminé etc.

Dans l'Exemplaire corrigé il a été menagé ici, après la ligne 20e, un *blanc* pour y placer en caractère petit romain, une observation trop intéressante, et faisant trop bien à notre sujet pour être omise ou rejetée en note. Cette observation qui concerne nos jugements viciés par une influence impure quelconque, amène encore mieux *l'alinéa* qui suit, et qu'alors il faut faire commencer ainsi: *Nous, dont les impression et les jugements ne sont plus en raison de notre etc.*

Ligne 30 *et suiv.* de sorte etc. *changez et lisez:* de sorte qu'il n'en est pas de même pour nous d'un de ces Temples gigantesques de l'ancienne Egypte, ou d'une de ces vastes Eglises ou Cathédrales du moyen âge: constructions néanmoins etc.

Ligne pénultième ce sera *lisez:* se sera

Page 30—34.

C'est après la ligne 23 de cette page 30, que, dans l'Exemplaire corrigé (où cette ligne termine la page) commence et se continue jusques et y compris partie de la page 34, un total changement dans la disposition et placement du texte et des figures: ces dernières restant toutes supprimées, à l'exception d'une seule, qui encore sera remplacée. Voici une idée de ces changements:

Sont supprimées les figures de cette page 30, et les quatre lignes de texte au-dessous, transportées au bas de la page 31, laquelle page, au lieu de la figure actuelle (supprimée), en portera une, offrant simplement l'élément de la construction dite gothique ou religieuse. Le texte continuera ensuite sur la page 32, jusqu'au-dessus de la figure *du Casque*, mais audessous, à la place de ce qu'il y a maintenant, on lira: « Pareil accord en apparence tout fortuit et tout matériel, mais décidément d'origine instinctive et d'influence morale, mérite etc. » et tout le reste du haut de la page 34 jusqu'aux figures.

Ligne dernière, lisez: conçu et exécuté

Page 35.

Ligne 14, *lisez:* nous rappellent tout à la fois, et ces beaux portiques de l'Inde et de l'Egypte, et cette cabane etc.

Page 36.

Ligne 8 *et suiv. changez et lisez:*

« . . et si, au lieu de rester trop fidelle à son type primitif en charpente, *l'ordre dorique ou toscan*, employant désormais des matières toutes diverses et soumises à de tout autres lois, y eut su accommoder le couronnement de ses temples, son éloquence etc. »

Supprimez la figure qui ne signifie plus rien ici.

Page 37.

Ligne dernière, lisez: de règle et de mesure

Page 39.

Dans l'Exemplaire corrigé cette page 39 y est la 38e, et termine, avec la onzième ligne, tout ce *Chapitre de l'Architecture.* Ce qu'il y a au-delà maintenant, est de trop pour le lecteur intelligent, ou se retrouve mieux dans un troisième livre.

Page 42.

Ligne 4, stelé *lisez:* gaine

Page 43.

La figure se supprime. *Voyez la révision des Notes ci-dessous n°.* 37.

Ligne 24. Une loi de Solon *lisez:* une ancienne loi des Athéniens

Page 44—50.

A partir de la ligne 23 de la page 44, jusques et y compris la ligne 20 de la page 50, l'Exemplaire corrigé présente, tant dans le texte que dans les figures, plusieurs changements et suppressions assez considérables pour réduire ces sept pages à *cinq:* et cela en partie pour les mêmes raisons alléguées page 39.

Page 51.

Ligne 20. *de là que les Colosses assis etc.*

Une petite excursion dans l'intérêt de l'Art et du chef-d'oeuvre de la Scène françoise aura son renvoi ici dans la nouvelle Édition.

Racine (m'y demandé-je) *n'a-t-il pas jeté un véritable ridicule sur son petit Joas, et cela au moment même de la catastrophe, en le faisant asseoir, singeant et contrefaisant le monarque barbu, sur je ne sais quoi qu'il appelle un trône?*

Je l'avois toujours pensé, et ce que je dis ici dans le texte des *Colosses assis* (pose qui ne convient qu'à l'âge et à la dignité), me confirme pleinement dans cette première idée. Du reste, rien de plus aisé que de rappeler l'une des plus belles et des plus frappantes situations qui soient au théâtre, à toute la noble simplicité antique dont elle est si susceptible, et que le texte même, d'où la fable entière est empruntée, sembloit devoir lui garantir. On diroit encore de mon *principe* et de mes *signes* qu'il s'agit.

Joas, bel enfant de neuf à dix ans, à longue chevelure blonde, et en long habit de lin, d'un blanc éclatant, se tient droit debout et vu de face, au juste milieu de la scène, sur une pierre, près de sa colonne; *le voile ou rideau qui le cachoit, venant d'être levé par le grand-prêtre lui-même* . . . . . et pour qu'il n'y ait rien d'incohérent entre le spectacle et les paroles, celles-ci de Joad au petit Joas: *montez sur votre trône*, sont remplacées par ces autres: *montez sur cette pierre*. . . . .

Et *cette pierre*, espèce d'autel à deux ou trois marches ou degrés, occupant entre *deux colonnes* le fond de la scène, auroit servi encore au commencement du quatrième acte, pour y poser, et plus *classiquement que sur une table*, le livre de la loi, le diadème, etc. Le voile ou rideau seroit un de ceux qui, dans les temples anciens, ouvroient et fermoient quelque passage ou lieu consacré; et pour achever et compléter ce magnifique tableau, ce seroit encore à ma *symbolique des couleurs* à se charger du costume des personnages: le *blanc*, et rien que ce *blanc plus ou moins pur*, à tous les habitants du Temple. Le *rouge écarlate et le jaune* à la seule Athalie. Les rôles secondaires participeroient aux *couleurs de leur faction*; le seul Abner s'en distingueroit par son *armure toute noire*.

Page 54.

Ligne 18, *lisez:* devons ne plus vouloir. . . . . . . indépendamment même de . . . . .

Cette dernière correction, ainsi que toute autre que pourroit exiger cette page 54 et les deux suivantes, devient inutile par rapport à une nouvelle Édition, où cet *article sur la Statuaire* se termine par les mots *écriture toute intellectuelle*, ou autres semblables, formant maintenant les derniers du premier *alinéa* de la dite page 54. C'est toujours un troisième livre qui commande ces changements. *Voyez ci-dessus page* 39.

Page 57, 58 et 59.

Ces trois pages n'en forment plus que deux dans l'Exemplaire corrigé. Les changements, corrections et suppressions (y compris la figure) commencent à l'*alinéa*, page 57, par les mots *et cette peinture*, et se terminent à la ligne 30 de la page 57, avec les mots *autres lieux sacrés*. Tel cependant qu'existe le texte actuel, l'auteur le déclare contenir, avec sa manière d'envisager l'origine et l'essence de la Peinture, encore sa profession de foi, dans l'indication de *l'unique fin* que se doit proposer cet Art. Un troisième livre mettra tout cela dans son véritable jour: de bonnes raisons ne permettant pas d'en dire davantage pour le moment. Les personnes qui connoissent les *Lectures de l'auteur sur les Loges du Vatican ou Bible de Raphaël*, savent aussi quelles contrariétés et critiques, les trois dernières lectures surtout, ont rencontré. (*Voyez Note* 76.) Ce seroit ici que, peut-être, on pourroit renvoyer à certains passages des anciens Pères: entre autres à celui de Tertullien qui conclut par *Dieu n'est point un esprit contentieux*. L'auteur s'en rappelle encore un autre, auquel, dans une occasion assez semblable, avoit renvoyé une fois le célèbre *Gagliuffi*, et que celui-ci lui communiqua lors de leur captivité ensemble à *Civita-vecchia*.

(*Le portrait de ce savant Raguséen, théologien, jurisconsulte et poète, dessiné au crayon de la main de l'auteur, se conserve parmi d'autres papiers et croquis sauvés, avec le distique latin improvisé placé dessous, et portant la date* 13 *février* 1800.

Page 60.

La troisième figure ou tête de jeune femme à notre droite, sera remplacée par une autre mieux d'accord avec le texte, qui lui-même sera modifié par suite de quelques aperçus, peut-être entièrement neufs sur *la couleur noire*, si tant est que c'en soit une. . . .

Mais couleur ou non, *ce noir*, dans son application au costume de la jeune femme, nous a paru exercer *sur elle* une influence d'une nature et d'une nuance si extrêmement délicate, que jusqu'à présent il nous a été impossible de la préciser, indépendamment même des termes ou mots à y employer: il est toutefois deux questions dont la solution pourroit mettre sur la voie.

Une première: *Pouvons-nous nous figurer un Esprit pur, un Ange vêtu de noir?*

Une seconde: *La jeune femme rougit-elle dans les ténèbres?*

A ces deux questions on pourroit en ajouter une troisième, n'était que peut-être elle renferme déjà en partie la solution des deux autres: *Pourquoi voyons-nous assez souvent la jeune veuve prolonger son costume de deuil au-delà des convenances?*

Page 61.

Ligne 13. *Un examen etc.*

L'emploi, qu'à l'occasion du présent article sur *le Christ transfiguré de Raphaël*, nous avons fait de la note 78 (*voyez cette note*) nécessitoit un changement dans d[illegible] le texte pour amener cette intercalation et fusion d'observations trop intéressantes et trop favorables à *mon principe*, pour ne pas être présentées comme de front. Nous laissons donc pour le moment le texte tel qu'il est, sans y rien changer ou corriger. Quant à la figure du Christ de l'ancien maître, *type* du Christ transfiguré de Raphaël, peut-être suffira-t-il d'en faire mention sans la reproduire. On voudra bien nous en croire sur parole.

Page 63.

Ligne 19. *Quel sera enfin etc.*

Pour un Jésus, tel que la Peinture ne nous l'a

point encore offert, et dont il est ici question, nous osons renvoyer à la scène de notre *Essai dramatique*, où ce Jésus est introduit présentant la coupe au disciple bien-aimé, *prends cette coupe, Ami etc.* Voyez ces vers, et ceux qui précèdent et qui suivent, page 61—68 de l'édition in 4°. Leyde 1815.

Ligne 43, le long d'une verticale

Expliquons nous: Le long d'une verticale qui sera toujours l'axe de la cause de l'impression à produire; car tout doit se rapporter à cette *cause*, n'importe sous quelle forme offerte aux yeux, pourvu qu'inconditionnellement intelligible et hautement éloquente.

Page 64.

Ces trois Anges, volant autour de la Croix, sont pris tous les trois d'un seul et même grand tableau représentant *le Calvaire*, mais n'y occupent pas précisément la même place. Moins rapprochés de la Croix, ils n'en expriment cependant pas moins les mêmes différents degrés de douleur que je leur reconnois. J'ai cru en conséquence pouvoir *concentrer* l'idée du peintre, pour mieux l'accommoder à mon sujet. Toutefois la présente gravure ne répond pas encore entièrement au but; il lui manque le caractère individuel de l'original: aussi la nouvelle Édition attend-elle une nouvelle gravure. *Voyez la note* 83.

Page 69.

Ligne 4. Lorsque pour la première fois etc.

Ce fut en 1798 que, faisant le tour de la Toscane en compagnie de *Sir William Young Ottley*, cette belle figure d'Ange me frappa pour une première fois, et que je la dessinai, d'abord toute seule et en grand pour moi, et ensuite en petit avec l'autre Ange debout derrière, et le Christ et la Vierge au-dessus. Ce dernier dessin a été gravé dans l'ouvrage de ce même *Ottley* (*Series of Plates etc. London*, 1826. *fol*), et y porte avec d'autres gravures, mon nom, s'écrivant alors tout simplement *David Humbert.* Ayant perdu, par suite des événements de l'époque, toutes mes études faites en Italie, il ne me restoit, lors de la publication de mon Essai, où je voulois absolument parler de cette figure d'Ange, et en produire *un tracé*, que d'avoir recours, pour le moment, à la copie malheureusement trop petite de *Lasinio, dans ses peintures du Campo santo de Pise.* De là le manque du véritable caractère de l'original. Depuis j'ai eu occasion d'en faire faire une copie exacte et sur-suivre, et c'est d'après cette gravure que sera exécutée celle sur bois, destinée pour la nouvelle Édition. *Voyez description des planches de l'Atlas* n°. X, page 36, *et les notes* 71 *et* 86.

Page 70.

Supprimez la figure d'Aigle.

Page 71.

Tableau synoptique.

Le nom d'*Albert Durer* sur ce tableau doit s'y lire avec quelques restrictions. Ce grand homme étoit déjà beaucoup trop habile dessinateur pour ne pas être tombé souvent dans *le matérialisme de son art.* Nous renvoyons à la partie raisonnée et critique de notre *Catalogue des gravures du Cabinet de Leyde*, (*Classe III, Lettre B, N°. 2.*) où le *Durer* est comparé avec ses devanciers, et avec quelques autres artistes du premier ordre de son temps et après lui.

Ici se termine cette Révision du Texte, resté lui-même imparfait par l'ajournement de la publication des *deux Articles* qui, dans le temps, devoient compléter tout l'Essai, ainsi qu'on le voit par l'*Avertissement* page 77 et 78, et lequel avertissement il sera bon de relire à cet effet. Dans la nouvelle Édition projetée, au lieu de ces deux Articles, auxquels nous avons assigné une autre destination, l'Essai se terminera par une suite d'observations, rédigées en forme de *Tableaux*, déjà annoncés page 75, et dont le *grand Tableau synoptique*, accompagnant la présente Révision, pourra donner quelque idée; chaque *donnée* y indiquant le thème d'un de ces Tableaux ou Chapitres. En ne renvoyant de cette manière qu'aux *types* à consulter, ou en ne les offrant peut-être qu'élémentairement aux yeux, nous ouvrons un champ beaucoup plus vaste à l'intelligence de l'Artiste, et à celle de tous ceux qui s'occupent des Arts, que si nous leurs eussions offert le résultat de l'*application* que nous-mêmes aurions faite de ces *types et prototypes.* C'eut été comme prononcer nous-mêmes en dernier ressort. Publiés que seront ces *deux Articles* par après, et à part, ils seront ce qu'ils doivent être; des *pièces de concours*, du nombre d'autres pièces semblables en réponse à *l'Appel fait aux trois Arts.* On nous objectera que dans ce cas, nos *données sont trop absolues, trop exclusives:* que n'admettant qu'un certain ordre de types et d'éléments, elles repoussent, coupent court à toute liberté de choix; mais qu'on y réfléchisse, et l'on verra qu'il ne se pouvoit pas que ces *types* ne fussent *ceux-là seuls qui constituent ou représentent le Principe, une fois irrévocablement admis*; et ensuite que ces *types*, nous ne les proposons nullement comme *but*, mais comme *moyen:* que donc il reste leur *modification.* Unique liberté, il est vrai, mais grande, mais large, et féconde en beaux résultats pour le vrai génie, auquel, en définitive, nous n'imposons d'autre loi, que celle-là seule, que lui-même il doit s'imposer; celle de ne jamais rien concevoir ni enfanter qui ne tende *à entretenir, à propager et à symboliser les uniques et vrais rapports de l'homme avec ses semblables et avec son Dieu.* Heureuse et salutaire contrainte qui assure au Cultivateur des Arts une place honorable dans la Société: l'y élève même souvent au rang de membre indispensable.

Disons maintenant encore quelque chose des Notes et de l'Atlas, accompagnant l'Édition actuelle de notre Essai.

Et d'abord l'Atlas reste supprimé tout à fait; c'est-à-dire par rapport à une nouvelle Edition. Les gravures en bois déjà placées dans le texte, et quelques autres à placer encore dans un Troisième livre, doivent suffire, et suffiront en effet. A l'exception donc de la grande Planche coloriée N°. 1, représentant *le Principe*, toutes les autres planches, décrites page 35 et 36 des Notes, peuvent être regardées comme n'appartenant plus à l'Essai proprement dit: d'ailleurs les trois cotées A, B, C, n'en faisoient déjà qu'indirectement partie, ainsi que l'*Appendice*, qu'elles servoient à éclaircir.

Quant aux Notes, encore qu'un Ouvrage de la nature de *notre Essai*, doive être censé ne point en avoir besoin, et qu'effectivement aucune de celles que nous avons données, ne puisse être regardée comme absolument indispensable pour l'intelligence du Texte, nous pensons cependant que ce seroit priver le lecteur de ce qui lui revient légitimement, en les supprimant toutes. Il en est d'abord une bonne trentaine qui servent d'*autorités*, et le lecteur pourroit vouloir y recourir, et sur le champ. Il est donc juste de lui épargner la peine et le temps de la recherche: peut-être même, pour plus de commodité, placerons-nous cette première espèce de Notes au bas de la page du texte qui y renvoie; mais alors singulièrement abrégées. Ensuite il en est une vingtaine environ, qui, bien qu'en apparence étrangères au sujet, s'y rattachent toujours par quelque endroit, et peuvent, réunies à d'autres de même genre, former comme autant de petits *appendices* à l'Essai, dans le goût de celui sur le *Costume de l'homme etc. (page 31—34 des Notes)*, et qu'on lira toujours avec plaisir; souvent même avec fruit. Ces deux espèces de Notes seront donc conservées.

Se suppriment, au contraire, toutes celles que quelque changement ou suppression dans le texte ou dans les figures auront rendu soit inutiles, ou plutôt superflues pour n'avoir plus de renvoi, soit pour avoir été fondues dans le texte même: ce qui surtout a eu lieu dans l'Exemplaire corrigé par rapport à un Troisième livre ajouté.

Il sera inutile, je pense, de signaler spécialement les Notes appartenant à chacune de ces trois classes. Le lecteur n'en a que faire ici: seulement il est prié de redresser en général dans ces Notes, telles qu'elles existent maintenant, quelques fautes d'impression et erreurs de renvois en chiffres. La seule chose que nous allons ajouter encore à la présente *Révision*, regardera les *six Articles* destinés à servir d'*Appendices*, et consacrés deux par deux à chacun des trois Arts dont il est toujours question dans notre Essai; l'Architecture, la Statuaire et la Peinture.

Les deux Articles pour l'Architecture se composeront: le premier, d'*Observations sur le Portique d'Hermopolis-magna* dans ses rapports à la Construction dite par nous *politique* (*voyez le grand Tableau synoptique*); le second: d'*Observations sur l'Église de St. Pancrace de Leyde*, pour y reconnoître plusieurs éléments de la Construction dite par nous *religieuse* (voyez le même tableau). Ce sont les Notes 22, 26, 28, 32 et 95, y compris leurs renvois et citations, dont nous ferons usage; en même temps que, parmi nos recherches sur l'Architecture des plus anciens temps et sur celle du moyen âge, nous choisirons tout ce qui pourra servir à déterminer et à établir, de plus en plus, la grande ligne de démarcation des deux espèces de Constructions précitées, la *politique* et la *religieuse*.

La Statuaire, le second des Arts à y consacrer deux Articles supplémentaires, aura les siens; l'un, traitant *des Figures si singulièrement remarquables de l'île de Pâques*; l'autre, *des Proportions de la Figure égyptienne*. Les Notes existantes à y employer sont les n°. 37, 39, 43 et 46. Les deux premières de ces notes font tellement à notre sujet, et plaident si fort en faveur de notre hypothèse sur *un premier emploi de la Statuaire*, que nous nous sommes proposés de leur donner toute l'étendue que reclame l'intérêt de la chose. Nous donnerons aussi une de ces *Figures de l'île de Pâques* avec ses mesures, telles que nous les fournit l'*Atlas du voyage de Lapeyrouse*, sans oublier (pour satisfaire la curiosité du lecteur) ce qui a été dit le premier de ces monuments dans *la Rélation authentique de l'Amiral Roggeveen*, enfin retrouvée et publiée en langue originale en Zélande, 1836—1838. Nous rechercherons encore, et toujours dans l'intérêt et à l'appui de notre hypothèse, si, en effet, les mots *deuil* et *simulacre*, dérivés à ce qu'il paroit en hébreu d'une même racine, peuvent s'expliquer l'un par l'autre dans leur rapport respectif à *un culte primitif des morts*, ainsi que c'étoit l'idée du célèbre *Selden*, en parlant de l'origine de l'idolâtrie.

La Note 46, consacrée au *Canon ou règles des proportions de la figure égyptienne*, présente déjà comme un *tout complet*. Nous tâcherons cependant de nous procurer, s'il est possible, les mesures qui manquent encore dans le petit tableau synoptique comparatif des trois plus célèbres Colosses. Quant à leur dénomination, il faut n'y voir naturellement toujours que des noms appellatifs. Le Colosse dit d'*Ibsamboul*, ou plutôt d'*Abou-sambel*, est l'un des quatre placés devant le fameux temple de ce nom, et celui sur lequel des mesures ont été prises. *Voyez les Notes 96 et 97.*

Comme Notes relatives à la Peinture, ce sont les n°. 65, 70, 71 et 75, dont se constitueront en grande partie les deux Articles additionnels à consacrer à cet Art. Celui qui traitera *de la peinture sur verre*, ne sera qu'une amplification de la Note 75, à laquelle nous ajouterons plusieurs observations sur *la peinture en fresque*: les deux uniques procédés désormais admissibles. Quant à l'Article sur l'*Origine de la Peinture*, et qui précédera, ce sera surtout l'*écriture symbolique* que nous y envisagerons sous le rapport de ses *signes colorés*. Nous verrons qu'une *symbolique des couleurs* a dû exister, et, pour ainsi dire, dès le berceau de l'humanité; que naïve et pure dans son origine, elle se souilla bientôt comme élément d'une langue des prêtres; et qu'ainsi, à partir des dogmes symbolisés du paganisme, jusques et y compris ceux du christianisme, toutes les fois qu'il s'y agit de *couleurs*, il n'est pas jusqu'au *blanc* et au *noir* qui n'y deviennent souvent aussi inintelligibles et contradictoires que ces dogmes mêmes, par la raison toute simple, que *née du sentiment, et par conséquent son expression toute instinctive, une symbolique des couleurs, ne pouvoit être tout à la fois l'expression de ce qui ne tendoit malheureusement que trop souvent à combattre et à étouffer ce sentiment.*

Dans un petit mémoire présenté par nous en 1836 à la Troisième Classe de l'Institut Royal des Pays-Bas, et qui avoit pour but une *interprétation plus satisfaisante que celle tentée jusqu'ici des douze pierres de l'Éphod du grand-sacrificateur chez les Juifs*, nous analysions cette *symbolique des couleurs* dans son application à quelque système astronomique, auquel se rattache bien indubitablement cet Ephod comme amulette ou tableau, figurant par la couleur et les propriétés des pierres, les apparences et les influences célestes, la succession des saisons, celle des heures et parties du jour etc. . . . au reste, nous osons recommander ce petit mémoire à l'attention des savants. Selon nous, c'est sous l'impression d'une nature toute colorée, que se sont formés en grande partie *les sons et les signes radicaux* d'une langue primitive quelconque.

Avant de jeter les yeux sur le *Tableau Synoptique* que nous donnons à la suite de la présente Révision, il sera bon de relire en entier le Chapitre *Appel*, ouvrant le Troisième livre, plus l'*Avertissement* qui suit immédiatement, page 73—78 de l'ancien Imprimé; et ensuite après avoir parcouru le dit *Tableau*, peut-être ne sera-t-on pas fâché de pouvoir consulter par soi-même *les monuments, livres et passages d'auteurs anciens et modernes*, auxquels renvoient les différentes *données*, et dont voici, à cet effet, la petite liste:

Pour la Construction politique, consultez:

Donnée 1. Tout le premier Livre de l'Essai, renvoyant à l'étude de l'Homme, et à celle de la Nature et des Sciences physico-mathématiques.

——— 2. *Pausan.* II. 25. *Strabon* XVIII. *Dodwell, Cyclopean and Pelasgic remains etc.* et tous les principaux ouvrages sur les monuments de l'Inde, de l'Égypte, etc.

——— 3. *Description de l'Égypte, Tom.* IV. *p.* 409 *et suiv. Atlas pl.* 52 *et* 53. *Prov.* IX. 1.

——— 4. *Hérodote* VII. 200, VIII. 52. *Xénophon memor.* III. 5. *Pausan.* I. 2. X. 8. *Vitruv.* II. 1. *Homère Iliade* XVIII. 503, 504. *Odyssée* III. 405 *et suiv. Prov.* VIII. 14, 15, 16. *Polybe* VI, VIII *et* IX, *et la note* 130. *de Larcher sur la Thalie d'Hérodote* § 83. *Mémoires de l'Académie des belles lettres, Tom.* III. *p.* 191. *Tom.* IV. *p.* 198.

——— 5. *Hérodote* II. 86. *Sénèque Epit.* 64. *Multum egerunt etc. Sapience* XIV. 14. *et suiv. Selden de Diis Syris. pag.* 42.

Pour la Construction religieuse, consultez:

Donnée 1. Tout le premier Livre de l'Essai, renvoyant à l'étude de l'Homme, et à celle de la Nature et des Sciences physico-mathématiques.

——— 2. Parmi les merveilles de la Nature, celles dites *créations basaltiques; les pics des Alpes et du Caucase, etc.*

——— 3. *Homère Odyssée* XIII. 109, *et suiv. Porphyre de Antro Nymph.* XX—XXIII. Entrée de la grande Pyramide. *Philo Byblius, apud Euseb. praep. Evang.* I. 9

——— 4. Merveilles de la Nature, grottes célèbres etc. *Sénèque Epit.* 41. *Si tibi occurrit etc.*

——— 5. Le Spectacle du firmament et des phénomènes célestes. *Ps.* XIX. (*vulg.* XVIII). *Eccl.* XLIII, 1, 12, 13. *etc.* La Poésie Sacrée des Orientaux: celle des grands Poètes; *Job, les Pseaumes, les Prophètes etc. Le Dante, Milton* etc. Les Peintures de l'ancienne école allemande et italienne du 13e et 14e siècles. *S. Grég. Magn.* VIII. 110. *l'Apocalypse.*

*

TABLEAU

SERVANT DE RÉPONSE PROVISOIRE

A L'APPEL.

(LIVRE TROISIÈME, PAG. 73—76.)

TABLEAU–SYNOPTIQUE

DES DIFFÉRENCES ET DES CONTRASTES QUE DOIVENT PRÉSENTER LES PRODUCTIONS DE L'ARCHITECTURE, DE LA STATUAIRE ET DE LA PEINTURE, COMME EXPRESSION RESPECTIVE DES RAPPORTS DE L'HOMME AVEC SES SEMBLABLES, ET DE SES RAPPORTS AVEC DIEU, RENVOYANT AUX TYPES ET PROTOTYPES, QUE, FIDÈLES A LEUR ESSENCE ET A LEURS MOYENS, CES TROIS ARTS DOIVENT INTERROGER, CONSULTER, ADOPTER OU MODIFIER, DANS L'APPEL QUI LEUR SERA FAIT DE CONCOURIR A ÉLEVER ET A ORNER DEUX ÉDIFICES, L'UN POLITIQUE, L'AUTRE RELIGIEUX.

CONSTRUCTION,

symbolisant les rapports sociaux de l'homme.

I.

Éléments prototypes.

La face humaine (celle de l'être mâle) en état de calme parfait. Les lignes et les directions horizontales. Le parallélogramme et le parallélipipède rectangles, leurs bases (sur les longs côtés) parallèles au plan d'horizon. La couleur blanc-calcaire.

II.

Aspect général.

Grande et imposante masse en étendue en largeur. Entassement d'énormes blocs de pierre vive, témoignant ostensiblement de la force et des efforts de l'homme que dirige un but commun. Application et modification des Constructions dites cyclopéennes ou pélasgiques, à travers le système égyptien.

III.

Entrée unique.

Portique en colonnade, flanqué de deux larges antes ou massifs alignés, faisant face au Sud. Expression et symbole de la chose publique, et de ses soutiens dans la colonne, dix fois répétée au grand jour, et dont celle du portique d'Hermopolis-magna, dans la haute Égypte, sera le type pour l'ensemble cylindrique et les fortes proportions.

IV.

Intérieur.

Vaste enceinte, arène ou cour intérieure de forme parallélogramme avec avenue sur la ligne de l'axe en profondeur, traversant les longs côtés. Son type, tout espace que les Anciens environnoient de murs construits de gros quartiers de rochers, pour y tenir, en plein air, leurs assemblées publiques, assis sur des marches ou pierres polies, disposées en pourtour.

V.

Complément des signes par la Statuaire.

Suite d'images-portrait d'Instituteurs et Bienfaiteurs du genre humain, symbolisant sous la forme d'Hermès-colosses les divinités tutélaires du lieu, en occupant le centre. Culte légitime des morts rétabli par la Statuaire, qui lui doit son origine et son prototype, dans la première momie, placée droit contre la muraille.

De ces données pourra résulter

L'ÉDIFICE POLITIQUE,

Nouvel Aréopage, d'où partiront les oracles, réglant les droits et les devoirs des peuples et des rois, et portant pour inscription:

obéissance à la loi.

CONSTRUCTION,

symbolisant les rapports individuels de l'homme.

I.

Éléments prototypes.

La face humaine (celle de la femme) en état de contemplation céleste. Les lignes e directions convergentes-ascendantes. Le triangle isocèle, et la pyramide à plan réguli faces égales, les bases parallèles au plan d'horizon. La couleur ardoise-pâle.

II.

Aspect général.

Ensemble pyramidal s'élevant de terre comme par éruption de prismes et de faisc basaltiques, en retraite les uns des autres, pour aller former aiguille tronquée au som Nul indice d'assises ou de travail humain interrompu ou repris. Conception réalisé la pensée à côté d'un symbole adéquat, offert par la nature.

III.

Entrée unique.

Embrasure ou baie en plein-cintre et à moulures rentrantes, formant étroit passa travers le mur regardant le Nord. Orientation commandée par le sentiment, et que premiers hommes avoient assignée à l'entrée de leurs cryptes ou tombeaux, transfo depuis en sanctuaires et demeures de la divinité.

IV.

Intérieur.

Au centre, immense voûte ou croisée ogive à retombées, formant continuité avec pieds droits en faisceaux, pour ensuite se développer ensemble le long des arête sur les voussures, en tiges et en rinceaux évidés et découpés. Expression mixte l'éloquence des forêts, et de celle de la spacieuse caverne que tapisse une antique v tation pétrifiée.

V.

Complément des signes par la Peinture.

Grandes fresques sur les parois intérieures, et vitraux peints tournés au midi, offrant couleurs plates, pures et brillantes, les initiales d'une haute parole intellectuelle, qu se lira en toutes lettres qu'au-delà du tombeau. Appel à la Peinture rendue à son ess primitive et toute idéographique.

De ces données pourra résulter

L'ÉDIFICE RELIGIEUX,

Trophée de l'Espérance pleine d'immortalité, s'élevant du milieu d'un vaste champ de sépulture, et portant pour inscription:

victoire sur le monde.

www.ingramcontent.com/pod-product-compliance
Ingram Content Group UK Ltd.
Pitfield, Milton Keynes, MK11 3LW, UK
UKHW022031170726
13837UKWH00002B/521